PHOTOGRAPHIER

LA NATURE

DANS TOUS SES MILIEUX

Le 21. Octobre 2006

Pour le "Chevalier!"

Avec toutes nos amitiés

Emmanuel Marie christine

Connectez vous sur :
www.lamartiniere.fr

PHOTOGRAPHIER

LA NATURE

DANS TOUS SES MILIEUX

Le 21. Octobre 2006

Pour le "Chevalier !"

Avec toutes nos amitiés

Emmanuel Marie-Christine

Connectez vous sur :
www.lamartiniere.fr

PHOTOGRAPHIER
LA NATURE
DANS TOUS SES MILIEUX

Photographies de GILLES MARTIN
Textes de DENIS BOYARD

Éditions
de La Martinière

À Houria

SOMMAIRE

AVANT-PROPOS

« Photographier la nature dans tous ses milieux » : un titre dont nous sommes fiers, puisqu'il incite le lecteur à courir par monts et par vaux à la recherche d'émotions photographiques. Et il est bien question d'émotion, parce que avant d'être une minuscule diapositive, fût-elle magnifique, l'image est d'abord un moment intense, où la rencontre avec l'animal, la plante ou le paysage offre une bouffée de bonheur. Le mot peut sembler un peu fort à des kilomètres d'un coin de verdure, mais quand cette rencontre est l'aboutissement d'une journée d'émerveillement, avec réveil aux aurores, marche sur un raidillon montagnard, petite pause casse-croûte près d'un torrent et recherche du sujet aux jumelles, le cerveau humain est plus sensible aux beautés simples de la nature.

Bien sûr, l'appareil photo est un produit technologique : celui qui le maîtrise saura mieux s'exprimer que le néophyte. Mais la technique n'est pas une fin en soi. Il faut l'apprendre vite pour se consacrer ensuite à l'essentiel : l'esthétique et le message à communiquer. Parce que la photo naturaliste est à la fois le témoignage d'un émerveillement et une action militante pour la conservation des beautés du monde. Voilà pourquoi cet ouvrage fait une large place à la description des écosystèmes et aux problèmes pratiques pouvant s'y poser. Le photographe naturaliste doit pouvoir rester efficace dans les zones les moins accueillantes du globe, qui sont souvent les plus belles et les plus sauvages.

Rassurez-vous, les recommandations pratiques adaptées à nos latitudes ne sont pas oubliées : description complète de toutes les techniques d'approche et d'affût, conseils pour multiplier ses chances de rencontrer les espèces les plus discrètes, astuces pour garder la maîtrise de l'orientation, et un large panel de techniques de prises de vues expliquées dans le détail. En outre, nous donnons toutes les ficelles pour rencontrer les étranges animaux sauvages qui trouvent refuge dans nos banlieues ou au centre de nos grandes villes !

La mission que nous nous sommes fixée ne serait pas complète si les nouvelles vocations suscitées par « Photographier la nature dans tous ses milieux » n'avaient pas toutes les informations pour s'épanouir. Le chapitre « traitement et diffusion des images » répond à toutes les interrogations sur le monde de la photographie professionnelle, et donne les pistes à suivre pour présenter son travail en œuvrant pour les seules motivations valables en photographie animalière : l'admiration et la protection de la nature.

Accouplement de Guifettes moustac *(Chlidonias hybridus)*
• Objectif 300 mm - 1/200 s à f/4 - MAP AF.

PETIT HISTORIQUE DE L'IMAGERIE ANIMALIÈRE

Girafes, éléphants, rhinocéros, lions... des gravures dans le grès rouge vieilles de six mille ans. Dans toutes les contrées où l'homme a chassé durant la préhistoire, des dessins montrent son besoin d'appropriation de l'image animalière. Pétroglyphes de Tuyfelfontein (Namibie).

Il y a 350 siècles, quand le respecté chaman de la grotte Chauvet traçait les contours d'un dessin de bison ou de cheval sur la roche, c'était probablement pour s'en approprier l'image, afin de donner aux chasseurs du clan une chance supplémentaire de réussite. Cette hypothèse est peut-être aux antipodes de la réalité, mais une chose est sûre, il y a toujours eu instinct d'appropriation dans la représentation graphique de l'animal. Qu'il s'agisse de bêtes déifiées ou de simples décors, l'homme s'est toujours entouré d'animaux dessinés, sculptés ou taillés dans le roc, pour s'attribuer leurs vertus. La tradition cynégétique est aussi une manière de projeter sur soi l'une des qualités de l'animal pour montrer sa « propre supériorité » ; l'engouement des chasseurs pour les trophées le confirme. Ce comportement se retrouve chez les peuplades qui se parent de la peau, des griffes ou des dents de leur victime. Les premiers photographes animaliers ont eu du mal à se défaire de cet esprit de chasseur primitif et se contentaient de représentations basiques de l'animal. La sensibilité aux lumières, à l'esthétique du cadrage et au graphisme, empruntée aux peintres, est apparue avec les premiers artistes passionnés de photographie animalière.

Au tout début de la photographie, les appareils étaient monstrueux, les objectifs s'ouvraient peu et la sensibilité des émulsions était d'une pauvreté affligeante : il fallait poser plusieurs minutes, voire plusieurs heures, pour obtenir une épreuve. Les premiers photographes avides d'immortaliser le monde ont bien pensé au monde animal, mais les temps de pose d'alors les conduisaient davantage à faire des « tableaux de chasse » que des photos d'animaux vivants dans leur milieu.

C'est au début du XXe siècle que les choses commencèrent à évoluer, notamment avec l'amélioration des plaques sensibles, mais aussi grâce à des obturateurs capables d'aller jusqu'au 1/1 000 s. Les Anglais, traditionnellement passionnés d'oiseaux, furent les premiers à les photographier. Les Américains suivirent rapidement le mouvement, notamment les explorateurs de la National Geographic Society, qui réalisèrent bon nombre de photos spectaculaires pour illustrer les pages de leur bulletin de liaison, devenu depuis la référence de tous les magazines naturalistes et géographiques du monde.

Jusque dans les années 60, la chasse photographique, comme on l'appelait à l'époque, était affaire de spécialistes qui avaient les moyens d'acheter une longue focale. Les photos étaient prises en noir et blanc, avec des résultats limités par la faible définition des optiques, souvent des doublets ou des triplets achromatiques aux allures de bazooka. Il n'y avait que Leica pour produire de coûteux Telyt, aux performances excellentes dans la partie centrale du champ, mais moins convaincantes sur les bords.

Heureusement, les Japonais ont commencé à fabriquer des téléobjectifs performants dans les années 70 : le 300 mm ED Konica, les 300 et 400 mm ED de Nikon, rapidement suivis par Canon, Pentax, Minolta, Olympus et les autres, disparus depuis. Quelque temps stigmatisée par les petites « bubulles » des téléobjectifs à miroir (de petits télescopes), courants au début des années 80, la photographie naturaliste amateur est aujourd'hui au même niveau qualitatif que celle des professionnels, grâce à de nombreux objectifs à verres spéciaux dans la gamme des ouvertures moyennes. L'équipement du photographe animalier amateur est maintenant largement suffisant pour la publication d'articles de presse ou l'alimentation d'une photothèque. Pour le débutant qui espère devenir pro, il reste à acquérir la maîtrise du matériel et l'expérience du terrain.

**Cet oiseau terrestre a été peint sur les roches de Quinkan, il y a 14 000 ans. Dieu ou animal totem, sa représentation avait probablement une fonction magique.
Péninsule du Cap York (Australie).**

DÉONTOLOGIE DU PHOTOGRAPHE ANIMALIER

La pratique de la photo naturaliste passe par le respect de certaines règles cohérentes avec la protection des espèces et des écosystèmes. Les agressions contre la nature, qui sont le fait de photographes animaliers négligents ou trop zélés, sont souvent les mêmes : emballages de films jetés dans la nature, destruction d'éléments de la végétation qui masquaient les jeunes aux prédateurs, dérangement d'oiseaux adultes qui abandonnent leur couvée, piétinement de zones végétales sensibles, affût trop près des terriers, poursuite d'animaux sauvages en véhicule motorisé… L'obtention d'une photo ne doit jamais se faire au détriment de l'animal ou de la plante. Sinon, à quoi bon faire des images ? On peut être négligent quelques secondes, mais le vrai photographe naturaliste se reprend toujours avant de nuire à ce qu'il aime le plus!

Les comportements extrêmes de certains (destruction de site pour s'en assurer l'exclusivité, capture d'espèces protégées) ont rendu les gens d'images peu sympathiques aux yeux des associations naturalistes de certaines régions. Alors, ne soyez pas étonné d'être parfois battu froid, car il faut de longues années pour effacer ces traumatismes. On ne contacte d'ailleurs pas de telles associations pour trouver plus facilement des sujets : le photographe en manque d'animaux ne doit *a priori* pas souvent aller sur le terrain… En revanche, les aider par la fourniture de photos et le partage de vos observations est la meilleure façon de redonner ses lettres de noblesse à la photographie naturaliste.

Nous qui avons la chance de connaître – même de façon très partielle – le fonctionnement des écosystèmes naturels sommes pleinement responsables de nos actes. Nous devons donner le bon exemple au grand public, en communiquant, chaque fois que c'est possible, l'amour et le respect de la vie sauvage. Une simple exposition de photos dans la salle des fêtes d'un petit village peut sensibiliser les gens à la fragilité de la nature. Après avoir vu le doux regard du renardeau et apprécié l'élégance d'un héron, l'enfant sera plus sensible à son environnement et aura assimilé le message fondamental : l'homme fait partie de la nature et se doit de l'apprécier à sa juste valeur.

Gilles Martin dans l'un de ses affûts flottants sur un étang du parc naturel régional de la Brenne : « La photographie naturaliste est une activité qui apporte beaucoup de joies. Mais le respect de l'animal et de son milieu sont essentiels, ne serait-ce que pour pérenniser et protéger les merveilleux sites où nous aimons partager notre passion. » Photo : Éric Male-Malherbe.

LE MATÉRIEL EN PHOTO NATURALISTE

S'offrir un bel appareil est le rêve de tout photographe amateur. Décortiquer les fiches techniques, dévorer les tests des magazines spécialisés, prendre en main le matériel des amis permet de se faire une idée précise des critères de choix essentiels… mais l'appareil destiné à la photo animalière doit répondre également à des besoins personnels : est-il agréable à manier ? Ses commandes sont-elles immédiatement accessibles ? Son poids sera-t-il encore supportable après trois heures de marche ? Y a-t-il l'optique qui vous convient dans sa gamme ? Les réponses à toutes ces questions dépendent de vos habitudes et de votre morphologie : cernez votre profil avant de vous orienter vers une marque.

Un boîtier reflex destiné à la photographie naturaliste se doit de disposer d'un minimum de caractéristiques :

- **Résistance satisfaisante à l'humidité et aux chocs ;**
- **Viseur couvrant entre 95 et 100 % de l'image photographiée ;**
- **Système autofocus à plusieurs collimateurs sélectionnables individuellement ;**
- **Posemètre multizone et spot ;**
- **Correcteur d'exposition ;**
- ***Bracketing* ;**
- **Obturateur à synchro flash élevée (1/250 s) ou synchro FP.**
- **Mesure TTL des éclairs de flash avec gestion à distance ;**
- **Motorisation silencieuse ;**
- **Modes « priorité ouverture », « priorité vitesse » et « manuel » ;**
- **Gamme optique riche en longues focales.**

Les boîtiers

Un bon boîtier doit offrir tous les automatismes de gestion de l'autofocus et de l'exposition, avec la possibilité de reprendre les commandes manuellement au moment voulu. L'autofocus est un atout considérable, surtout dans une spécialité où la belle image ne s'offre souvent qu'une fraction de seconde : il faut une solide expérience pour suivre la course d'un animal en mise au point manuelle ! Quand le sujet se déplace rapidement en milieu découvert, une large plage d'analyse de mise au point facilite son suivi par le système autofocus. En sous-bois, c'est l'inverse : faire le point à travers la végétation impose un collimateur très ponctuel, sinon les feuillages sont nets… et le sujet, flou. La possibilité de passer rapidement de la plage autofocus, large, au pinceau d'analyse, étroit, est donc indispensable.
On retrouve cette dualité des besoins dans la mesure de la lumière. La plupart des photos sont parfaitement exposées grâce à la mesure d'exposition multizone des reflex : le posemètre sépare les différentes parties de l'image en segments et compare la configuration obtenue avec des cas types mémorisés dans son microprocesseur (jusqu'à 30 000 selon l'appareil). Mais il arrive que certains sujets au contraste inhabituel trompent le système, comme, par exemple, dans le cas du personnage minuscule sur la neige ou celui des prises de vues par temps brumeux. Là, il faut savoir débrayer l'automatisme multizone et imposer sa volonté au reflex : mesure d'exposition « spot » ou « sélective », correction d'exposition, encadrement de la mesure moyenne par des vues surexposées ou sous-exposées *(bracketing)*, passage en mode manuel, etc. Les reflex modernes offrent de nombreuses possibilités d'agir sur l'exposition.
Au cœur du boîtier se trouve l'obturateur plan focal. Il est généralement constitué de deux rideaux composés de lamelles (en plastique, en métal, en carbone), dont l'un

Les capteurs autofocus excentrés autorisent des cadrages plus dynamiques que ceux des premiers reflex AF.
Pigeon bleu d'Aldabra
(Alectroenas sganzini minor)
• Objectif 200 mm - 1/250 s à f/2,8 - MAP AF.

découvre la portion de film à exposer avant que l'autre ne la masque à nouveau. Il suffit de faire varier la durée entre l'ouverture du premier rideau et la fermeture du second pour obtenir une large variété de temps de pose. Aux vitesses d'obturation les plus brèves, le second rideau entame sa course avant même que le premier ait totalement découvert la fenêtre d'exposition : le film est exposé par balayage d'une fente plus ou moins large. Les temps de pose où la fenêtre d'exposition reste totalement ouverte avant fermeture autorisent l'utilisation du flash électronique : toute la fenêtre est insolée d'un coup par l'éclair. Plus la vitesse de synchronisation maximale du flash est brève, plus il est facile d'utiliser le flash en plein jour, par exemple pour éclairer un animal en contre-jour violent.

Le moteur intégré au reflex assure le réarmement du système d'obturation et l'avance du film entre chaque prise de vues. Il offre deux cadences de réarmement dans les boîtiers moyenne gamme : vue par vue et en rafales plus ou moins rapides selon le modèle. Les reflex haut de gamme exposent jusqu'à 10 images par seconde. Si une cadence rapide est rarement nécessaire (un film de 36 vues dure alors... 3,6 secondes !), la rapidité du réarmement entre chaque photo garantit une capacité de réaction extrêmement grande.

La photo animalière met le matériel photo à rude épreuve ; humidité, chocs, rayures sont les principaux risques. C'est pourquoi les amateurs de photo animalière privilégient les reflex pros ou semi-pros, mieux armés contre les intempéries. On peut cependant protéger un appareil moyenne gamme avec de l'adhésif et un sac en plastique, notamment pour des prises de vues rapides en milieu hostile (bord de mer sous les embruns salés, averse en montagne...). Un nettoyage soigneux du matériel après la séance photo est indispensable.

À GAUCHE
Un boîtier aux réactions rapides permet de saisir des scènes extrêmement brèves, comme le passage de ce léopard qui va cacher sa proie dans les branches hautes.
Léopard *(Panthera pardus)*
• Zoom 100-400 mm - 1/160 s à f/5,6 - MAP AF.

CI-DESSUS
Ce jeune manchot papou commence à arborer son plumage d'adulte. Il sera bientôt autonome et libre de vivre sa vie dans la péninsule antarctique.
Manchot papou *(Pygoscelis papua)*
• Zoom 100-400 mm - 1/160 s à f/5,6 - MAP AF.

Les objectifs

Cinq critères président à l'achat d'un objectif : la monture, la focale, l'ouverture, la qualité et le prix ! Du zoom 80-200 mm f/4,5-5,6 bon marché au tarif prohibitif du 600 mm f/4 l'offre est pléthorique et couvre tous les rapports qualité/prix. L'optique de qualité reste assez coûteuse, car le verre optique et les oxydes de terres rares qui entrent dans la composition des lentilles performantes sont chers et difficiles à transformer. Mais on trouve facilement des longues focales à des prix modérés, à condition de se satisfaire d'une ouverture limitée et de performances un peu moins spectaculaires. De plus, le marché de l'occasion est lui aussi bien pourvu en téléobjectifs et en zooms adaptés à la photo naturaliste.

Bien entendu, chaque marque de boîtier possède sa propre monture d'objectifs : impossible de monter un Canon sur un Minolta ou inversement ! D'autant que les contacts électriques destinés au dialogue appareil-objectif sont aujourd'hui de véritables bus informatiques, qui ne s'accommodent pas d'approximations : même les fabricants d'objectifs indépendants ont parfois des problèmes de compatibilité entre les boîtiers de grandes marques et leurs optiques... pourtant développées selon les normes techniques du concepteur de l'appareil !

Un objectif généraliste permet au débutant de se faire la main et de cerner ses besoins futurs.

Le *fish-eye* offre une vision déformée sur 180°. Son rendu particulier donne une perspective nouvelle à la photo naturaliste, surtout lorsque les sujets passent aussi près du photographe que dans l'atoll de Cosmolédo (océan Indien). Sterne fuligineuse *(Sterna fuscata)* • Objectif 16 mm *fish-eye* - 1/60 s à f/22 - MAP MF.

Les focales supérieures à 300 mm autorisent un point de vue éloigné, qui assure de ne pas troubler l'animal dans ses activités. S'il mange comme ici paisiblement durant les prises de vues, c'est qu'il n'est pas trop dérangé. Ragondin *(Myocastor coypus)* • Objectif 400 mm - 1/60 s à f/8 - MAP MF.

Le télézoom (80-200 mm ou 75-300 mm) livré dans les kits économiques autorise la photographie de sujets peu farouches. La variation de focale du zoom facilite le cadrage lorsqu'on est immobile, à l'affût, mais la faible luminosité de ces optiques bride leur utilisation en basse lumière. Heureusement, les films sensibles compensent efficacement la faible luminosité de l'objectif, surtout en négatif couleurs, où la qualité des émulsions est excellente.

Pour les photographes plus exigeants, les zooms à grande ouverture (70-200 mm f/2,8 ou 80-200 mm f/2,8) cumulent souplesse d'utilisation des focales variables, luminosité de la grande ouverture et qualité optique professionnelle. Les tarifs sont à la hauteur des services rendus : musclés ! Ces objectifs peuvent être équipés de convertisseurs de focales. Il s'agit de compléments optiques qui se montent entre l'objectif et le boîtier afin d'augmenter la focale de base. Ainsi, le zoom 70-200 mm f/2,8 devient un 98-280 mm f/4 avec le multiplicateur x 1,4 et passe à 140-400 mm f/5,6 avec le doubleur x 2.

Vous l'aurez sûrement remarqué, le multiplicateur x 1,4 absorbe une valeur de diaphragme et le doubleur, deux valeurs. Les convertisseurs de focales sont certes pratiques, mais les pertes de luminosité et de qualité optique qu'ils engendrent ne permettent qu'une utilisation ponctuelle. L'utilisateur régulier de très longues focales a tout intérêt à privilégier les télézooms plus ambitieux et les gros téléobjectifs.

Il y a quelques années, photographier avec un 400 mm n'était pas évident pour les débutants : au-dessous de 1/500 s, c'était la photo « bougée » assurée. Avec la technologie du stabilisateur optique intégré, les très longues focales deviennent utilisables par tous : le groupe optique stabilisateur compense instantanément les tremblements du photographe. D'où le succès des zooms 100-400 mm et 80-400 mm stabilisés, qui sont d'une souplesse d'utilisation incomparable. Mieux, ces optiques offrent aussi des possibilités nouvelles aux experts, comme la photo à diaphragme très fermé sans risque de bougé aux vitesses d'obturation les plus basses. La gestion de la profondeur de champ devient un jeu d'enfant ! Les objectifs à focale fixe bénéficient également du stabilisateur optique, notamment chez Canon, où la plupart des optiques pros en sont équipées. Parmi les autres marques, seule Nikon maîtrise actuellement assez cette technique pour l'étendre à sa gamme. Les longues focales sans stabilisateur ne sont pas à rejeter pour autant. Sur trépied ou monopode, le photographe scrupuleux peut effectuer des prises de vues à des vitesses relativement basses sans risquer le flou de bougé. Les grandes ouvertures donnent ici l'avantage aux focales fixes (300 mm ou 400 mm) : plus l'ouverture est grande, plus les vitesses d'obturation brèves restent accessibles. Le marché de l'occasion, particulièrement riche en gros téléobjectifs classiques, offre de multiples possibilités aux amateurs qui veulent s'offrir de grandes ouvertures sans se ruiner. Attention : téléobjectif ou zoom sans stabilisateur s'utilisent au minimum à la vitesse d'obturation équivalente à leur focale : 1/500 s pour le 500 mm, 1/250 s pour le 300 mm. Une vitesse d'obturation plus lente augmente considérablement le risque de photos floues à main levée.

Qu'est-ce qu'un objectif, une focale, une ouverture, un diaphragme ?

Un objectif est un système optique destiné, en photo, à focaliser les rayons réfléchis par le sujet sur l'émulsion photosensible. Il peut être composé d'une seule lentille (appareil basique) ou d'une formule optique à plusieurs lentilles, qui permet d'optimiser la transmission de l'image. On appelle focale la distance qui sépare le centre de la lentille du foyer (le plan du film), où convergent les rayons en sortie d'objectif.

La focale exprime la puissance de l'objectif en millimètres. La focale dont la perspective est la plus proche de la vision humaine est de 43 mm (diagonale du format des films : 24 x 36 mm), mais les fabricants ont établi l'objectif standard à 50 mm pour éviter d'avoir recours à une coûteuse formule optique rétrofocus. Avec le standard à 50 mm, le 100 mm grandit l'image deux fois, le 200 mm quatre fois, et ainsi de suite. Un objectif de focale inférieure à 43 mm est un grand-angle voire un super-grand-angle en-dessous de 24 mm. Au-dessus de 60 mm, il s'agit d'un téléobjectif (ou d'un super-téléobjectif à partir de 300 mm).

La luminosité d'un objectif dépend de sa focale et du diamètre de la lentille frontale. Ainsi, une focale de 300 mm dont la lentille frontale mesure 75 mm ouvre à f/4 (focale sur 4). La même ouverture reportée sur un 600 mm oblige le constructeur à réaliser une lentille frontale de 150 mm. On comprend le prix élevé des téléobjectifs lumineux, d'autant que les fabricants les « dopent » avec des verres spéciaux hors de prix pour optimiser leurs performances !

Comme un objectif ne s'utilise pas toujours à pleine ouverture, il est doté d'un système mécanique pour réduire le passage de la lumière, le diaphragme. C'est un système de fermeture à iris, commandé par une bague rotative externe (manuelle), interne (à commande électromécanique) ou externe (à commande mixte). Il permet, entre autres, de faire varier la luminosité de l'objectif en fonction de la lumière. Pour indiquer les diaphragmes de la même manière d'une focale à l'autre, les ouvertures de diaphragme sont normalisées selon une progression géométrique de raison $\sqrt{2}$ (1,414) : 1 - 1,4 - 2,8 - 4 - 5,6 - 8 - 11 - 16 - 22 - 32 - 45 - 64 - 90 - 128. Ces valeurs arrondies correspondent au rapport focale/diamètre du diaphragme : la surface de passage de la lumière double à chaque valeur. Pour plus de précision d'exposition, les diaphragmes des objectifs photo sont réglables par demi ou tiers de valeurs selon la marque.

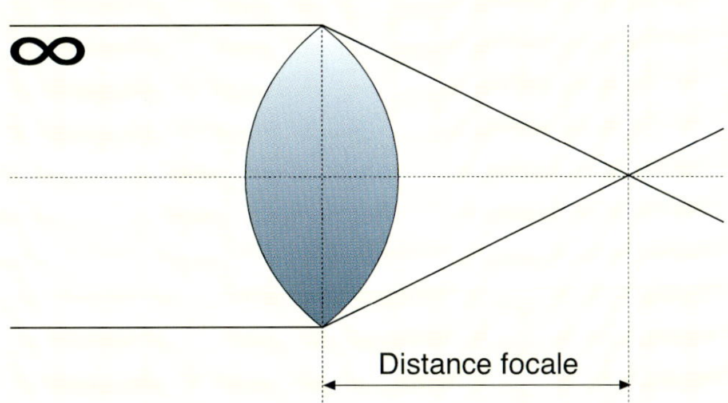

On appelle longueur focale la distance qui sépare le centre de la lentille et le point où convergent les rayons lumineux.

Les accessoires pour éviter le bougé

Le monopode permet de stabiliser l'appareil et gêne moins les déplacements qu'un véritable trépied. Par rapport aux prises de vues à main levée, on descend de une à deux vitesses d'obturation avant de sombrer dans le flou de bougé.
Pour plus de stabilité, on tient la poignée du monopode avec les téléobjectifs ≤ à 400 mm, et l'on pose la main sur l'avant du télé avec les focales supérieures.
Photos : Houria Arhab.

Quand on ne dispose pas d'optiques stabilisées – ou lorsque la vitesse est inférieure aux limites du stabilisateur (1/15 s à 1/30 s) –, il suffit de maintenir l'ensemble appareil et téléobjectif appuyé sur une surface stable pour supprimer les vibrations gênantes. L'idéal est d'utiliser comme support un sac en toile solide rempli de riz ou de perles en plastique. Cette méthode, efficace et très pratique en milieu naturel, convient aussi à la photo depuis un véhicule de safari-photo. Pour éviter de transporter 2 ou 3 kg de riz lors du voyage en avion, n'emportez que le sac en tissu et achetez le riz dans le pays visité.

Lorsque vous pratiquez la billebaude, trouver un appui est parfois délicat. Le plus simple est de l'avoir avec soi, sous la forme d'un monopode. Il s'agit d'un tube télescopique rigide, muni d'un système de fixation à vis standard : vissez-le sur le collier de fixation pour trépied de votre objectif. Le monopode, réglable en hauteur, offre un appui utilisable à peu près partout et faci-

lite le portage sur l'épaule de gros téléobjectifs. Avec un peu d'habitude, le monopode permet de descendre de deux vitesses supplémentaires par rapport à la photo à main levée (1/125 s au 500 mm, par exemple).

Pour la pratique de l'affût, le fin du fin en matière de stabilité est le trépied. Privilégiez un modèle haut de gamme, dont le rapport stabilité/poids est favorable aux marches dans la nature. Il doit également être adapté à l'objectif utilisé le plus couramment : un 500 mm f/4 de 4 kg est plus embarrassant qu'un 200 mm f/2,8 qui pèse 600 g ! L'objectif monté sur trépied doit être très stable, autant en position basse que jambes dépliées. Un appui complémentaire, vissé d'un côté sur l'une des jambes du trépied et de l'autre sous l'appareil, est fort judicieux avec un gros téléobjectif : il supprime le ballant des optiques longues. L'ensemble trépied, fixation complémentaire, appareil et objectif est encombrant, mais convient bien à l'affût.

Le boîtier fixé sur trépied supprime le flou de bougé. Huppe fasciée *(Upupa epops)* • Objectif 400 mm - 1/125 s à f/4 - MAP MF.

Le Flash

Comme les objectifs, les flashes modernes sont conçus pour les appareils de marque et de génération identiques. Au moment d'acheter un flash, l'amateur a deux possibilités : acheter le flash conçu pour son boîtier ou bien viser des produits compatibles de constructeurs indépendants. Prudence avec les indépendants : les compatibilités de leurs flashes avec certaines marques – et non des moindres – sont parfois hasardeuses et fréquemment incomplètes. Il est donc essentiel, avant l'achat, de bien lire la fiche technique et de consulter la presse spécialisée, qui se fait l'écho des performances réelles des produits et de leurs éventuelles carences. Les renseignements fournis par les tests de la presse écrite sont particulièrement importants, les fabricants ayant tendance à surestimer énormément les capacités de leurs flashes (puissance, vitesse d'éclair, température de couleur, qualité de lumière, etc.). À titre d'exemple, les éclairs de flashes donnés sur fiche technique pour 1/30 000 s ne dépassent guère 1/5 000 s dans le meilleur des cas ; impossible de figer les mouvements rapides (vol du colibri, réaction d'un reptile) dans ces conditions.

En revanche, les automatismes des flashes modernes sont des modèles de précision. Qu'il s'agisse de mesurer un éclair à équilibrer avec la lumière du jour *(fill-in)* ou de gérer plusieurs flashes en automatique sans le moindre cordon électrique, les flashes des grandes marques sont imbattables. La technologie, en perpétuelle évolution, offre des possibilités totalement nouvelles : échange de données entre flashes par éclairs codés, déclencheurs à distance intelligents, mesure TTL (à travers l'objectif) multizone des éclairs, mémorisation sur commande, synchro-flash haute vitesse (synchro-FP) jusqu'à 1/8 000 s ! Il est dommage que, parallèlement à ces progrès, les réflecteurs des flashes cobra plus compacts aient perdu

L'éclair de flash se reflète sur l'eau et les parties humides. Il faut en tenir compte pour placer judicieusement son flash. Crapaud commun *(Bufo bufo)* • 50 mm macro 1/60 s à f/8 - MAP MF - 2 flashes cobra.

énormément en qualité de lumière, notamment en couverture d'éclair. Obtenir une lumière homogène et non bleutée passe par des accessoires complémentaires (diffuseur, réflecteur, filtre réchauffeur). Ces ajouts absorbent évidemment de la lumière, ce qui constitue une raison suffisante pour préférer le flash cobra le plus puissant de la gamme.
Avec un flash de nombre-guide élevé, les piles sont mises à rude épreuve : mieux vaut en faire provision avant toute séance photo. Les gros consommateurs ont tout intérêt à s'offrir des accumulateurs rechargeables haut de gamme pour minimiser les dépenses. Les « accus » modernes (NiMH, par exemple) ont en outre des temps de recyclage très brefs entre les éclairs. Ils sont également moins sensibles que les piles alcalines aux faibles températures. Pour les voyages à l'étranger, il est indispensable de s'équiper du chargeur et des prises adaptés aux pays visités : voltage, fréquence de courant alternatif, nombre et modèle de broches varient sensiblement d'un pays à l'autre.
Si vous ne disposez pas de l'adaptateur, les piles bâton de type AA sont assez faciles à trouver dans la plupart des grandes villes… mais il s'agit fréquemment de piles salines à très faible autonomie, surtout dans les pays peu industrialisés.

Quand les mains sont occupées par l'appareil et que l'on a de l'eau jusqu'au cou, la seule solution est de monter les flashes sur sa tête! Ce casque « spécial zone humide » comporte deux flashes latéraux qui éclairent le sujet, et un flash central pour déboucher les ombres du fond. Photo : Houria Arhab.

La protection du matériel

La protection du matériel est essentielle en photo naturaliste : poussière, sable, chocs, rayures, humidité, immersion accidentelle ont tôt fait de rendre appareils et objectifs inutilisables ! Les boîtiers haut de gamme bénéficient de la fabrication la plus soignée et disposent de joints antipoussière, également aptes à résister à quelques gouttes de pluie.

Pour le matériel moyenne gamme, il existe heureusement des astuces de protection très pratiques. La plus courante est de renforcer les parties fragiles avec de l'adhésif de qualité, capable d'empêcher les infiltrations néfastes sans laisser de traces de colle. Les versions toilées bénéficient d'une résistance à l'usure et aux déformations supérieure à celle des adhésifs plastique. Boîtier, objectifs, première section des jambes de monopode et de trépied recouverts d'adhésif sont en outre plus agréables à manipuler dans le froid. Dans les zones très humides, ayez toujours un sac en plastique à disposition : il offrira une excellente protection contre la pluie et les embruns. Plus adaptés, les sacs totalement étanches, qui, à défaut d'être pratiques, offrent une sécurité totale en cas d'immersion.

Dans les zones arides, l'ennemi est la poussière. Un bon fourre-tout à fermetures zippées est la protection de base durant les moments de repos. Pendant les prises de vues, un chèche comme celui des nomades du désert s'avère très pratique : on peut y envelopper l'objectif et l'appareil, notamment lors des croisements sur piste dans un véhicule ouvert. Il sert au dépoussiérage rapide du matériel, à la protection du photographe contre le soleil et, bien sûr, fait office d'écharpe dès qu'il fait frais !

L'élément le plus fragile et le plus cher du matériel photo est la lentille frontale des objectifs. Pour le protéger, montez dessus un filtre UV neutre, à ne pas confondre avec le filtre Skylight, souvent mis en avant par les vendeurs. La couleur rose saumoné de ces filtres teinte irrémédiablement les photos. Pour éviter toute erreur au moment de l'achat, posez tous les modèles proposés par le vendeur sur une feuille de papier blanc : les dominantes ressortiront immédiatement.

Le sac à dos spécial matériel photo est le meilleur système de portage dans la nature. Il offre en plus une bonne sécurité contre les agressions extérieures. Celui-ci contient dans un volume restreint un matériel adapté à la plupart des styles de photo naturaliste :

- **2 boîtiers reflex 24 x 36 ;**
- **20 mm f/2,8 ;**
- **28-105 mm f/3,5-4,5 ;**
- **100 mm f/2,8 macro ;**
- **100-400 mm f/4,5-5,6 L IS ;**
- **Jeux de bagues-allonges ;**
- **Multiplicateur de focale x 1,4 ;**
- **Flash cobra ;**
- **Paire de jumelles ;**
- **Lampe frontale.**

Les filtres et leurs fonctions

Les filtres se divisent en deux catégories : les utilitaires et les créatifs. Parmi les utilitaires, les plus courants sont les suivants.

• **Le filtre UV.** L'anti-UV ne sert qu'à protéger les lentilles frontales des objectifs, car les lentilles en verre arrêtent les UV naturellement.

• **Le filtre gris neutre.** Un modèle pratique pour obtenir des poses longues par grand soleil. La fonction la plus courante du gris neutre est d'ajouter un joli « filé » aux mouvements d'eau (cascade, rivière, plage). Le temps de pose original est multiplié par 2, 4 ou 8 selon la densité du filtre. Variante : le filtre gris neutre dégradé, destiné à rétablir l'équilibre d'exposition entre un ciel très clair et un sol sombre.

• **Le filtre polariseur.** Un filtre indispensable et irremplaçable ! Il gomme les reflets non métalliques, renforce le contraste entre le bleu du ciel et les nuages, sert aussi de filtre gris neutre de densité x 4. Pour les appareils à miroir semi-transparent (tous les reflex modernes), seul le polariseur « circulaire » est utilisable, les modèles « linéaires » rendant certains posemètres inopérants ;

• **Le filtre compensateur.** Un filtre correcteur (jaune-brun ou bleuté) qui équilibre lumières et films utilisés à contre-emploi. Le bleu (80 A) harmonise lumière du jour et éclairage artificiel, le brun (85 B) rend le film « lumière artificielle » utilisable en plein jour. Monnaie courante au cinéma, ces filtres intéressent très peu le photographe naturaliste.

Les filtres créatifs agissent directement sur le rendu de l'image. Ils colorent, masquent, déforment ou diffusent la lumière pour produire des effets spéciaux. Dans la nature, les dégradés colorés sont appréciables par temps gris ; les bleus, les orangés et mauves sont parmi les plus prisés.

À condition d'être discret, l'apport de couleur n'affecte pas trop le rendu naturel de la photo. Les autres modèles orientés vers les effets spéciaux n'apportent pas grand-chose aux images : une bonne photo se suffit à elle-même.

Effet miroir, irisation, brouillard donnent rarement les résultats escomptés. Seuls les filtres « Soft » haut de gamme (Zeiss, par exemple) peuvent apporter un véritable plus artistique aux photos de fleurs.

À GAUCHE
Le filtre polarisant a la propriété de réduire les reflets sur les surfaces non métalliques. Il renforce également le bleu du ciel, et augmente son contraste avec les nuages lorsque l'angle avec le soleil est favorable.

À DROITE
Sans filtre polarisant, les reflets gênants empêchent la lecture des détails du sujet et le ciel manque de densité.

Des jumelles pour le repérage et l'identification

CI-DESSUS
Accouplement de chevreuils ***(Capreolus capreolus)***
• Objectif 400 mm - 1/125 s à f/5,6 - MAP MF.

À GAUCHE
L'observation attentive aux jumelles est la meilleure manière d'observer les animaux dans leur milieu. Les frondaisons de bois fourmillent de passereaux, difficiles à identifier sans un rapport grossissement/luminosité d'au-moins 8 x 30.

Un photographe naturaliste doit toujours avoir une paire de jumelles dans son fourre-tout. Sinon, comment repérer la harde d'isards cachée à l'ombre des pierres ou identifier la sterne arctique qui plonge à une centaine de mètres ?
Inutile de craquer pour un modèle puissant et ultralumineux : une paire de 8 x 32 (grossissement x 8 et diamètre de 32 mm) suffit amplement au repérage. En outre, le photographe arrêté en pleine marche d'approche subit les vibrations des battements amplifiés de son cœur et sa respiration haletante : le grossissement x 8 est plus facile à tenir sans bouger.
Les passionnés d'oiseaux apprécient généralement les grossissements plus importants, comme celui des jumelles 10 x 42. Ce rapport permet d'observer les espèces avec un grossissement favorable à l'identification, y compris en basse lumière, grâce au diamètre confortable des lentilles (4,2 mm de pupille de sortie). Pour les grossissements plus importants, l'utilisateur est obligé de poser ses jumelles sur un support pour éviter de trembler : beaucoup de modèles sont pour cette raison livrés avec un système de fixation sur trépied. Canon équipe ses jumelles à fort grossissement d'un stabilisateur optique : les modèles IS en sont équipés, ce qui les rend incomparablement plus faciles à maîtriser !
Les plus puissants disposent en outre de verres UD à dispersion ultrafaible : un must pour des images parfaitement définies. L'addition de ces deux avantages en fait des outils irremplaçables pour les naturalistes. Leur unique défaut est de ne pas offrir de stabilisation sans piles : pensez à en faire un stock avant de partir à l'aventure.
Pour calculer la luminosité des jumelles, divisez leur diamètre par leur grossissement : 32/8 = 4 mm de pupille de sortie pour une jumelle 8 x 32. Les amateurs de photo crépusculaire ont en revanche intérêt à s'offrir des jumelles plus lumineuses (et plus lourdes !), comme les 8 x 40 (5 mm de pupille de sortie), voire des 8 x 56 (7 mm de pupille), dont la luminosité convient à l'observation tardive des mammifères. Il faut également savoir que les jumelles équipées d'oculaires zooms sont d'une qualité déplorable.

Les lunettes d'approche : l'identification haut de gamme

Quand l'animal est aussi bien dissimulé par la végétation, seule l'observation systématique du terrain permet de le repérer. Busard des roseaux *(Circus aeruginosus)* • Objectif 300 mm - 1/200 s à f/5,6 - MAP MF.

Les lunettes d'approche offrent des focales plus importantes que les jumelles. Grâce à leurs oculaires interchangeables, il est facile de modifier leur grossissement, y compris par le biais d'oculaires zooms haut de gamme. En matière de lunettes et d'oculaires, la qualité est une notion rendue particulièrement importante par les focales et les grossissements atteints : pas de netteté satisfaisante sans, au minimum, une optique achromatique.
Les meilleurs instruments disposent de lentilles en fluorine et/ou en verre à indice de dispersion ultrafaible, qui leur donne droit à la mention « apochromatique ». C'est-à-dire que la lumière blanche séparée en couleurs par les verres courants (effet de prisme) est ici respectée dans son intégrité : on évite la défocalisation, propice au flou des couleurs de longueurs d'ondes différentes (voir schéma).
Les meilleurs compromis entre le diamètre de la lunette et le grossissement dépendent de la gamme d'instruments. En diamètre 60 mm, le choix d'un oculaire fixe de grossissement compris entre x 20 et x 30 est judicieux. Dans les diamètres supérieurs (de 70 à 80 mm), on peut passer à l'oculaire

L'observation des oiseaux (le « bird watching ») est une pratique en évolution en France. Nous sommes encore loin de l'engouement anglo-saxon, mais le plaisir de voir la nature de plus près fait chaque année davantage d'adeptes.
Calao à bec jaune, photographié au Zimbabwe
(Tockus flaviostris)
• Objectif 300 mm - 1/250 s à f/6,3 - MAP AF.

zoom de qualité (x 20-80) ou aux oculaires fixes très haut de gamme. Dans tous les cas, la lunette d'approche se fixe sur un trépied pour une lisibilité correcte de l'image.
Parmi les marques prestigieuses, certaines proposent des accessoires qui transforment les lunettes en objectifs longue focale.
A priori séduisants vu les verres qui équipent les lunettes de qualité, ces accessoires donnent toujours des résultats décevants.
Un téléobjectif 400 mm muni d'un doubleur de focale donne des images de bien meilleure qualité qu'une lunette très haut de gamme.

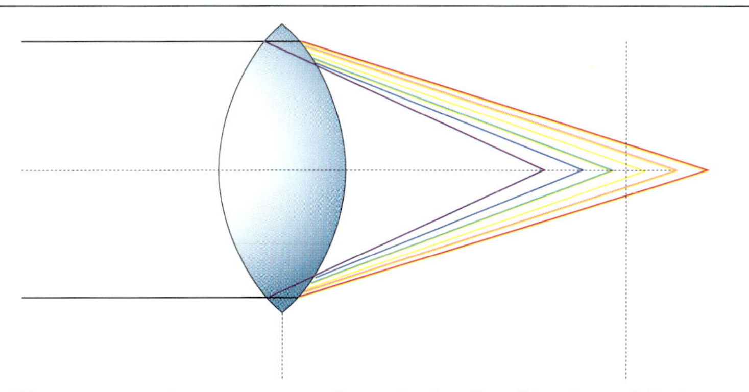

Une lentille se comporte comme un prisme. La lumière blanche qui la traverse est décomposée dans le spectre de l'arc-en-ciel : les différentes longueurs d'onde dispersent l'image de part et d'autre du plan de mise au point. Seul un verre à indice de dispersion ultrafaible évite cet étalement en profondeur des rayons lumineux.

Le blanc immaculé de cet oiseau aurait été surexposé sans la mesure spot effectuée sur son plumage. Gygis blanche *(Gygis alba)* • Objectif 400 mm - 1/125 s à f/4 - MAP MF.

La qualité de la lumière est fondamentale pour réaliser une bonne image. Sans la lumière chaude du matin ou celle, plus rouge, de la fin d'après-midi, la photographie ne produirait que des images dures, sans véritable saveur. La savante alchimie de la lumière naturelle est parfois imprévisible, certes, mais quel plaisir quand une ambiance magique transcende le sujet et offre au photographe l'image dont il rêvait ! Les photographes professionnels le savent bien, eux qui cherchent toujours la lumière idéale lors du repérage des sites, quitte à revenir plusieurs fois sur place. Voilà pourquoi leurs images sont meilleures que celles réalisées par les néophytes.

En principe, les plus belles lumières estivales s'obtiennent avant 10 heures du matin et l'après-midi dès 17 heures. Mais tout ceci varie en fonction de l'angle sous lequel le soleil nous éclaire. En été, le soleil de mi-journée darde ses rayons à la verticale : les ombres sont dures et l'épaisseur réduite de la couche atmosphérique influe peu sur la qualité de la lumière. Évitez ces heures peu propices à la prise de vues. En hiver, l'inclinaison de l'axe terrestre ferme l'angle d'éclairage du soleil : la lumière traverse une couche atmosphérique plus importante et devient plus chaude. Même à la mi-journée, les photos réalisées sous le soleil hivernal sont souvent

orangées. Les situations intermédiaires que constituent le printemps et l'automne baignent la nature de lumières à la fois chaudes et puissantes, au charme particulier. Ces circonstances extrêmement favorables à la photo animalière s'accompagnent en outre d'une intense activité de la vie sauvage : accouplements, migrations, naissances des animaux, régénération des végétaux.
Une belle lumière doit aussi avoir un rendu adapté au sujet à photographier. Les paysages minéraux donnent le meilleur d'eux-mêmes quand une lumière chaude renforce la densité des roches claires et que des ombres dures soulignent la rugosité des matières brutes. Au contraire, un mammifère pris en demi-contre-jour est bien plus joli lorsque l'ensemble du ciel est assez lumineux pour réduire la densité des ombres. Tout est affaire d'harmonie entre le sujet et la lumière qui le baigne. Bien sûr, l'animal n'a que faire de la qualité de l'éclairage lorsqu'il émerge de la forêt à la recherche de nourriture, mais le photographe exigeant a également le choix de déclencher son appareil… ou d'attendre une occasion plus propice : la chasse photographique est d'abord un acte créatif ! Et puis il faut un minimum de clarté pour éviter le bougé qui caractérise les photos prises à des vitesses d'obturation trop lentes.

La lumière chaude et rasante du soir fait ressortir la matière rugueuse de la peau de la tortue géante.
Tortue de terre géante d'Aldabra *(Dispochelys elephantina)*
• Objectif 300 mm - 1/125 s à f/5,6 - MAP AF.

La vitesse d'obturation

La pose très lente et un léger mouvement de l'animal introduisent un flou de bougé typique. Loup *(Canis lupus)*
• Objectif 200 mm - 1/15 s à f/5,6 - MAP AF. Photo réalisée dans une réserve en Pologne.

L'obturation est le temps durant lequel le film est exposé à la lumière quand on prend une photo. Sur les appareils reflex, les obturateurs à rideaux composés de lamelles (en plastique, en métal ou en carbone) ont supplanté l'obturateur toilé, tombé en désuétude. La translation des rideaux est verticale, avec un premier train de lamelles qui ouvre le passage à la lumière et un second qui le referme. Selon le temps de pose, la totalité de la surface du film est dégagée lors de l'ouverture, ou bien le second rideau commence sa course avant même que le premier soit entièrement ouvert – c'est l'obturation par balayage. Sur les obturateurs à la vitesse de translation la plus rapide, la vitesse ultime à laquelle la fenêtre d'exposition est totalement ouverte avant le lancement du second rideau monte au 1/300 s. On appelle cette vitesse synchro-X : c'est la vitesse d'obturation maximale avec laquelle le flash électronique est synchronisable.
Tous les temps d'obturation plus brefs sont obtenus par balayage (1/12 000 s pour les meilleurs boîtiers). Sur les reflex de gamme amateur, la vitesse de synchro-X est comprise entre 1/90 s et 1/250 s, alors que l'obturation par balayage la plus brève oscille entre 1/2 000 s et 1/8 000 s.
Les vitesses d'obturation ultracourtes sont utiles pour figer un mouvement très rapide. Il faut cependant une lumière abondante ou un film sensible pour équilibrer l'exposition dans ce cas. En photo naturaliste, ces vitesses sont appréciables quand on souhaite réduire au maximum le risque de bougé : plus la focale de l'objectif est longue, plus il faut une vitesse d'obturation brève pour éviter le flou. On conseille généralement d'afficher au moins une vitesse équivalente à la focale de l'objectif : 1/500 s au 500 mm, 1/250 s au 300 mm, etc.
Les vitesses d'obturation plus lentes restent cependant indispensables, notamment pour

équilibrer l'exposition lorsque la lumière est faible. Il est alors plus prudent de poser appareil et objectif sur un trépied, un monopode ou un sac de riz. Sinon, c'est le flou de bougé assuré, surtout avec les longues focales. Les téléobjectifs équipés d'un collier de fixation pour trépied permettent d'éviter le porte-à-faux d'un vissage classique sur l'écrou du boîtier. Outre une meilleure stabilité de l'ensemble, cela permet de rigidifier l'assemblage avec une jambe de force supplémentaire, cette fois montée entre le boîtier et une patte du trépied. Contre les vibrations, deux fixations valent mieux qu'une !

CI-DESSUS
La faible lumière disponible n'a pas permis de figer les ailes du grèbe huppé. Heureusement, sa tête et son corps nets font ressortir le mouvement et dynamisent la photo.
Grèbe huppé *(Podiceps cristatus)* • Objectif 300 mm - 1/30 s à f/4 - MAP AF.

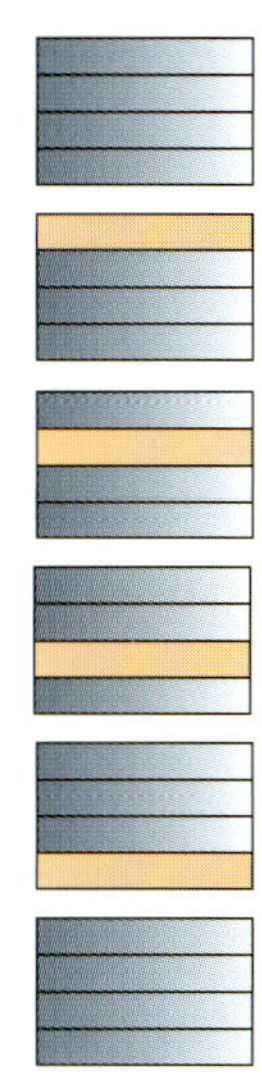

Aux vitesses les plus brèves, l'obturateur dévoile le film par balayage. C'est-à-dire que le second rideau entame sa course alors que le premier l'a tout juste commencée.

Le diaphragme

Le diaphragme a plusieurs fonctions : il dose la lumière qui entre dans l'appareil, modifie la profondeur de champ, agit sur les performances optiques, et corrige certaines aberrations. Plus le chiffre d'ouverture est petit, plus la lumière entre dans l'appareil.

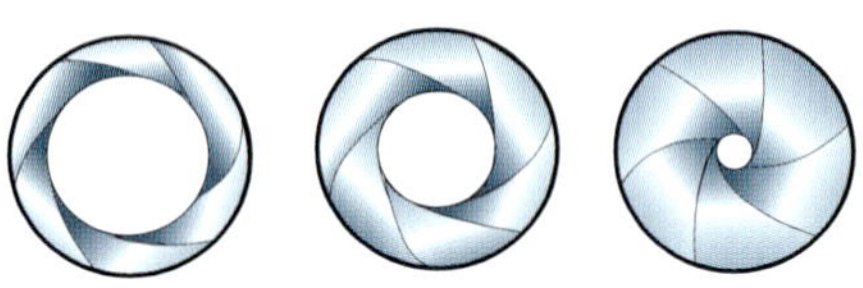

Le diaphragme, comme l'obturateur, permet de doser avec précision la quantité de lumière qui arrive sur le film. Mais, contrairement à l'obturateur, le diaphragme est un élément à part entière du système optique : il influe également sur les performances des objectifs, la profondeur de champ et l'esthétique des flous en dehors de la zone nette. C'est dire l'importance à lui accorder au moment de prendre une photo ! Le diaphragme est souvent comparé à un robinet : plus on l'ouvre, plus il laisse passer la lumière. Les grandes ouvertures de diaphragme correspondent aux plus petits nombres (1,4 - 2 - 2,8) et les plus petites, aux plus grands (11 - 16 - 22). La logique voudrait qu'on ouvre le diaphragme au maximum dans un environnement sombre, et qu'on le ferme dès que la lumière est abondante. Mais ce n'est pas aussi simple, car le diamètre du diaphragme influe sur la profondeur de champ, c'est-à-dire la zone nette qui s'étend à l'avant et à l'arrière du plan où la mise au point a été faite. Une notion à maîtriser absolument pour gommer un arrière-plan gênant ou, au contraire, photographier un paysage net du premier plan à l'infini.

En fait, la profondeur de champ est sans objet d'un point de vue strictement optique : quand on fait une mise au point, la seule zone nette est celle… où le point a été fait. Tout ce qui se trouve devant et derrière est d'autant plus flou qu'on s'en éloigne. La profondeur de champ trouve sa source dans les imperfections de l'œil humain, incapable de distinguer les détails inférieurs à une certaine taille (± 1/10 mm).

En format 24 x 36, la distance au-dessous de laquelle l'œil est incapable de distinguer deux points côte à côte est de 0,0333 mm (0,06 mm en format 6 x 7 et 0,1 mm en format 4 x 5 *inches*). On appelle cette distance « cercle de confusion », puisque l'œil confond les deux points en un seul.

La taille des points qui composent l'image en dehors du plan de mise au point est proportionnelle au diamètre de l'objectif : plus il est lumineux, plus ils sont gros. Les détails situés

La pleine ouverture permet d'isoler la première lionne de la suivante, pour lui donner la vedette dans la composition. Comme elle se trouve en outre au point fort du cadre, son regard prend une importance particulière : on imagine la proie qu'elle surveille en dehors de la photo…
Lion *(Panthera leo)*
• Objectif 300 mm - 1/250 s à f/4 - MAP AF.

à l'avant et à l'arrière du plan de mise au point atteignent rapidement la taille du cercle de confusion quand l'objectif est de grand diamètre : la zone de netteté semble faible.
Lorsque le diaphragme réduit mécaniquement le diamètre de l'objectif, l'angle de formation des points image est plus étroit : le nombre de points de diamètre inférieur au cercle de confusion augmente de part et d'autre du plan de mise au point. L'impression de profondeur de champ gagne elle aussi en étendue.
Il faut noter que la profondeur de champ augmente davantage (environ deux fois plus) à l'arrière du plan de mise au point : l'éloignement des sujets réduit la lisibilité des détails. Pour photographier un sujet en longueur net d'un bout à l'autre, faites le point sur le premier tiers de sa profondeur, même s'il n'y a rien à photographier à cet endroit précis. Un simple contrôle à l'aide du bouton testeur de profondeur de champ – si votre appareil en est équipé – permet de choisir le diaphragme qui offre une netteté complète du sujet. Faute de bouton testeur, utilisez la table de profondeur de champ éditée par le fabricant de l'objectif… ou calculez-la vous-même (voir encadré page 37 « La profondeur de champ en chiffres »).

« Depuis le mirador d'où j'observais, la seule façon de détacher ce fou de Bassan de la colonie était une grande ouverture. Sans objectif lumineux, le sujet aurait été visuellement parasité par ses congénères ».
Île Bonaventure (Québec).
Fou de Bassan *(Sula leucogaster)*
• Objectif 400 mm - 1/350 s à f/4 - MAP MF.

Hyperfocale et table de profondeur de champ

Grâce à une petite ouverture, la profondeur de champ sur cette photo est importante : le gecko est ainsi parfaitement intégré dans son environnement naturel. Désert de Namib (Namibie). Gecko terrestre géant *(Chondrodactylus angulifer)* • Objectif 20 mm - 1/125 s à f/11 - MAP AF.

Le calcul des tables de profondeur de champ introduit celui de l'hyperfocale : la distance de mise au point idéale pour donner le maximum de profondeur de champ pour un diaphragme donné. Une technique essentielle pour les photographes paysagistes exigeants. En pratique, il est inutile de faire les calculs lorsque l'objectif est doté d'une fourchette de profondeur de champ gravée sur son fût. Alignez le signe infini « ∞ » de la bague de mise au point sur le repère du diaphragme correspondant au côté droit de la fourchette, et lisez directement la distance de mise au point face au repère du même diaphragme, du côté gauche de la fourchette : dans cette position, tous les sujets situés entre la distance de mise au point indiquée et l'infini seront nets (voir schéma page 40). Sur les optiques autofocus, souvent dépourvues de fourchette de profondeur de champ, la méthode du calcul manuel est applicable ; c'est un peu rébarbatif au départ, mais il suffit de calculer une bonne fois pour toutes l'hyperfocale pour chaque diaphragme utile… et d'emmener ses notes sur le terrain !

De ces calculs, on déduit que la profondeur de champ diminue avec le rapprochement de la mise au point : la profondeur de champ varie avec le rapport de reproduction. Plus le rapport de reproduction est grand, plus la zone nette se réduit ; on s'en aperçoit très vite en macrophotographie. Ceci explique la faible profondeur de champ apparente des longues focales, souvent utilisées pour de grands rapports de reproduction, et la grande profondeur de champ – toujours apparente – des courtes focales, plutôt spécialisées dans les petits rapports. En fait, la profondeur de champ ne varie que très peu en fonction de la focale, mais beaucoup selon le rapport de reproduction. L'impression de variation de profondeur de champ avec la focale provient surtout du terrain d'application des différents types d'objectifs.

La profondeur de champ en chiffres

La profondeur de champ est la zone de netteté apparente, située à l'avant et à l'arrière du plan de mise au point. Elle provient de la résolution limitée de l'œil humain, incapable de discerner les détails de diamètre inférieur à ± 1/10 mm. Sur un film 24 x 36, on admet que deux points espacés de 0,0333 mm se confondent en un seul ; cette valeur est appelée « cercle de confusion admis ». Si la tache formée par la focalisation d'un point image est inférieure à 0,0333 mm, elle est perçue comme nette. Quand elle dépasse ce diamètre, elle semble d'autant plus floue qu'elle est étendue. N'oublions pas que la profondeur de champ est une valeur subjective : le flou n'arrive que très progressivement et peut être interprété différemment. Le cas échéant, la valeur du cercle de confusion admis utilisée pour les calculs peut être diminuée (0,015 mm, par exemple), notamment lorsque l'image doit être très agrandie et observée à une distance inférieure à la diagonale du format de tirage. Mais il s'agit d'un cas extrême, peu favorable à l'appréciation esthétique d'une photo.

Les formules

le calcul de la profondeur de champ passe par la détermination de ses limites avant et arrière, et ce pour chaque distance de mise au point et ouverture de diaphragme ; c'est la table de profondeur de champ. Pour la calculer, il faut d'abord déterminer l'hyperfocale des différentes ouvertures de l'objectif, c'est-à-dire la distance de mise au point qui offre le maximum de profondeur de champ pour une ouverture donnée.
Calcul de l'hyperfocale :

$$\text{hyperfocale} = \frac{\text{focale}^2}{\text{cercle de confusion x diaphragme}}$$

Transposée à un téléobjectif de 200 mm utilisé à f/5,6
la formule devient :

$$\frac{40\ 000}{0{,}0333 \text{ x } 5{,}6} = 7\ 459{,}2 \text{ soit hyperfocale} = 7{,}46 \text{ m}$$

Quand la bague de mise au point du 200 mm à f/5,6 est à l'infini, la profondeur de champ s'étend entre 7,46 m et l'infini. Mais on peut facilement gagner encore en distance minimale si l'on place la bague de mise au point sur ± 7,46 m (imprécision des distances sérigraphiées). Dans ce cas, la mise au point minimale s'étend de la moitié de la distance hyperfocale (3,73 m) à l'infini. Sur les objectifs dotés d'une fourchette de profondeur de champ, on note d'ailleurs qu'à f/5,6 et une fois la mise au point réglée sur ± 7,46 m le signe de l'infini « ∞ » se trouve juste en face du repère f/5,6 de gauche. La distance minimale à ± 3,73 m est elle aussi en face du repère f/5,6 placé de l'autre côté du repère de mise au point.

Calcul des tables de profondeur de champ

Une fois l'hyperfocale déterminée pour toutes les ouvertures de l'objectif, le calcul des tables de profondeur de champ doit être fait pour les distances de mise au point (MAP) usuelles.
Il suffit d'établir les limites avant et arrière de la zone de netteté en prenant pour base l'hyperfocale, qui tient elle-même compte du cercle de confusion à 0,0333 mm.
Voici les deux formules :

$$\text{limite avant} = \frac{\text{distance de MAP x hyperfocale}}{\text{hyperfocale + distance de MAP}}$$

$$\text{limite arrière} = \frac{\text{distance de MAP x hyperfocale}}{\text{hyperfocale – distance de MAP}}$$

Sachant que notre 200 mm à f/5,6, calé sur l'hyperfocale à 7,46 m, dispose d'une zone de netteté comprise entre 3,73 m et l'infini, on peut facilement déterminer ces limites pour une autre distance de mise au point.
Profondeur de champ pour une distance de mise au point à 12 m (200 mm à f/5,6) :

$$\frac{12 \text{ x } 7{,}46}{7{,}46 + 12} = \text{limite avant à } 4{,}60 \text{ m}$$

$$\frac{12 \text{ x } 7{,}46}{7{,}46 - 12} = \text{limite arrière à l'infini*}$$

* Quand le résultat de l'opération hyperfocale – distance de MAP est négatif, on admet qu'il s'agit de l'infini « ∞ ».

Le 200 mm à f/5,6 réglé sur 12 m offre une profondeur de champ comprise entre 4,60 m et l'infini. Il suffit de refaire les calculs à toutes les distances de mise au point gravées sur l'objectif et à toutes les ouvertures pour établir une table de profondeur de champ personnalisée.

L'esthétique du flou

Le diaphragme influe sur la taille des points qui composent l'image, mais il joue aussi sur leur forme. Ainsi, les points image dont le diamètre est supérieur au cercle de confusion apparaissent sous forme de taches de diffusion. Ce sont ces taches étalées – d'autant plus grandes que leur origine est éloignée du plan de mise au point – qui forment le flou hors profondeur de champ. Une optique dont le diaphragme est bien rond, donc constitué de nombreuses lamelles, projette des taches de diffusion bien rondes : le flou est doux et progressif. Avec un diaphragme hexagonal, les taches de diffusion, en forme d'hexagones, forment un flou plus haché… beaucoup moins agréable à l'œil. La position du diaphragme dans la formule optique joue aussi sur l'esthétique des flous, mais il est difficile de l'apprécier sans faire quelques essais. Ces considérations, certes subtiles, peuvent tout de même avoir un impact non négligeable sur les prises de vues à courte distance : la photo d'un animal ou d'une fleur gagne en intérêt esthétique si l'objet se détache sur un flou bien fondu.

Les « bulles » formées par les miroirs de l'objectif confèrent aux plans hors profondeur de champ des flous d'une esthétique particulière. Île de La Digue (océan Indien). Héron vert *(Butorides striatus)* • Objectif 500 mm à miroir - 1/60 s à f/8 - MAP MF.

Le diaphragme et l'utilisation judicieuse des ouvertures

À pleine ouverture, l'oiseau se détache bien sur l'arrière-plan. Les couleurs et le graphisme de son plumage sont ainsi mieux valorisés, et ne sont pas parasités par un fond trop chargé.
Ara chloroptère *(Ara chloroptera)*, Amérique centrale
• Objectif 300 mm - 1/200 s à f/4 - MAP AF.

Le diaphragme a décidément plus d'une corde à son arc : non content de doser la lumière et l'étendue de la profondeur de champ, il influe aussi sur le rendu optique. Il faut savoir qu'un objectif, même corrigé des aberrations optiques, a toujours quelques petites faiblesses, surtout en bordure de champ. Or, à pleine ouverture de diaphragme, la surface des lentilles est utilisée à presque 100 %.

Les rayons lumineux qui passent par leurs bords, qui favorisent les aberrations de sphéricité (différence de réfraction entre le centre de la lentille et ses bords), diminuent sensiblement la netteté de l'image à sa périphérie. Il suffit souvent de fermer d'une ou deux valeurs de diaphragme pour réduire d'un coup les aberrations de sphéricité, le coma (aberration liée aux rayons lumineux obliques) et le vignetage (assombrissement optique ou mécanique des bords du champ). Seules les optiques de qualité professionnelle – faisant appel aux lentilles asphériques et/ou aux verres spéciaux – offrent un rendu vraiment satisfaisant à pleine ouverture.

Mais le diaphragme peut également affecter la netteté de l'image. Comme un jet d'eau étale ses projections lorsqu'on réduit l'orifice du tuyau, le diaphragme crée de la diffraction lumineuse quand on le ferme beaucoup.

Rassurez-vous, ces défauts n'interviennent qu'aux diaphragmes les plus fermés : en format 24 x 36, la diffraction apparaît vers f/8 et affecte réellement la netteté à partir de f/16.

En général, on déconseille de prendre des photos entre f/16 et f/22 avec les objectifs courants. Pour résumer, évitez les diaphragmes extrêmes si vous voulez une qualité optique irréprochable.

Cela dit, les contingences de profondeur de champ – faible ou importante – peuvent amener à privilégier le rendu esthétique au détriment de la perfection technique pure et dure. Un beau paysage avec un premier plan très proche, modérément net sur l'ensemble des plans, est préférable à un premier plan flou sur un arrière-plan parfaitement piqué.

La fourchette de profondeur de champ, placée ici entre les deux autres bagues, permet d'estimer visuellement l'étendue de la zone nette. Elle commence dans cet exemple à 0,5 m et se termine à l'infini au diaphragme f/22.

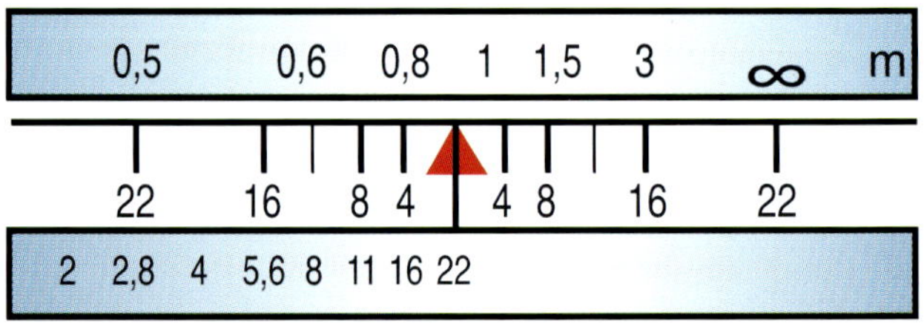

L'exposition

Ce lionceau du Masaï-Mara (Kenya) dévore la trompe d'un éléphant mort. Lion *(Panthera leo)* • Objectif 600 mm - 1/200 s à f/4 - MAP AF.

La gestion de l'exposition est presque un jeu d'enfant dès lors que l'on sait ce que signifient vitesses d'obturation et diaphragmes. La bonne exposition consiste tout simplement à déterminer le couple vitesse-diaphragme susceptible de fournir avec précision l'énergie lumineuse nécessaire à l'insolation du film. Trop de lumière ? La photo est surexposée... Pas assez ? C'est la sous-exposition. Chaque film a sa sensibilité propre à la lumière, indiquée sur l'emballage et la cartouche selon la norme ISO. Le film 100 ISO est considéré comme le standard en émulsion inversible (la diapositive), alors que les progrès du négatif couleur ont aujourd'hui érigé en standard le 400 ISO pour les tirages papier.

Les outils de dosage de la lumière sont le diaphragme et l'obturateur. Pour comprendre leur fonctionnement, on peut reprendre l'analogie entre diaphragme et robinet et comparer l'obturateur à un seau. Quand le robinet est peu ouvert, le seau se remplit lentement. Si l'on ouvre complètement le robinet, le seau est très vite plein. Le diaphragme et l'obturateur fonctionnent de la même manière : une grande ouverture de diaphragme favorise une vitesse d'obturation rapide, et le diaphragme fermé privilégie un temps de pose plus long. Ainsi, l'un et l'autre sont liés, et peuvent donner une valeur d'exposition identique (un indice de lumination IL) pour des diaphragmes et des temps de pose variés.

Exemple : 1/250 s à f/5,6 représente la même valeur indice de lumination (IL 13 pour 100 ISO) que 1/125 s à f/8, 1/60 s à f/11... ou 1/500 s à f/4.

Un diaphragme en plus ou en moins égale une vitesse d'obturation doublée ou diminuée de moitié.

Certains appareils professionnels (Contax 24 x 36 et 4,5 x 6, Hasselblad 6 x 6) autorisent le verrouillage du couple vitesse-diaphragme sur un IL adapté à la prise de vues, et permettent de faire varier la profondeur de champ en conservant la même exposition : fermez le diaphragme, la vitesse d'obturation s'allongera... et *vice versa* si vous souhaitez diminuer la profondeur de champ.

Pour mesurer l'exposition d'une scène à photographier, on utilise un posemètre intégré à l'appareil ou un posemètre externe. Le posemètre intégré au reflex mesure la lumière réfléchie par le sujet à travers l'objectif, grâce à des cellules situées dans l'appareil, à proximité du

prisme de visée. Toute la difficulté à obtenir une mesure fiable en lumière réfléchie provient de la capacité des sujets à réfléchir la lumière – il y a un monde entre la neige et un sol sombre.
Voilà pourquoi de nombreux photographes préfèrent analyser la lumière incidente (la lumière qui « tombe ») à l'aide d'une cellule à main munie d'un bulbe intégrateur blanc. Ainsi, on mesure la lumière reçue par le sujet sans avoir à tenir compte de son coefficient de réflexion. Il faut cependant garder à l'esprit que le bulbe blanc du posemètre donne une mesure moyenne, calculée pour exposer sur la base d'un gris moyen (charte de gris Kodak à 18 %).
Avec des films de latitude de pose infinie, les blancs seraient blancs et les noirs, noirs… Hélas ! la latitude de pose des films est limitée. Résultat : les très hautes lumières risquent d'être « grillées » et les basses lumières « bouchées ». Une connaissance approfondie des propriétés des films est donc nécessaire pour travailler efficacement avec une cellule à main.
Pour éviter aux amateurs de faire des erreurs d'appréciation, les fabricants de reflex ont « dopé » les possibilités des posemètres intégrés à leurs appareils. D'abord, avec la mesure centrale pondérée, dont la plage d'analyse centrée privilégie le bas du viseur, afin de minimiser l'influence d'un ciel trop lumineux. Mais, pour fonctionner correctement, ce système doit lui aussi être paramétré pour exposer idéalement un gris moyen à 18 %. D'où une fâcheuse tendance à surexposer les noirs (fond de scène clair et chanteur totalement « grillé ») et à sous-exposer les blancs (neige sale et personnages sombres). L'amateur est tenu de corriger l'exposition sur les sujets difficiles pour obtenir de bonnes photos : correcteur sur – 2 IL au spectacle et sur + 1,5 IL à la neige. Les fabricants ont ensuite ajouté aux boîtiers des mesures d'exposition à pinceau étroit : les

En cas de doute sur la validité de la mesure d'exposition multizone, la mesure sélective permet de faire la lumière précisément sur le sujet. Martin pêcheur malachite *(Alcedo cristata)*, photographié en Zambie.
• Objectif 400 mm - 1/250 s à f/5,6- MAP MF.

IL	Couples vitesses/diaphragmes										
	f/1	f/1,4	f/2	f/2,8	f/4	f/5,6	f/8	f/11	f/16	f/22	f/32
-2	4 s	8 s	15 s	30 s	1 min	2 min	4 min	8 min	16 min	32 min	1 h
-1	2 s	4 s	8 s	15 s	30 s	1 min	2 min	4 min	8 min	16 min	32 min
0	1 s	2 s	4 s	8 s	15 s	30 s	1 min	2 min	4 min	8 min	16 min
1	1/2 s	1 s	2 s	4 s	8 s	15 s	30 s	1 min	2 min	4 min	8 min
2	1/4 s	1/2 s	1 s	2 s	4 s	8 s	15 s	30 s	1 min	2 min	4 min
3	1/8 s	1/4 s	1/2 s	1 s	2 s	4 s	8 s	15 s	30 s	1 min	2 min
4	1/15 s	1/8 s	1/4 s	1/2 s	1 s	2 s	4 s	8 s	15 s	30 s	1 min
5	1/30 s	1/15 s	1/8 s	1/4 s	1/2 s	1 s	2 s	4 s	8 s	15 s	30 s
6	1/60 s	1/30 s	1/15 s	1/8 s	1/4 s	1/2 s	1 s	2 s	4 s	8 s	15 s
7	1/125 s	1/60 s	1/30 s	1/15 s	1/8 s	1/4 s	1/2 s	1 s	2 s	4 s	8 s
8	1/250 s	1/125 s	1/60 s	1/30 s	1/15 s	1/8 s	1/4 s	1/2 s	1 s	2 s	4 s
9	1/500 s	1/250 s	1/125 s	1/60 s	1/30 s	1/15 s	1/8 s	1/4 s	1/2 s	1 s	2 s
10	1/1000 s	1/500 s	1/250 s	1/125 s	1/60 s	1/30 s	1/15 s	1/8 s	1/4 s	1/2 s	1 s
11	1/2000 s	1/1000 s	1/500 s	1/250 s	1/125 s	1/60 s	1/30 s	1/15 s	1/8 s	1/4 s	1/2 s
12	1/4000 s	1/2000 s	1/1000 s	1/500 s	1/250 s	1/125 s	1/60 s	1/30 s	1/15 s	1/8 s	1/4 s
13	1/8000 s	1/4000 s	1/2000 s	1/1000 s	1/500 s	1/250 s	1/125 s	1/60 s	1/30 s	1/15 s	1/8 s
14	-	1/8000 s	1/4000 s	1/2000 s	1/1000 s	1/500 s	1/250 s	1/125 s	1/60 s	1/30 s	1/15 s
15	-	-	1/8000 s	1/4000 s	1/2000 s	1/1000 s	1/500 s	1/250 s	1/125 s	1/60 s	1/30 s
16	-	-	-	1/8000 s	1/4000 s	1/2000 s	1/1000 s	1/500 s	1/250 s	1/125 s	1/60 s
17	-	-	-	-	1/8000 s	1/4000 s	1/2000 s	1/1000 s	1/500 s	1/250 s	1/125 s
18	-	-	-	-	-	1/8000 s	1/4000 s	1/2000 s	1/1000 s	1/500 s	1/250 s
19	-	-	-	-	-	-	1/8000 s	1/4000 s	1/2000 s	1/1000 s	1/500 s
20	-	-	-	-	-	-	-	1/8000 s	1/4000 s	1/2000 s	1/1000 s
21	-	-	-	-	-	-	-	-	1/8000 s	1/4000 s	1/2000 s

Correspondance des indices de lumination (IL) et des couples vitesse/diapragme à 100 ISO.

**La mesure multizone est particulièrement efficace sur la plupart des sujets.
Ce vol « plein écran » est un bon exemple de scène où l'on peut faire totalement confiance à un système d'exposition moderne.
Lagunes de Chacahua (Mexique)
• Objectif 200 mm - 1/250 s à f/8 - MAP MF.**

mesures sélectives ou encore « spot ». Elles permettent de faire la mesure sur une partie précise du sujet. Néanmoins, il faut savoir dénicher un sujet dont le coefficient de réflexion est proche du gris moyen.
C'est Nikon qui a trouvé la parade, avec la mesure matricielle, qui consiste à découper le verre de visée en zones. Le calculateur intégré à l'appareil collecte les différentes valeurs obtenues dans chaque zone et compare le résultat à des cas types programmés dans sa mémoire. Ainsi, lorsqu'il détecte une très forte luminosité dans le haut de l'image, l'appareil l'ignore. La mesure donne donc la priorité aux autres zones, où le sujet principal a plus de chances de se trouver.
Quand la luminosité est forte dans le bas de l'image, les zones sombres sont privilégiées, pour bien exposer... les personnages sur fond de neige.
Aujourd'hui, tous les reflex ont une mesure multizone plus ou moins performante, avec, en mémoire, une foule de cas à comparer à l'analyse faite sur le sujet.
Ce système permet de contourner la plupart des difficultés que présentent le contre-jour, la photographie sur neige ou le coucher de soleil. Les seuls risques d'erreur concernent les sujets peu contrastés (brouillard lumineux, bord de mer par temps maussade), qui remettent le posemètre dans les conditions d'une mesure centrale pondérée – toutes les zones don-

nent une valeur identique. Faute de savoir dans quel sens corriger, il vaut mieux utiliser le *bracketing* automatique, c'est-à-dire faire trois photos à des valeurs d'exposition prédéterminées (0 IL, + 1 IL, – 1 IL, par exemple) – une fonction très pratique en cas de doute. On peut bien sûr minimiser l'étendue du *bracketing* par demi-IL ou décaler son action à l'aide du correcteur d'exposition.
Avec une correction de + 1 IL, le *bracketing* donné plus haut devient : + 1 IL, + 2 IL, 0 IL, fourchette adaptée à la prise de vues au crépuscule ou sur neige unie.
Le correcteur d'exposition n'est pas seulement là pour dépanner ; c'est aussi un moyen d'influencer l'exposition de façon créative, y compris en mesure multizone. Par exemple, les lumières chaudes de fin d'après-midi gagnent en rendu lorsqu'on sous-expose la vue de 0,5 à 1 IL.
En ce qui concerne les paysages, les matières minérales deviennent plus denses et les teintes chaudes sont plus saturées – l'idéal dans un site du genre grand canyon du Colorado ou dans les paysages des ocres du Luberon, en Provence.
La même sous-exposition de ± 1 IL permet également de photographier des végétaux éclairés par le soleil sur fond sombre : le fond devient noir et les fines tiges végétales sont bien exposées, alors que sans cette légère correction, les plantes seraient très largement surexposées.

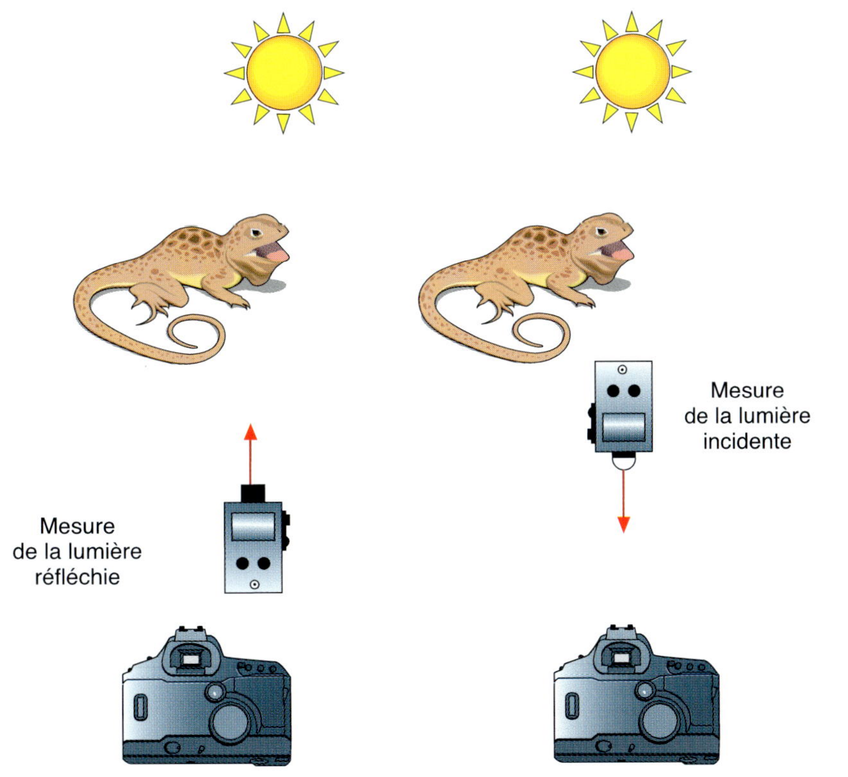

La mesure réfléchie effectuée en direction du sujet est soumise à son coefficient de réflexion : s'il est clair ou sombre, la cellule est trompée. En lumière incidente, on ne mesure que la lumière ambiante, à travers le bulbe d'intégration blanc tourné vers l'appareil : la cellule ne tient pas compte des variations de réflexion du sujet.

Le flash comme source principale de lumière

La puissance d'un flash est donnée sous forme de nombres guides (NG) pour 100 ISO. Elle est déterminée par mesure d'éclair à 1 mètre de distance. Les valeurs de NG données par les fabricants sont souvent optimistes. Elles ne sont pas totalement fausses, mais couramment indiquées en position télé, où la lentille de Fresnel du réflecteur « dope » sérieusement l'éclair. Lisez bien le mode d'emploi de votre flash (la puissance y est généralement donnée pour chaque focale) si vous désirez l'utiliser en manuel selon la formule classique NG/distance entre flash et sujet = diaphragme de travail.

Aujourd'hui, la plupart des flashes sont automatiques : la mesure d'exposition est effectuée *via* des éléments photosensibles placés dans la chambre reflex de l'appareil (mesure TTL, à travers l'objectif). Ainsi, la mesure tient automatiquement compte de la luminosité de l'objectif ou des pertes lumineuses introduites par les accessoires optiques utilisés. La procédure de mesure est simple : l'appareil commande le flash, sa cellule analyse la durée de l'éclair et le coupe dès qu'elle estime l'exposition optimale pour le film utilisé. Les fabricants ont évidemment fait évoluer cette technologie vers la mesure multizone, comme pour la mesure de lumière continue. Certains vont même jusqu'à faire appel au même capteur pour mesurer un pré-éclair. Le système tient ainsi compte des différents coefficients de réflexion des sujets. Cela permet aussi de mémoriser l'éclair sur un sujet similaire à distance identique, notamment pour s'affranchir d'un arrière-plan perturbateur (oiseau d'eau sur une surface réfléchissante, mammifère sur fond sombre).

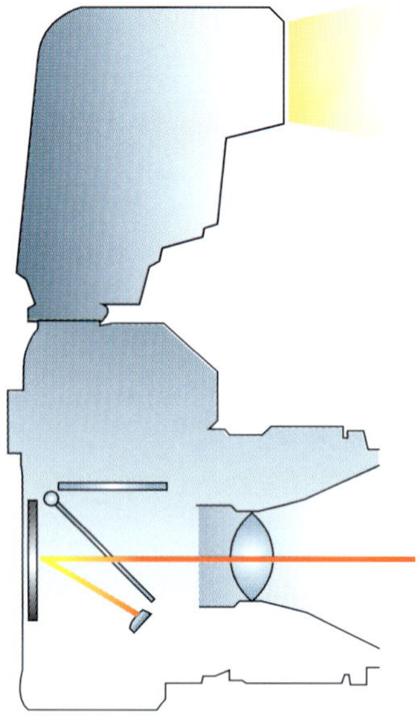

La cellule placée dans le plancher de la chambre reflex mesure la durée de l'éclair réfléchi par le film, et coupe le flash dès qu'elle est suffisante pour une bonne exposition.

Les flashes placés en extension suppriment les reflets faciaux indésirables. La scène gagne en relief et en naturel.
Pélodyte ponctué
(Pelodytes punctatus)
• Objectif 50 mm - 1/60 s à f/11 - MAP MF - 2 flashes cobra en extension.

Sans l'éclair du flash intégré, cette photo était ratée d'avance. On peut certes lui reprocher sa lumière dure, mais son utilité reste indiscutable lorsqu'un flash cobra n'est pas disponible. Vison d'Europe *(Mustela lutreola)* • Objectif 200 mm - 1/250 s à f/2,8 - MAP MF - flash intégré (EOS 5). Photo réalisée avec un biologiste au cours d'un programme de recherche.

L'utilisation du flash comme source principale de lumière casse l'aspect naturel de la scène : l'éclair frontal du flash monté dans la griffe du boîtier projette une lumière froide et dure, qui laisse des ombres marquées derrière le sujet. C'est pourquoi nous préconisons d'employer le flash unique comme complément de la lumière du jour, avec un filtre réchauffeur brun-jaune de faible densité, afin d'harmoniser l'éclair et les teintes de l'arrière-plan éclairées naturellement.

Pour les scènes nocturnes, il est judicieux d'utiliser plusieurs flashes, de façon à éclairer la scène en générant un minimum d'ombres. Les flashes automatiques modernes donnent ici tout leur potentiel, notamment quand il est possible de gérer la puissance des différentes sources par un simple réglage sur le flash maître. Avec eux, pas de problème technique, puisque la mesure d'exposition de tous les flashes est gérée par la cellule interne du boîtier. On profite même de la mesure multizone sur les ensembles boîtier et flash les plus performants. Le prix élevé de ces accessoires incite à les protéger au maximum des intempéries – une averse n'est pas rare durant l'affût. Prévoyez des fixations solides, protégez le corps des flashes avec de l'adhésif toilé et couvrez le tout d'un sac en plastique. L'idéal est de disposer de sacs étanches adaptés, avec hublot neutre pour ne pas teinter l'éclair.

Une installation destinée à être utilisée plusieurs jours sur le terrain peut se constituer de flashes manuels un peu anciens, moins coûteux en cas d'imprévu (vol, casse, intrusion animale). Installez alors un système d'alimentation sur batterie externe et protégez les flashes comme décrit plus haut. L'exposition est mesurée au flashmètre à main, dans des conditions analogues à la séance de prises de vues. Faites quelques essais préalables sur film diapositive afin de confirmer l'efficacité du système. Cette configuration peut fonctionner en totale autonomie avec un système de piégeage photographique – pratique avec des espèces nocturnes farouches (blaireau, renard, etc.).

CONSTRUIRE SES IMAGES

Cette photo repose entièrement sur les oppositions : vie et mort, sombre et clair, sable et ciel. Tortue de terre éléphantine *(Dispochelys elephantina)* • Objectif 200 mm - 1/1 000 s à f/8 - MAP AF.

Le cadrage

Cadrer est le moyen le plus simple de personnaliser une photo : éliminer un détail du paysage ou choisir une composition verticale plutôt qu'horizontale est déjà une démarche créative. On cadre d'abord pour faciliter la lecture de la photo et masquer des éléments superflus, mais, comme toute action instinctive, le cadrage vient souvent de beaucoup plus loin – la culture personnelle dirige inconsciemment notre œil. Cadrer, c'est tailler dans la réalité et en extraire l'élément qui provoque l'émotion du beau ; c'est aussi retrouver des schémas esthétiques vus dans les magazines, à la télé ou au cinéma. Qu'on le veuille ou non, personnaliser sa photo consiste parfois à la faire entrer dans les canons esthétiques de la société… Peu importe ! Le principal est de ressentir le plaisir d'être face à l'image qu'on a envie de partager, et de faciliter l'échange par un cadrage logique. Parce que la photo représente aussi un acte social : il s'agit d'aller à la rencontre du beau et de le montrer aux autres. Excellente raison pour prendre le temps de bien cadrer, surtout au début, car un mauvais cadrage résulte souvent d'un manque de concentration. Le raté typique est le cadrage centré, où le sujet en plein milieu de l'image interdit toute circulation dans le format. Le seul intérêt d'une image centrée est de faciliter l'identification du sujet en lui faisant occuper le maximum d'espace... mais ce n'est plus de la photo créative.

La composition

Si certaines personnes ont un sens inné de l'harmonie visuelle, beaucoup doivent se référer aux règles classiques pour éduquer leur regard à la composition. Le sens de lecture des images est primordial, car une photo n'a qu'une fraction de seconde pour séduire. Autant faciliter le parcours de l'œil en lui proposant la lecture de gauche à droite, à laquelle il est conditionné depuis l'enfance. Ainsi, le regard quitte rapidement l'image lorsque le sujet principal est à gauche et que la partie droite présente moins d'intérêt... À l'inverse, l'image vide dans sa partie gauche invite l'œil à s'arrêter sur le sujet situé à droite, en plein sur le « point fort » du cadre.

La notion de point fort ne date pas d'hier. Déjà, les artistes de la Grèce antique utilisaient le nombre d'or pour dessiner des temples harmonieux. En photo comme en peinture, il suffit de diviser un rectangle en tiers verticaux et horizontaux ; chaque intersection est un point fort.

Selon notre sens de lecture, les points forts haut/droit et bas/droit sont les mieux placés pour retenir le regard, mais, par le biais des lignes de force et des fuyantes propres à chaque sujet photographié, il est facile de guider le regard vers des points forts secondaires. Plus l'œil est guidé dans l'image, mieux il la comprend et plus il y circule facilement.

Si des lignes géométriques peuvent aisément guider le regard, la meilleure façon de le faire circuler est d'ajouter une troisième dimension à la composition. Une simple ligne de fuite vers l'horizon donne de la profondeur à l'image. Faites partir cette fuyante d'un coin au bas de l'image, et l'impression sera saisissante.

Évidemment, les fuyantes naturelles peuvent s'enchaîner vers la droite ou la gauche et, par là-même, tracer le cheminement destiné à la circulation du regard d'un point fort à l'autre. Inutile de rechercher des fuyantes bien tracées : le bord d'un lac, la crête d'une montagne, quelques nuages dessinent des lignes suffisamment précises. Le jeu consiste à retenir l'œil le temps de transmettre l'émotion : c'est parfois très rapide !

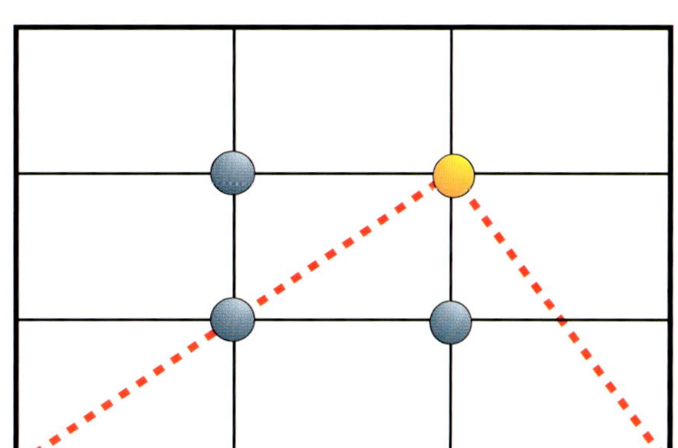

Quand on divise les longueurs et largeurs du cadre 24 x 36 par tiers, les points forts visuels se situent aux intersections des lignes. Le point haut/droit est celui où la convergence des fuyantes est la plus esthétique.

Construire ses images

Opposer pour valoriser

Les oppositions aident à faire ressortir le sujet principal d'une composition. Placez deux rochers de tailles très différentes au point fort de la composition, et le plus grand attirera davantage le regard : c'est l'opposition de tailles. Peignez le gros rocher en rouge et le petit en vert, et l'écart se creusera. Inversez les couleurs, et le petit deviendra subitement le centre d'intérêt. Les oppositions de couleurs sont plus complexes que celles de tailles, car chaque couleur a une puissance évocatrice différente dans notre esprit. Le rouge est synonyme de nourriture (les baies), de risque (plantes et animaux vénéneux), de danger (sang)... Une teinte d'une très forte puissance visuelle !

La puissance évocatrice des sujets évolue selon une hiérarchie dictée par l'affectif. Le minéral est spectaculaire lorsqu'il est de grande taille, mais un arbre isolé sur une montagne attire davantage l'œil. Placez à côté un animal assez gros pour être vu, et l'arbre passera au second plan... Qu'arrive un personnage, et nous n'aurons d'yeux que pour lui.

Il est très intéressant d'opposer les extrêmes (montagne et personnage, objets de grande taille et animal). Les sujets les plus évocateurs (l'homme, l'animal) profitent alors de la force apparente de leur opposé. Lorsqu'on cadre la montagne dans son ensemble, le petit personnage placé au pied de celle-ci attire l'œil, comme s'il devait être écrasé d'un instant à l'autre par la gigantesque masse minérale. Hélas ! l'humain est trop peu détaillé pour sortir de l'anonymat. Un cadrage plus serré sur lui, avec, en arrière-plan, une petite portion de la montagne (identifiable sans équivoque), apporte une lisibilité accrue des détails du sujet et renforce l'impression d'écrasement, puisque le cerveau doit alors imaginer les dimensions réelles de la masse en arrière-plan (opposition suggérée).

Ce type d'opposition est très utile pour la photo naturaliste à message, par exemple quand une main d'homme en gros plan saisit un animal piégé. L'animal blessé acquiert alors une puissance évocatrice très importante. L'homme représenté par sa seule main ne laisse aucun doute sur ses intentions destructrices. Pourtant, il suffit que la portion de manche qui dépasse soit celle d'une veste indienne et l'acte devient acceptable, car il est le fait d'un homme intégré à la nature et qui tue uniquement pour se nourrir. Soyez toujours attentif à l'utilisation des oppositions : elles sont faites de contradictions !

Le cadrage de la tortue du premier plan et du lapiaz corallien juste derrière donne un dynamisme agréable et graphique à cette photo. La fuyante naturelle occupe l'espace image et retient le regard dans le cadre.
Tortue imbriquée *(Eretmochelys imbricata)*
• Objectif 24 mm - 1/60 s à f/16 - MAP AF.

LES FILMS

La finesse de grain des émulsions est essentielle pour le rendu de matières subtiles, comme le plumage de ces pélicans du lac Eyre (Australie). Cette espèce est endémique à l'Australie et à la Nouvelle-Guinée.
Pélican à lunettes
(Pelecanus conspicillatus)
• Objectif 400 mm - 1/125 s à f/5,6 - MAP MF.

Noir et blanc ou couleurs, tel est le choix de base à effectuer avant de faire des photos. Le noir et blanc est très peu utilisé pour la photo naturaliste, sauf pour les paysages (une image soigneusement tirée est toujours esthétique). La photo couleurs est beaucoup plus universelle, tant en négatif – où les films, en perpétuelle évolution, offrent une souplesse d'exposition inégalée – qu'en diapositive avec laquelle on peut produire aussi bien des projections spectaculaires que des tirages couleurs et noir et blanc, notamment grâce à l'utilisation d'outils numériques. La technologie la plus avancée pour les films noir et blanc se rencontre chez Kodak et Ilford, avec des émulsions à grains tabulaires, très fines jusque dans les hautes sensibilités (de 100 à 3 200 ISO), un atout majeur quand on ne dispose pas d'objectifs lumineux. Ce sont des films universels, faciles à traiter et riches en niveaux de gris. Agfa se contente, pour sa part, de technologies classiques mais dispose

aussi d'excellents films en basse sensibilité. Le négatif couleurs est sans conteste le film le plus souple en termes d'exposition. Il est disponible dans une large gamme de sensibilités sous toutes les marques (Fuji, Kodak, Konica, Agfa...) et offre un grain très fin jusqu'à 800 ISO. Le négatif couleurs est l'émulsion des lumières difficiles, des affûts du petit matin, lorsque le soleil tarde à projeter ses rayons sur une harde de chevreuils... Sa latitude de pose étendue (– 1 à + 3 IL autour de la bonne exposition) autorise même quelques erreurs de mesure ! Les émulsions négatives sont généralement neutres et assez saturées, c'est-à-dire que les couleurs sont volontairement éclatantes, comme le souhaite le grand public.
Le film le plus populaire pour la photographie naturaliste est la diapositive couleur. Chaque image est un original qui n'a pas à souffrir de l'épreuve du tirage nécessaire au négatif couleurs : une diapo est plus riche en densités, plus nette et mieux adaptée à l'archivage en grande quantité. Le standard de sensibilité est 100 ISO. Les films inversibles demandent une bonne précision d'exposition, car leur latitude de pose est très faible. Cela dit, les appareils à mesure multizone les exposent avec une grande régularité. La diapositive permet, bien sûr, la projection, mais il vaut mieux ne pas en abuser quand on souhaite publier un jour ses images : chaleur et forte luminosité du projecteur agressent l'émulsion, la déforment (effet de poping) et la décolorent. Mieux vaut archiver ses diapos dans un meuble métallique à tiroirs et dans des planches transparentes chimiquement neutres, faire sa sélection sur une table lumineuse à l'aide d'une loupe et ne projeter que les doublons, nombreux dans la pratique de la photo naturaliste. Heureusement, la diapo est moins chère qu'un tirage de qualité de négatifs couleurs !

La photo numérique

La montée en puissance de la photo numérique attire aujourd'hui de nombreux amateurs. Peut-on abandonner le film et faire ses prises de vues uniquement en numérique ? Les meilleurs outils actuels l'autorisent, surtout depuis l'avènement des capteurs haute résolution. Le numérique permet de vérifier la qualité des images sur le terrain et d'y faire une première sélection en éliminant les mauvaises photos. De retour à la maison, l'amateur de photo numérique retouchera aisément les défauts de ses images, les éditera sur imprimante à jet d'encre avec une qualité égale à la photo argentique et pourra archiver ses œuvres sur CD-Rom, DVD ou autre support économique et fiable.
Mais le numérique a aussi ses faiblesses. Il est, par exemple, beaucoup plus rapide de parcourir 50 planches de 20 diapos en quelques minutes que d'allumer l'ordinateur, de lancer son programme de catalogage et de vérifier des imagettes pas très nettes et relativement longues à afficher. Et puis les fichiers numériques se perdent et s'effacent facilement, surtout quand les images ne sont pas cataloguées comme il se doit. À cela s'ajoutent les impondérables : disque dur en panne, virus informatique, panne de courant durant un enregistrement. Les supports ont également une durée de vie limitée : pour combien de temps archive-t-on sur CD-Rom et sur DVD ? La boîte de plaques en verre noir et blanc trouvée dans le grenier est encore exploitable après cinquante ans, alors qu'il n'y aura plus de lecteurs de CD en état de fonctionner d'ici vingt à trente ans !
Il vaut donc mieux mettre à profit l'outil numérique pour des prises de vues dont on connaît la date de péremption. Ou alors prendre le meilleur des deux technologies : faire des diapositives et les numériser en fonction de ses besoins. Un scanner à film est plus performant que n'importe quel photoscope, et l'original est toujours disponible pour une éventuelle numérisation. De plus, une diapo offre un potentiel de 6 à 80 millions de pixels – selon le scanner – pour quelques francs, alors qu'il n'est même pas envisageable d'archiver des photos d'une telle résolution.

Les films

Rares sont les photographes qui donnent leurs films à développer sans un petit pincement au cœur : perte, détérioration, rayures, traitement peu soigné sont le lot commun de bien des pellicules déposées au comptoir des travaux amateurs. En matière de négatifs couleurs, ce sont souvent les tirages qui laissent à désirer. Ils sont effectués par des machines qui traitent des milliers d'images à l'heure, sans possibilité de tenir compte des désirs du photographe.
En fait, les tirages standard sont à considérer comme des bandes d'essai, réalisées pour être agrandies ultérieurement.
Pour les diapositives, le moment le plus délicat est celui de la mise sous caches : c'est là que, parfois, les précieux originaux sont rayés de manière irréversible. Pire, il peut arriver que les diapos soient décalées à la mise sous cache… et se retrouvent toutes coupées au milieu de l'image. Imaginez votre tête devant deux demi-photos séparées par une barre noire sur chaque diapositive ! Mieux vaut confier ses précieuses images à des laboratoires haut de gamme. Au comptoir des photos amateurs, assurez-vous que les films partent chez Fuji ou Kodak ; tout n'est pas parfait chez eux, mais les grandes marques ont des cahiers des charges plus serrés que les labos indépendants. La solution royale est de déposer ses films dans un laboratoire destiné aux professionnels.
A priori, un labo pro n'a que faire des travaux d'un amateur, mais, si vous prenez soin de déposer plusieurs bobines à la fois, vous serez bien accueilli. Les prestations des labos pros sont beaucoup plus chères que celles du réseau amateur (environ 100 F les 36 vues diapo pour le développement normal), mais le traitement est de haut vol et les possibilités plus étendues :

- réalisation d'un bout d'essai (développement d'un petit bout de film – 2 images – afin de caler tout le développement sur sa densité) ;
- développements poussés ou retenus par tiers de diaphragme (surdéveloppement d'un film volontairement sous-exposé pour pallier une faible lumière ou rattrapage d'un film mal exposé par erreur) ;
- développement en bande pour éviter les rayures ;
- montage des diapos sous caches personnalisés (pour les gros débits) ;
- réalisation de photo-CD et traitement numérique.

Les recours éventuels en cas de dommages causés aux films

Dans les laboratoires amateurs, les recours se limitent généralement au remplacement des films détériorés. Un arrangement amiable peut être décidé de gré à gré, mais cela se gère au cas par cas. En général, il est stipulé sur la pochette de prise de commande de ne pas y introduire de photos ayant une valeur commerciale sans en aviser le responsable du comptoir des travaux. L'action en justice est difficilement envisageable, sauf s'il y a eu volonté manifeste de détériorer les images remises.
Dans les labos pros, l'arrangement amiable est également privilégié. Cependant, les possibilités de recours sont plus étendues, car les travaux des photographes de métier sont censés avoir une valeur commerciale. Le cas échéant, renseignez-vous auprès des responsables du labo avant de leur confier vos films (il est possible d'assurer les images).

La duplication des diapositives

La duplication de diapositives permet de réaliser des projections sans risquer d'abîmer les originaux. Les labos amateurs proposent ce service en différentes qualités selon leur sous-traitant. Hélas ! beaucoup de « duplis » réalisés dans le réseau amateur sont flous et trop contrastés ; demandez au labo de les refaire si c'est le cas. Dans les labos pros, les duplis peuvent être

réalisés dans plusieurs formats (du 24 x 36 au 4 x 5 *inches*) et selon des procédés différents. La plupart des duplis sont des photos de vos diapos prises sur un film spécifique. La qualité est généralement bonne, mais les meilleurs duplis s'obtiennent par tirage contact en argentique.

En numérique, la diapo est scannée et dupliquée selon la technique du shooting, qui consiste à flasher l'image sur film diapo standard à l'aide d'une machine à écran cathodique.

Une fois encore, les labos pros se singularisent par des prix élevés, mais la qualité du service est généralement irréprochable.

Autre manière de dupliquer vos diapos, la numérisation sur support numérique. Fuji et Kodak la proposent au comptoir des travaux amateurs, dans des résolutions peu élevées, à l'exception du Photo-CD Kodak. Les labos pros offrent ce service dans des résolutions plus élevées, avec possibilité de retouche des images.

Les photographes équipés d'un scanner de diapos performant et d'un graveur de CD ou de DVD peuvent réaliser leurs compilations d'images. Prenez soin de nommer vos fichiers sans équivoque et de cataloguer les images à l'aide d'un logiciel adapté, sinon un grand nombre de CD deviendront vite inutilisables.

Le développement des diapositives en laboratoire professionnel est une garantie de qualité : grain ultrafin, traitement géré au 1/3 de diaphragme, bouts d'essais, montage soigné des images sous caches.
Mouette rieuse *(Larus ridibundus)* • Objectif 300 mm - 1/350 s à f/4 - MAP AF.

Le parc national de Keoladeo à Bharatpur (Inde) se visite aussi bien à pied qu'à vélo. L'avifaune habituée aux touristes se laisse photographier facilement à découvert.

La photo animalière à l'approche se pratique beaucoup en milieu touffu, propice à la dissimulation parmi les branches ou dans les haies naturelles. Le matériel utilisé doit être maniable et assez performant pour permettre de photographier les animaux de loin : l'approche génère des bruits qui font fuir les espèces farouches.

L'objectif idéal pour l'approche est le 300 mm ouvert à f/4 : luminosité très satisfaisante et faible encombrement conviennent aux prises de vues dans des zones accidentées. Le poids réduit de cet objectif autorise l'utilisation sans monopode, bien que l'usage de cet appui limite le risque de bougé et permette de mieux tirer parti de la qualité optique. Les modèles pourvus d'un stabilisateur optique sont efficaces à main levée jusqu'à 1/30 s : très pratique, mais attention aux animaux agités, car le stabilisateur compense les tremblements du photographe, pas les mouvements des animaux durant les poses lentes ! Optiquement, le 300 mm f/4 tient tête aux objectifs professionnels, grâce à ses verres à indice de dispersion ultrafaible. D'ailleurs, de nombreux pros préfèrent le 300 mm f/4 au 300 mm f/2,8, trop encombrant pour les longues marches.

Les passionnés d'espèces forestières apprécient tout de même le 300 mm f/2,8, malgré ses mensurations : la lumière est sans

cesse insuffisante en forêt. Cet objectif ultralumineux est certes lourd (± 3 kg), mais son grand diamètre permet la réalisation de photos en basse lumière avec des films de sensibilité standard. Le monopode est alors indispensable comme appui d'objectif et facilite grandement le transport de l'optique sur l'épaule. Par le passé, beaucoup d'amateurs montaient leurs longues focales sur des crosses inspirées de celles des fusils. Ce système est tombé en désuétude avec les formules téléobjectif, nettement moins encombrantes. En outre, le gain en stabilité offert par la crosse est limité : le monopode est beaucoup plus pratique et efficace.

Avant l'arrivée du stabilisateur d'images, le fusil photographique était apprécié pour l'approche en milieu couvert. L'appareil était commandé directement par un déclencheur souple monté à la place de la gâchette.

L'équipement du photographe

La tenue du photographe doit être pratique, capable de résister aux souillures, aux ronces, et ne pas craindre l'humidité. Les surplus militaires regorgent de vêtements d'occasion en toile solide, dont la couleur verte contraste peu avec le milieu naturel. Si vous êtes allergique au vert armée, tout vêtement de toile un peu défraîchi, teinté dans des tons naturels (brun, marron, vert olive, etc.), conviendra parfaitement. Les poches de votre tenue doivent être fermées par un zip, et il est indispensable de supprimer toutes les pattes et attaches susceptibles de s'accrocher à la végétation.

Le reste de la tenue varie avec les saisons. En été, méfiez-vous des sous-vêtements en coton qui absorbent la transpiration et mettent des heures à sécher. Les fibres synthétiques des tenues de randonnée sèchent plus vite, notamment dans le dos, à l'emplacement du sac... L'hiver, faites vos emplettes au rayon ski : sous-vêtements chauds et légers ainsi que fourrure polaire haut de gamme seront vos meilleurs amis au petit matin.

Pour les chaussures, les avis sont partagés : il y a les habitués des bottes en caoutchouc et ceux qui préfèrent les chaussures de marche. Les bottes protègent efficacement de l'eau et de la boue, mais sont peu agréables et très lourdes. Si les chaussures de marche sont généralement confortables, soyez néanmoins attentif à leur légèreté et à leur étanchéité. Les modèles doublés de tissu en microfibres offrent une imperméabilité correcte sans provoquer de transpiration excessive. Préférez les chaussures à semelles Vibram, qui accrochent sur toutes les surfaces et minimisent les risques de glissade. Côté chaussettes, rien de mieux que la laine, qui a la particularité de rester chaude quand elle est mouillée.

Complétez votre panoplie avec un filet de camouflage acheté au surplus militaire. Il fera office d'écharpe quand il fera froid et vous dissimulera dans vos pérégrinations. En cas de rencontre fortuite avec un animal, plaquez-vous au sol sous le filet, et vous aurez une chance de passer inaperçu. En revanche, fuyez les gadgets du genre maquillage sombre et parfum « garanti 100 % cervidé » : le photographe discret qui sait prendre le vent n'a pas besoin de se déguiser en Rambo.

L'approche en milieu couvert

Approcher un animal en milieu couvert permet d'utiliser broussailles et arbres pour se dissimuler. Un avantage appréciable, qui nécessite cependant d'être entraîné à circuler sans bruit dans les feuilles sèches et sous les buissons ! Avant de vous diriger sur le sujet, cherchez l'itinéraire le plus discret et le moins encombré de végétaux susceptibles de s'accrocher à vos vêtements. Prenez le sens du vent avant toute approche : les mammifères détectent les odeurs à plusieurs centaines de mètres. Inutile de vous « faire petit » derrière un buisson si votre odeur vous signale comme un gyrophare sur un camion de pompiers !

En milieu couvert, une approche discrète permet de cadrer serré sur des sujets pourtant farouches. Flamant rose
(Phœnicopterus ruber)
• Objectif 200 mm - 1/100 s à f/8 - MAP AF.

L'approche en milieu découvert

En milieu découvert, l'animal vous voit approcher, mais il ne vous identifie pas. Il faut donc ramper au sol avec circonspection, sans manifester la moindre velléité. Habillé d'une tenue aux teintes proches de la couleur environnante, filet de camouflage étalé sur soi, c'est un jeu de patience entre l'animal qui vaque à ses occupations et un drôle de monticule qui semble bouger de temps à autre. Dans 90 % des cas, la fuite marque la fin de l'approche ; chaque espèce a son périmètre de sécurité, variable d'un individu à

Gilles Martin approche un jeune éléphant de mer dans la colonie de Punta Delgada (Patagonie). Photo : Philippe Huet.

l'autre. Mais survient le jour magique où l'animal vous tolère davantage… Un déclenchement, il lève la tête, attend un instant, et recommence à brouter. Ce petit jeu peut durer le temps de plusieurs déclics. Le plus embêtant, c'est l'animal qui ne se décide pas à partir. Une fois les photos faites, il faut faire marche arrière en rampant sans faire peur à l'animal… ce qui n'est pas évident. Pour vous motiver, dites-vous que le même animal sera peut-être là le lendemain sous une meilleure lumière !

L'une des images du jeune éléphant de mer prise lors de cette approche. L'animal pousse un grognement d'intimidation, mais reste assez détendu pour conserver la position allongée.
Éléphant de mer
(Mirounga leonina)
• Objectif 300 mm - 1/320 s à f/50 - MAP AF.

Distance de fuite selon les animaux

Les lions de mer fuient devant le photographe : « Il ne faut jamais se placer entre les mammifères marins et l'océan, car ils se sentent piégés et peuvent attaquer. »
Lion de mer austral *(Otaria byronia)*
• Objectif 300 mm - 1/250 s à f/5,6 - MAP AF.

La distance de sécurité à respecter avec un animal dépend de sa capacité à se dissimuler, des possibilités de fuite offertes par l'environnement et de nombreux autres facteurs liés à la saison, à la météo et à la « personnalité » du spécimen. D'une manière générale, les oiseaux sont plus faciles à approcher que les mammifères, car ils se reposent essentiellement sur leur vue très développée. Canards, aigrettes et spatules occupés à se nourrir se laissent photographier assez facilement. Les hérons cendrés posent déjà plus de problèmes. Parmi les plus prompts à l'envol, on trouve les grues cendrées, dont les distances de sécurité peuvent atteindre 800 m. Chez les passereaux, en hiver, un peu de nourriture permet d'approcher un rouge-gorge jusqu'à presque le toucher. Le même oiseau s'envole à 30 m aux premiers beaux jours : ingrat !
L'intelligence aiguisée des corvidés (corbeau, pie, geai) en fait des oiseaux difficiles à prendre en photo : ils s'approchent de la nourriture isolée, mais décampent sans demander leur reste à la moindre alerte.
Le sens du vent a une importance énorme avec les mammifères. Votre odeur, quelle qu'elle soit (transpiration, parfum, cigarette), est immédiatement perçue par l'animal. De loin, il surveille vos faits et gestes en préparant sa fuite au cas où vous viendriez vers lui. À courte distance, il détale avant même d'avoir identifié l'odeur portée par le vent. Dès que l'animal est repéré, vérifiez le sens du vent : s'il vient face à vous, continuez votre approche sans faire de bruit ; si la brise pousse votre odeur vers l'animal, abandonnez, car vous êtes repéré depuis longtemps. Mieux vaut faire mine de partir, quitte à faire un large détour – très large – pour revenir par un autre chemin.

La documentation et le repérage

Bien aborder la photographie naturaliste nécessite de se documenter soigneusement au préalable sur les milieux approchés : il est quasiment impossible de trouver un animal ou une plante si l'on ne connaît pas le milieu dans lequel ils vivent. Tenez compte de la saison, de la météo et de l'heure propices à l'observation de votre sujet. Les guides nature permettent de se faire une idée précise du terrain visité, tant au niveau de la géographie qu'en ce qui concerne les espèces susceptibles d'y être observées. Munissez-vous également d'un guide d'identification des espèces, indispensable pour savoir quoi photographier et vous faire une idée des comportements animaliers. Dans les zones naturelles protégées, les associations de protection de la nature peuvent aussi vous renseigner, à condition que vous maîtrisiez votre sujet et que vous prouviez que vous n'êtes par un « Tartarin photographe » prêt à tout pour prendre une photo !
Le contact avec les gens du cru est plein d'enseignement. Zones riches en animaux, paysages superbes, cours d'eau, étangs : ils connaissent parfaitement leur région, et quelques-uns peuvent même vous ouvrir les portes de terrains *a priori* inaccessibles. Ce genre de contact est indispensable dans plusieurs régions, dont la Brenne, la Dombes et la Camargue, où les sites intéressants sont presque tous privés et interdits d'accès. La facilité de contact est un avantage décisif pour le photographe.

L'affût fixe

Installer un affût fixe nécessite un repérage préalable, pour s'assurer de la présence régulière de l'espèce que l'on veut photographier : coulées (traces dessinées par les passages répétés de l'animal), indices (fèces, fientes), observations à différentes heures de la journée permettent de placer judicieusement l'affût. Avant toute installation, montez un leurre de la taille de l'affût, avec quelques branches et une vieille bâche. Laissez cette installation provisoire en place quelque temps, afin d'habituer les animaux à ce nouvel élément du paysage. Revenez ensuite positionner votre véritable affût en dehors des heures d'activité de l'espèce. Installez un affût solide, recouvert de toile imperméable et opaque à la lumière (attention aux tissus synthétiques, qui sont bruyants et empêchent l'humidité produite par la respiration de s'évaporer). Une fois assuré de l'acceptation de l'affût par les animaux, vous pourrez prendre possession des lieux dès que l'endroit sera désert. L'idéal sera d'arriver à deux dans l'affût et de laisser repartir l'autre personne immédiatement : l'animal qui observe la scène croira l'affût vide une fois le calme revenu sur le site. La première chose à faire dans l'affût est de tout préparer pour les prises de vues : monter objectif et boîtier, charger film et piles neuves, placer les « munitions » à proximité et enlever les emballages bruyants à l'avance (sauf le canister en plastique qui protège la bobine de film !). Un second boîtier, équipé d'une focale plus courte, est utile si l'animal se place juste devant l'affût : ça arrive toujours lorsqu'on n'est pas prêt... Un affût doit être confortable : passer huit ou dix heures dans un affût mal adapté est rédhibitoir.! Placez-le à l'ombre et prévoyez de la place pour étendre vos jambes, de la nourriture énergétique, de l'eau, une bouteille vide pour vous épancher (si vous « marquez » votre territoire, les animaux n'y viendront plus) et une couverture. Un guide d'identification et une paire de jumelles permettent de passer le temps en révisant ses classiques. L'attente peut parfois sembler longue, mais quelle excitation lorsque l'animal vous gratifie de sa présence ! Et puis une sortie intempestive peut irrémédiablement gâcher vos chances d'exploiter ce territoire chèrement acquis. La patience est la meilleure alliée de vos plus belles photos.

L'utilisation des éléments naturels permet d'intégrer plus facilement l'affût fixe dans l'environnement.

L'affût mobile

Les animaux ont des habitudes très différentes. Les uns passent quotidiennement au même endroit, alors que d'autres préfèrent parcourir leur territoire par des chemins détournés. La lumière, elle aussi, varie au cours de la journée, et il peut devenir souhaitable de changer d'orientation pour optimiser les prises de vues.
L'affût mobile est la solution à tous ces problèmes : il permet de se déplacer en fonction des besoins, par exemple avec un modèle sans fond équipé de sangles permettant de le soulever et de le déplacer aisément. L'idéal est de disposer d'une structure tubulaire rigide sur laquelle l'appareil restera fixé le temps de changer de point de vue. De même, tous les accessoires doivent être solidaires de la structure (adhésif, mousquetons), afin de ne rien risquer de perdre en route. Profitez d'un moment où les animaux sont éloignés pour tourner l'affût ou le repositionner… sans faire le moindre bruit, bien sûr !

À mi-chemin entre techniques d'approche et d'affût, une simple toile camouflée permet de se dissimuler en quelques secondes. Cette méthode moins contraignante que le montage d'un affût fixe permet de couvrir de grands périmètres avec des résultats supérieurs à l'approche.

Les affûts enterrés et haut perchés

Les espèces très farouches qui évoluent en plaine peuvent être photographiées depuis un affût enterré. Creusez un trou assez grand pour y tenir allongé sans dépasser de la surface et tendez une bâche imperméable sur l'orifice à l'aide de « sardines » de camping. Par temps humide, placez deux piquets au milieu de la toile afin de forcer l'écoulement de l'eau sur les côtés, comme sur une tente. Quand la terre est meuble, si l'affût est destiné à rester longtemps en place, creusez davantage, de façon à tenir assis dans le trou. Durant vos absences, tendez une guirlande de chantier entre quatre piquets afin d'avertir les éventuels promeneurs de la présence du trou. Par temps sec, protégez votre matériel photo à l'aide d'un tissu ou d'un sac en plastique fixé avec de l'adhésif, car le vent charrie davantage de poussière au ras du sol.

Bien qu'il soit vivement déconseillé de photographier des oiseaux dans leur nid, il peut être intéressant d'installer un affût haut perché, notamment dans le cadre d'une étude scientifique menée en collaboration avec une association naturaliste reconnue. L'installation d'un affût dans un arbre ne se fait pas à la légère : l'arbre doit être solide, en bonne santé et d'une morphologie permettant une installation sans dégradation – l'arbre est un être vivant !

En fait, il suffit, dans un premier temps, de monter une toile d'affût sur une structure tubulaire, à l'aide de mousquetons et de sangles, puis de s'assurer de la rigidité de l'ensemble. Comme avec n'importe quel affût fixe, laissez aux animaux le temps de s'y habituer avant de vous y installer. Fixez impérativement chaque accessoire à la structure de l'affût ou à des branches solides. Enfin, équipez-vous d'un baudrier d'escalade et assurez-vous sur deux points différents : une chute peut se révéler catastrophique.

Faute d'arbre bien placé, le recours à une tour démontable est la seule solution. Ce type d'accessoire se loue auprès des fournisseurs de matériel événementiel, cinématographique ou auprès de spécialistes des accessoires de bâtiment. Attention, le matériel de bâtiment est plus lourd à manipuler. Passons sur les techniques de montage et les normes de sécurité, qui dépendent du matériel utilisé, mais prenez le maximum de renseignements auprès du loueur et des éventuels responsables de réserves naturelles : on ne monte pas un échafaudage n'importe comment ni n'importe où.

L'installation de l'affût est plus facile sur une tour démontable que dans un arbre, puisque de nombreux tubes permettent de fixer matériel et structure. Prévoyez en revanche une très longue focale (de 500 à 600 mm), car la distance de sécurité entre votre assemblage et le sujet à photographier doit être importante pour ne pas perturber l'animal.

L'affût enterré donne une perspective rasante très intéressante. Elle replace les animaux dans la vision qu'ils ont de leur environnement et supprime tout effet d'écrasement. Comme toute installation lourde, celle de cet affût nécessite une autorisation du propriétaire du terrain
Jeune busard cendré *(Circus pygargus)*
• Objectif 300 mm - 1/200 s à f/8 - MAP AF - Trépied.

L'affût flottant

L'affût flottant est équipé de deux focales dirigées vers le même sujet. Il est ainsi plus facile de déclencher l'un des appareils selon le grossissement souhaité. Sur le côté, une parabole équipée d'un micro permet d'enregistrer la vie sonore de l'étang. Photo : Houria Arhab.

L'affût flottant

La photographie d'oiseaux d'eau est souvent compliquée par la distance importante entre les berges et le périmètre d'évolution des animaux. À condition de ne pas craindre de se mouiller, l'affût flottant permet d'approcher les oiseaux à très courte distance. Il s'agit d'un affût en tissu tendu sur des branches en fibre de verre ou en aluminium, qui ne recouvre que la tête et les épaules du photographe immergé.

L'affût est construit au-dessus d'une structure flottante (ici, une coque en chêne pleine de polystyrène expansé), avec un ou plusieurs trous destinés au passage des objectifs (un 500 mm f/4 et un 300 mm f/4, par exemple). L'ensemble objectif-appareil est fixé sur la structure flottante de l'affût, qui doit rester stable quand le matériel photo est installé. Un filet de camouflage placé sur l'affût achève de masquer le bout de l'objectif qui en émerge.

Trois précautions à ne pas négliger : faire un affût assez grand pour rester stable, travailler sur un plan d'eau au fond régulier, vous protéger contre l'hypothermie (combinaison en Néoprène indispensable en dehors des périodes de chaleur – l'affût s'utilise de mars à juillet, pour les parades et la nidification).
Plus confortable, le bateau-affût laisse le photographe au sec. C'est une barque bâchée avec un petit moteur électrique qui permet de circuler sur un plan d'eau sans déranger les animaux, surtout si le site est fréquenté par des pêcheurs auxquels les oiseaux résidents sont habitués.
Comme dans n'importe quel véhicule, le téléobjectif est maintenu appuyé sur la structure par un sac en tissu rempli de billes de plastique ou de grains de riz.
Le monopode est utilisable en bateau, mais il est moins efficace que le sac de perles, excellent amortisseur de vibrations.

Symbiose entre le photographe naturaliste et son sujet : le grèbe à cou noir est attiré par les larves d'insectes... délogées de la vase par les pieds du chasseur d'images.
Grèbe à cou noir
(Podiceps nigricollis)
• Objectif 300 mm - 1/250 s à f/5,6 - MAP AF.

L'affût flottant

Dans son affût flottant, le photographe dispose de tout le confort : appui avec fixation d'objectif, poignées latérales de guidage et d'appui des coudes, boîte étanche destinée au rangement du matériel inutilisé et des films, poches et bouteille d'eau. Ce dernier accessoire prend toute son importance lorsque la séance photo se prolonge plusieurs heures.

À DROITE
L'affût flottant autorise des approches à très courte distance sans perturber les animaux. Les guifettes moustac, habituellement farouches, sont ici totalement naturelles.
Guifettes moustac *(Chlidonias hybridus)*
• Objectif 300 mm - 1/200 s à f/4 - MAP AF.

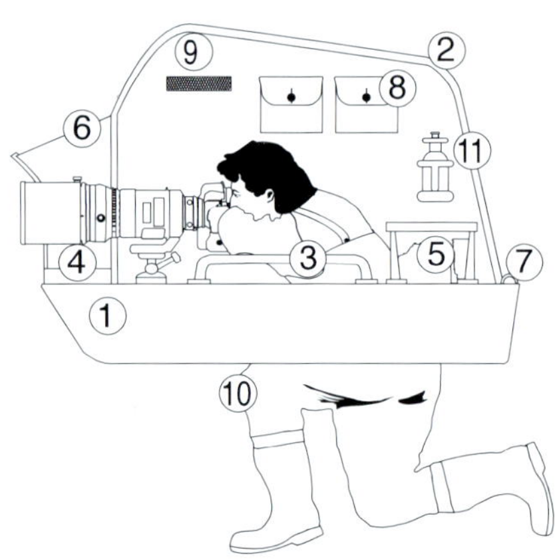

1. La base flottante en forme de fer à cheval est constituée d'un coffrage en bois (planches de chêne de 2 cm d'épaisseur) L'intérieur est en polystyrène expansé
2. Armature en tube d'aluminium Ø 18 mm léger et anti-corrosion
3. Poignée servant à pousser l'affût. Elle est également utilisée comme repose-coudes lors des prises de vues et pour régler la ligne d'horizon
4. Mousse rigide servant à amortir l'objectif, s'il tombe vers l'avant, lorsque la rotule du pied est desserrée
5. Caisse étanche (1 pour chaque boudin) de rangement pour films et matériel. Sert également de contrepoids pour stabiliser l'affût
6. Protection en tôle d'aluminium. Protège le téléobjectif de la pluie
7. Anneau pour amarrer l'affût
8. Poche de rangement cousue sur la toile
9. Ouverture d'observation latérale
10. Cuissardes ou combinaison étanche pour les heures d'attente
11. Boisson

Comment attirer les animaux près de l'affût

Un affût installé par un photographe naturaliste bien documenté offre généralement de nombreuses occasions de prises de vues. Selon le terrain et l'espèce visée, il existe des points où les animaux passent régulièrement, se nourrissent, s'abreuvent. Il y a pourtant des moments où les photographes les plus expérimentés restent désespérément inactifs, sans le moindre sujet à se mettre sous l'objectif.

D'autres ont des projets tellement précis qu'ils s'intéressent à une seule espèce, quitte à négliger d'excellentes occasions. La solution pour régler ces tracas est d'attirer les animaux près de l'affût, mais pas n'importe comment !

Le nourrissage

Attirer des animaux sauvages avec de la nourriture est une solution de facilité. On dépose quelques graines de tournesol, de la graisse, des fruits gâtés sur le sol, et le jardin hivernal devient vite le lieu de rencontre de tous les passereaux du voisinage. La même opération est reproductible en forêt. Seule obligation de principe : continuer à assister vos petits amis durant les grands froids pour les remercier de leur aimable participation. Avec les mammifères, les choses se compliquent. D'abord, il faut connaître les habitudes alimentaires de l'animal : que mangent les cerfs, les chevreuils ou les sangliers ?

L'étude des guides naturalistes renseigne sur la nourriture habituelle de chaque espèce. Le sel en bloc est un excellent appât pour les herbivores (souvent en manque de sels minéraux, bouquetins et chamois se mêlent aux troupeaux montagnards pour lécher les pierres à sel déposées par les bergers). Pour éviter de perturber l'écosystème local, dosez toujours au plus juste la quantité de nourriture distribuée. Il suffit d'attirer un ou deux individus à la fois pour une prise de vues.

Le nourrissage fonctionne plus difficilement avec les carnassiers. On peut rester des heures devant une carcasse de poulet sans voir Maître Goupil pointer le bout de son museau... En revanche, quittez votre affût quelques heures, et le poulet finira sa carrière dans l'estomac du rusé compère ! Il faut savoir que les carnassiers ont un territoire délimité, qu'ils parcourent régulièrement, en quête de nourriture.

Recherche de déjections et repérage de marquages aux odeurs puissantes sont à effectuer en priorité. Commencez par installer un faux affût et déposez de temps à autre un bout de volaille dans votre futur axe de prise de vues.

Si la volaille disparaît régulièrement, installez votre véritable affût au bout de quelques semaines. Ensuite, prenez possession de l'endroit et attendez le passage de l'animal habitué à prélever sa « dîme » à proximité de votre affût. En fonction du vent et de la méfiance du carnassier, vous aurez une chance de faire de très belles photos... et un risque d'être repéré avant même d'en faire une seule ; c'est le piquant de la photographie animalière !

La végétation environnante permet de rendre l'affût fixe totalement invisible quand c'est nécessaire. Ici, placé près d'une bauge à sangliers, l'affût est dissimulé au milieu des fougères. Photo : Antony Mercier.

Utiliser des appeaux

Les appeaux sont surtout efficaces avec les oiseaux durant la période des amours. Généralement, on imite le chant d'une espèce pour attirer des congénères ou on dispose de faux oiseaux sur un plan d'eau afin de donner envie de se poser à ceux qui passent par là. La méthode sonore a toutefois des effets indésirables sur l'écosystème local : elle perturbe les oiseaux adultes occupés au nourrissage des oisillons, rend agressifs les mâles des environs et peut même attirer des prédateurs sensibles, eux aussi, à ces imitations.

L'utilisation d'un appeau ne peut donc être que très temporaire, le temps de vérifier la présence d'une espèce dans un périmètre donné, par exemple.

Une cabane ou un affût touristique, présent depuis des années dans un écosystème, est complètement ignoré des animaux. Belle occasion de s'y installer pour faire des photos faciles !

Les focales adaptées à l'affût

200 mm

300 mm

400 mm

Condamné à rester dans l'affût, le photographe doit disposer d'au moins deux focales : un téléobjectif moyen (± 200 mm), apte à photographier les sujets évoluant près de l'affût ; un autre, de focale plus importante (400 à 600 mm), pour les espèces farouches et les animaux de petite taille. Dans les deux cas, les grandes ouvertures offrent une souplesse inestimable en basse lumière. D'autant que l'encombrement de l'objectif le plus long n'est pas critique quand on est à l'affût, puisqu'il doit être monté sur un trépied afin de parer à toute éventualité. Au-delà de 600 mm, on entre dans le domaine des focales extrêmes. À 800 ou 1 000 mm, le grossissement est tel (de x 16 à x 20) que la moindre vibration affecte la netteté de l'image. Il n'est d'ailleurs pas rare de devoir fixer l'objectif sur deux trépieds ! Autre conséquence du fort grossissement : la turbulence de l'air affecte aussi la netteté des images dès que le soleil chauffe. À moins de vouloir absolument obtenir une vue documentaire d'une espèce particulièrement rare et farouche, recourir à des

500 mm

600 mm

Ce grand mâle du Masaï-Mara vient de sentir le marquage territorial d'un congénère. Le débrayage de l'autofocus est ici indispensable pour éviter d'avoir la mise au point décalée sur les herbes. Selon la focale choisie, on peut cadrer large et jouer sur la diagonale des herbes, ou serrer sur la tête du lion afin de s'attacher à son comportement. Plaine du Serengeti (Tanzanie). Lion *(Panthera leo)*
• Objectif 500 mm - 1/500 s à f/8 - MAP MF.

focales supérieures à 600 mm est rarement indispensable. Le 300 mm f/4 accompagné d'un multiplicateur x 1,4 (focale résultante 420 mm f/5,6) est un bon compromis quand on pratique indifféremment la photo en affût et à l'approche. On peut utiliser les éléments ensemble ou séparément au gré des besoins en focale, sans toutefois oublier que la qualité optique est bien meilleure sans le multiplicateur. Ce type d'objectif est en outre assez maniable et léger pour les manœuvres d'approche en terrain délicat.

Faire des photos au nid d'aussi près implique une bonne connaissance des mœurs de l'espèce. Ce noddi brun de l'archipel des Amirantes est un oiseau très peu farouche.
Noddi brun *(Anous stolidus)*
• Objectif 200 mm - 1/200 s à f/8 - MAP AF.

À DROITE
Grâce à l'éclair du flash équilibré avec la lumière ambiante, ce petit marsupial tasmanien est beaucoup plus détaillé et parfaitement intégré dans son écosystème.
Pademelon de La Billardière *(Thylogale billardierii)*
• Objectif 200 mm - 1/60 s à f/3,5 - MAP MF - flash cobra.

L'observation sur le terrain est la meilleure école pour apprendre à repérer, à pister et à photographier la faune sauvage. Au début, prenez un boîtier léger et un 300 mm f/4 (en cas de rencontre imprévue), et consacrez-vous à l'étude du site aux jumelles. Faites de longues balades dans les différents milieux pour vous imprégner de la faune présente : ici, un pic mar s'enfuit dans la chênaie ; là, une rousserolle se tient sur une tige dans une roselière ; ailleurs, un chamois se dissimule à l'ombre d'un rocher près de la fraîcheur d'un névé...

Petit à petit, on se surprend à deviner ce que l'on va observer dans les différents biotopes. Et puis il y a les bonnes surprises, comme une nichée de hiboux des marais découverte à même le sol d'un grand champ probablement infesté de rongeurs... L'appareil photo porté péniblement durant des kilomètres devient subitement le meilleur des compagnons.

Au gré des randonnées, vous rencontrerez des indices laissés par les animaux : une large coulée trahit le passage nocturne d'un sanglier, de grosses fientes tubulaires pleines de framboises annoncent la présence d'un coq de bruyère ; quant à cette belle trace dans la boue, elle ne peut appartenir qu'à un grand cerf solitaire. Comme

Connaître la faune sauvage

les chasseurs du néolithique, apprenez à regarder partout pour découvrir l'indice qui ne trompe pas. Même les odeurs peuvent offrir des indications (senteur musquée du cerf en rut, odeur ammoniaquée du nid de huppe fasciée...).
L'ouïe permet de repérer de très loin les oiseaux. Le tambourinage du pic, suivi du cri typique de l'espèce, ne laisse aucun doute sur son auteur : pic noir, pivert, pic épeiche émettent des sons faciles à différencier. L'identification des passereaux nécessite en revanche une bonne expérience du terrain et l'écoute d'enregistrements de qualité. Tendez l'oreille, respirez les odeurs de la forêt, regardez partout... Chaque sens en éveil fait de vous un photographe plus efficace.
Associer un nom d'espèce à des indices laissés par la faune demande une très grande expérience du terrain. Pour gagner du temps, l'étude des guides naturalistes est une aide inestimable. Emmenez un guide répertoriant les traces et les déjections sur le terrain, faites des photos des plus typiques pour ajouter un aspect pédagogique à vos projections de diapositives.
Profitez aussi des promenades en famille pour former vos enfants à l'identification des traces : faites-leur réaliser des moulages en plâtre, des dessins... qui vous seront très utiles pour légender certaines de vos photos. Le repérage des indices devient vite automatique, à tel point qu'on est parfois surpris de voir des néophytes passer à côté d'eux sans les remarquer.
La période fait énormément varier les chances de photographier une espèce plutôt qu'une autre. Migration, parade, reproduction, nidification, nourrissage, éducation des jeunes sont des moments propices à la prise de vues. L'arrivée du coucou, le premier sifflet du loriot, le brame du cerf, le passage des grues sont des événements qui ont lieu à des dates précises. L'amateur de photos animalières se doit de prévoir les temps forts d'une année de prises de vues. Certains passionnés prennent quinze jours de vacances fin septembre pour ne rien rater du brame, d'autres les ont alors déjà prises, début juillet, pour le rut du chevreuil ; il y en a même qui partent en novembre pour pister les amours de l'isard dans les Pyrénées.
Un chasseur d'images généraliste a un carnet de rendez-vous chargé, avec, entre autres, les premières nidifications de la chouette effraie fin janvier, l'accouplement du murin à moustaches dès février, la migration des grues vers le sud et le bouquinage du lièvre en mars, le retour du coucou et des hirondelles en avril, l'arrivée du loriot et la naissance des chevreuils en mai, la couvaison et la naissance des grèbes en juin, le rut du chevreuil en juillet, la deuxième nidification en août, le brame du cerf en septembre, le rut du chamois fin octobre, la remontée des grues en novembre, l'accouplement des sangliers en décembre. Il y a largement de quoi s'occuper, d'autant que la liste est loin d'être exhaustive.

À DROITE
La plus grande des rousserolles européennes est aussi l'une des plus bruyantes. Son chant territorial typique permet de la repérer facilement et de tenter une approche dans la phragmitaie qui l'abrite. Rousserolle turdoïde *(Acrocephalus arundinaceus)* • Objectif 300 mm - 1/250 s à f/8 - MAP AF.

CI-DESSOUS
Pour savoir qui habite ce nid, le recours à un guide d'identification des œufs est indispensable. Œufs de grive musicienne *(Turdus philomelos)*.

MAÎTRISER LE TERRAIN

Ne perdez pas le nord !

Savoir s'orienter est une règle de sécurité essentielle en milieu naturel sauvage. Sous nos latitudes, les cartes détaillées (échelle 1/25 000, par exemple) sont faciles à trouver chez les détaillants d'accessoires de sport ou dans les points presse. Pour les voyages lointains, il est prudent d'acheter une carte récente avant de partir, quitte à en trouver une autre plus intéressante une fois sur place : en matière de sécurité, « abondance de bien ne nuit pas ». Ne vous contentez surtout pas de la vieille carte offerte gracieusement par un ami : les pistes et les points d'eau changent très rapidement dans les pays où leur localisation est justement vitale.

Il faut savoir repérer le nord pour faire bon usage d'une carte. Avec une boussole, c'est facile, puisqu'il suffit de regarder dans quelle direction pointe l'aiguille. Pour vous déplacer dans une direction, visez un point remarquable de loin (un grand arbre, une montagne...) et dirigez-vous vers lui. Une fois sur place, repérez-en un deuxième dans la même direction, et ainsi de suite. Si vous n'avez pas de boussole, fiez-vous à l'étoile Polaire, facile à trouver, la nuit, dans l'hémisphère nord (voir schéma), notez le point de lever (est) ou de coucher (ouest) du soleil pour en déduire le nord, emportez des lames de rasoir à l'ancienne (posez-en une dans l'eau : elles sont toujours aimantées dans le sens de la flèche gravée) ou une épingle aimantée (elle indique le nord une fois plantée dans un morceau de bouchon posé sur l'eau).

La voie royale de l'orientation passe par le système GPS *(global positioning system)*. Il fait appel aux techniques de la triangulation et de la mesure de l'effet Doppler par plusieurs des vingt-quatre satellites américains qui forment le réseau GPS. Cela permet de connaître la position, la vitesse et l'altitude du récepteur.

Les GPS civils les plus performants donnent des mesures, à 100 m près : le Département d'État américain, qui gère le réseau de satellites militaires, introduit volontairement une dégradation des données destinées aux récepteurs civils. L'armée américaine utilise, pour sa part, le réseau à sa pleine précision (10 m) sous la dénomination PPS *(precise positioning system)*.

Des techniciens ont tout de même trouvé une parade à cette imprécision à travers la norme DGPS (GPS différentiel), qui permet de compenser en partie la dégradation du système GPS pour une précision d'environ 10 m.

Le problème, c'est qu'il faut être à moins de 100 km d'un émetteur terrestre chargé de fiabiliser les mesures et disposer d'un récepteur DGPS. Dans les régions où le GPS est le plus utile (désert, forêt primaire), on a peu de chances d'être dans une zone couverte.

La mesure à 100 m près est déjà confortable et il est question d'une remise en cause – par le Département d'État américain lui-même – du brouillage des émissions GPS destinées au grand public. En attendant, boussole et carte topographique n'ont pas dit leur dernier mot !

Se renseigner sur la météo

La météo est une information qu'il vaut mieux connaître avant de partir faire des photos dans un site isolé. C'est notamment le cas en montagne, où une banale averse peut tourner au drame, faute d'équipement adapté : plus l'endroit est propice aux changements de temps violents, plus il faut savoir à quoi s'en tenir pour prendre la décision qui s'impose. Dans nos montagnes, une petite visite à l'office de tourisme permet de connaître la météo pour les prochaines vingt-quatre heures. La plupart des pays industrialisés disposent de services météorologiques bien structurés, qui diffusent des informations précises par voie de presse. En ce qui concerne les contrées plus reculées, renseignez-vous sur la tendance

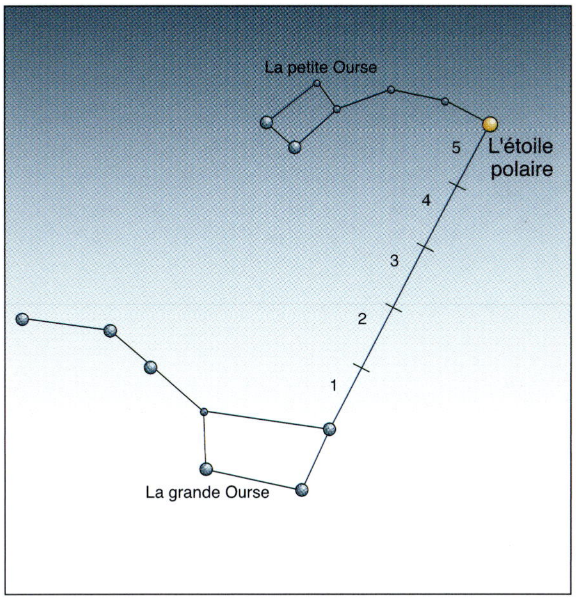

L'étoile Polaire — qui indique le nord — se trouve dans l'axe du bord droit de la Grande Ourse. Il suffit de reporter cinq fois la distance entre les deux étoiles pour repérer l'étoile Polaire, qui est aussi la tête de la Petite Ourse.

À GAUCHE
Dans la savane, le véhicule idéal est le 4 x 4 : dès la moindre pluie, pistes et zones herbacées se transforment en bourbiers. Les éléments de sécurité indispensables :

- **équipement spécial piste (bas de caisse blindés, amortisseurs renforcés, tôles de désensablage, treuil) ;**
- **réserve d'eau de 200 litres ;**
- **nourriture pour 1 mois ;**
- **double réservoir d'essence (autonomie de 1 000 km) ;**
- **radio à ondes courtes ;**
- **récepteur GPS.**

Ce dernier garantit votre position même après des heures de circulation au jugé.

du moment dans le pays que vous allez visiter (dans les journaux spécialisés, sur les sites Internet, à l'ambassade). Sur place, un simple poste de radio permet d'obtenir un bulletin national, voire local, si une station s'intéresse à la région visitée. À condition d'être récente, la presse locale est riche en indications. Questionnez également les agriculteurs du cru, qui ont souvent le nez fin et assez de bon sens en matière de prévisions météo à court terme. Sur le terrain, l'observation directe permet de savoir le temps qu'il devrait faire dans les prochaines heures, avec une marge d'erreur tout de même non négligeable. Celle-ci peut être réduite avec des accessoires spécialisés : baromètre, hygromètre, anémomètre, thermomètre. On trouve des mini stations météo à piles – qui comprennent la plupart de ces instruments – capables de fournir quelques renseignements sur la tendance du moment.

Prenez soin de vous !

L'isolement dans la nature peut jouer de vilains tours à celui qui n'est pas prévoyant. Avant de partir faire des photos seul, il est indispensable de donner un itinéraire et un temps d'absence à une personne pouvant donner l'alerte le cas

Dans les endroits aussi peu hospitaliers que la mangrove du Queensland (Australie), savoir se repérer et disposer de matériel de secours est vital. Carte, boussole, GPS, nourriture lyophilisée, pastilles de désinfection de l'eau, produits anti-moustiques, médicaments d'urgence, bandages, pansements et tenues adaptées pour tous les temps sont un minimum. Photo : Houria Arhab.

échéant : lumbago, entorse, jambe cassée immobilisent n'importe qui, même à une courte distance de chez soi. Dans les pays industrialisés, un téléphone mobile peut résoudre le problème en un instant... tant qu'on se trouve dans une zone couverte par le réseau. De nuit, une lampe de poche ou un flash augmentent les chances de se faire repérer, mais être attendu, dans une fourchette horaire précise, reste la solution la plus efficace. Un sac à dos bien pourvu (nourriture riche, boisson, tenue chaude, poncho imperméable, allumettes ou briquet, couverture de survie, mini trousse de secours) permet d'attendre longtemps sans trop souffrir de la mésaventure.

Dans une jungle à l'autre bout du monde, les problèmes sont plus complexes. Plusieurs mois avant votre départ, consultez votre médecin pour vous faire prescrire les éventuels vaccins et médicaments adaptés au pays visité. Le service hospitalier des médecines tropicales peut également vous fournir des renseignements. Ce service, présent dans les hôpitaux des grandes villes, est d'ailleurs seul habilité à pratiquer la vaccination contre la fièvre jaune : faites d'une pierre deux coups en demandant de la documentation sur votre destination.

Le traitement antipaludéen est rarement obligatoire, mais il est indispensable de se prémunir dans toutes les zones à risques ; consultez votre praticien, qui possède la liste desdites zones et le type de traitement adapté à la souche de paludisme locale. Ne refusez surtout pas cette contrainte, car les moustiques auraient tôt fait de vous transmettre l'une des souches de cette maladie, qui fait des ravages dans les zones humides et chaudes du monde entier.

Pour compléter votre protection, utilisez des produits anti-moustiques : il en existe pour les vêtements et pour la peau. Inutile de préciser qu'il vaut mieux faire appel aux deux. Enfin, la défense passive est conseillée : évitez les tenues qui laissent vos membres découverts, notamment en soirée et dans les zones humides et chaudes.

Il existe une foule d'autres maladies tropicales transmises par les insectes (maladie du sommeil *via* la mouche tsé-tsé), par l'eau consommée (dysenterie), par la baignade (bilharziose), par les vêtements mal lavés (parasites sous-cutanés), etc. Renseignez-vous et, surtout, respectez les consignes médicales pour ne pas augmenter inutilement les risques.

La trousse de secours est, elle aussi, indispensable dans les pays sans structure médicale : une simple égratignure peut tourner à la catastrophe. Plutôt que de vous donner une liste imprécise, nous vous renvoyons à votre médecin, qui saura vous conseiller les composants les plus utiles. Sur place, ne faites surtout pas confiance aux médecines « naturelles » des sorciers et des chamans locaux, qui risquent d'aggraver votre cas et font toujours perdre un temps précieux.

Pour approcher d'aussi près les colonies d'oiseaux marins, il est impératif de bien connaître leurs mœurs. Certains n'hésitent pas à attaquer le photographe à coups de bec !
Bird Island (Îles Seychelles)
• Objectif 16 mm *fish-eye* - 1/60 s à f/22 - MAP MF.

Maîtriser le terrain

Longue focale obligatoire avec ce serpent au venin mortel : « La vipère heurtante est appelée ainsi parce qu'elle frappe violemment sa proie lors de ses attaques. »
Vipère heurtante
(Bitis arietans arietans),
Botswana
• Objectif 400 mm + bague-allonge - 1/125 s à f/8 - MAP MF.

Les animaux dangereux

Pour un humain isolé, les risques sont nombreux dans les territoires sauvages, notamment dans la savane africaine, où les herbes cachent parfois des fauves à l'affût. Les hyènes sont coutumières du fait, elles à qui 20 cm d'herbacées suffisent pour disparaître à la vue de tous. Il faut dire que leur robe se confond parfaitement avec l'environnement. Les félins profitent également de leur pelage « camouflé » pour se dissimuler, soit dans les arbres (léopards), soit dans les hautes herbes (lions). Même pour un instant, il est absolument déconseillé de sortir d'un véhicule de safari en pleine savane. Seul le guide accompagnateur local est en mesure d'apprécier les risques et de vous y autoriser. Les dangers ne sont pas toujours là où on les attend le plus, tels ceux que font courir de « paisibles » herbivores de la savane, qui sont en réalité très agressifs : buffle et hippopotame figurent parmi les plus redoutables et détiennent le triste record des accidents humains. Même dans l'enceinte extérieure des *lodges* (hôtels de brousse), on n'est jamais en sécurité à moins de 500 m d'un buffle : oubliez toute velléité d'approche et attendez d'être dans un véhicule pour faire des photos. Dans certaines réserves d'Afrique de l'Est (Manyara — Tanzanie — notamment), on peut approcher les mares à hippopotames. Les guides locaux expliquent parfois que les alignements de cailloux placés

autour des points de vue suffisent à protéger les touristes… on veut bien les croire, mais nous préférons leur en laisser la responsabilité. Pour notre part, les hippopotames photographiés du véhicule 4 x 4 nous semblent plus rassurants ! Lors de prises de vues à proximité de l'eau, n'oubliez pas qu'il peut y avoir des crocodiles : ils ressemblent à s'y méprendre à du bois flottant et ont des réactions très rapides. Méfiance encore avec le rhinocéros, très myope, mais au flair efficace : sa charge est d'une puissance phénoménale. On raconte qu'il suffit de sauter de côté pour l'éviter, et que l'animal poursuit sa trajectoire sans rien voir, mais nous préférons ne pas avoir à vérifier cette rumeur…

Dans une autre catégorie animale, serpents, insectes et parasites obligent à une vigilance de tous les instants. Surtout lorsqu'il s'agit de photographier des espèces venimeuses dans des régions dépourvues d'antennes médicales fiables. Il est moins risqué d'utiliser des accessoires de photographie à distance que de tenter une approche sur une grosse vipère ou tout autre serpent venimeux. Autre solution : utiliser une longue focale pour éviter d'avoir à entrer dans la zone à risques. Ces techniques restent valables avec les arachnides (araignées, scorpions), qui peuvent être très prompts à s'introduire dans les vêtements avant de piquer.

« Pour approcher les espèces dangereuses ou très farouches, j'ai conçu ce petit chariot à roulettes monté au bout d'une longue perche. Il me permet de faire des photos des animaux dans leur milieu au super grand-angle. »

La technique du flash plein jour est utile pour « déboucher » les ombres d'un contre-jour ou ajouter une brillance dans l'œil d'un oiseau au plumage noir mat. Il s'agit d'envoyer un éclair de flash équilibré avec la lumière ambiante : la plupart des reflex actuels gèrent automatiquement le *fill-in*, en prenant pour base la mesure de lumière continue effectuée par le posemètre multizone. Beaucoup sont très précis, d'autres ont tendance à surexposer le premier plan ; faites quelques essais pour déterminer la correction d'exposition applicable à l'éclair du flash (– 1/3 à – 1 IL selon l'appareil).
Le flash plein jour nécessite un obturateur à vitesse de synchro-X élevée : si l'obturateur ne suit pas, la luminosité du jour risque d'imposer un diaphragme incompatible avec la distance flash/sujet. Sur les appareils haut de gamme, la vitesse de synchro-X au 1/250 s offre une souplesse suffisante pour le flash plein jour. Les reflex moins bien pourvus en matière d'obturateur compensent leur faiblesse par un système de synchro haute vitesse, la synchro-FP, qui autorise l'utilisation d'obturations plus brèves.
Au lieu d'exposer la totalité de l'image par un éclair bref pendant la synchro-X, l'appareil commande un éclair long (± 1/60 s), capable d'éclairer la pose pendant la totalité du balayage par fente de l'obturateur. Ainsi, on voit des appareils moyenne gamme synchronisés jusqu'au 1/8 000 s alors que leur obturateur n'offre la synchro-X qu'à 1/125 s. Cette astuce technologique a cependant un défaut : la puissance réduite de l'éclair, d'autant plus faible que l'obturation est brève.

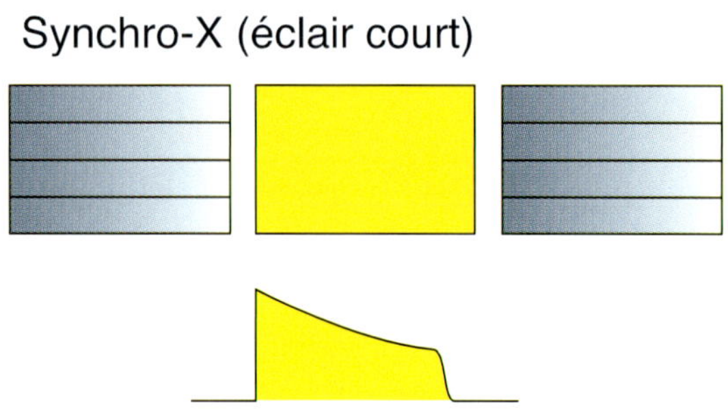

Synchro-X : l'obturateur s'ouvre entièrement pour laisser l'éclair exposer l'image d'un coup. Synchro-FP : l'éclair à sa durée maximum permet d'exposer la photo par balayage. Dans ce cas, la durée de l'éclair est répartie sur tout le balayage, d'où une perte importante de puissance.

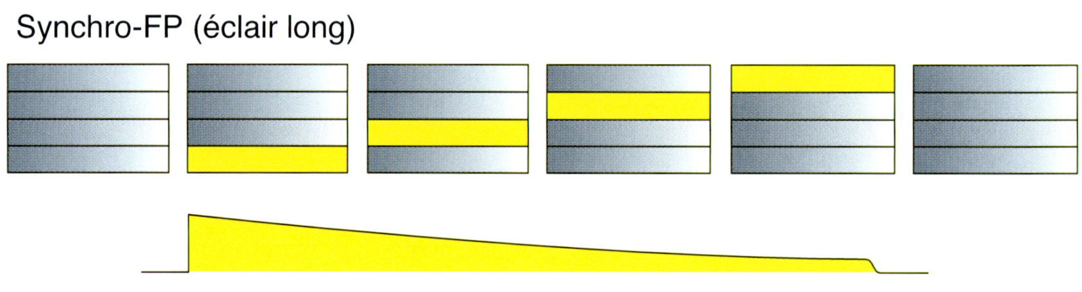

Sur les boîtiers plus anciens, dépourvus d'obturateur rapide et de synchro-FP, la faible vitesse de synchro-X (de 1/50 s à 1/125 s) oblige à « diaphragmer » beaucoup dès que la lumière ambiante est forte. Cela impose un flash de forte puissance, puisque l'ouverture influe directement sur la portée de l'éclair. La procédure de prise de vues est simple : mesurez la lumière ambiante sans dépasser la vitesse de synchro-X et calculez la distance flash/sujet compatible avec le diaphragme trouvé (NG/diaphragme = distance en mètres). Pour éviter de donner trop d'importance à l'éclair du flash, prenez encore un peu de recul (50 % de distance supplémentaire équivalent à – 1 IL).

Le *fill-in* (ou flash plein jour) permet d'équilibrer le premier plan éclairé au flash et l'arrière-plan en lumière naturelle. Jeune pêcheur de l'océan Indien. • Objectif 24 mm - 1/60 s à f/11 - MAP MF - Flash cobra.

Le contre-jour

Souvent, les néophytes considèrent le contre-jour comme une difficulté insurmontable – vieille réminiscence de l'époque où les emballages de films portaient la recommandation « Placez-vous dos au soleil avant de prendre votre photo ». Aujourd'hui, les traitements des lentilles permettent de prendre une photo avec le soleil presque en face sans provoquer les flares (reflets parasites entre les lentilles) qui rendaient les photos d'antan inexploitables. En fait, le contre-jour est l'un des meilleurs alliés du photographe : il offre de fantastiques lumières, donne du relief aux paysages de fin de journée, crée un halo lumineux autour des pelages.

Il existe plusieurs types de contre-jours. Le franc contre-jour de pleine journée est le plus gênant, car il ne laisse que deux possibilités : poser sur les hautes lumières, et « boucher » les ombres… ou sur les basses lumières et « griller » les zones éclairées. Les reflex à mesure multizone gèrent assez bien ce contre-jour quand le sujet occupe une surface importante du viseur : l'appareil pose automatiquement sur les basses lumières de façon à offrir une bonne lisibilité des détails dans l'ombre. Mais dès que le fond éclairé prend le dessus sur la surface sombre de l'animal, le posemètre l'ignore et se consacre aux hautes lumières. Il vaut alors mieux commuter l'appareil en mesure sélective ou « spot », afin d'effectuer la mesure de lumière sur la partie intéressante du sujet. Autre solution : laisser l'appareil en mesure multizone, et corriger l'exposition de + 1 à + 1,5 IL afin de surexposer les hautes lumières et de donner la vedette au sujet à contre-jour.

Le contre-jour du petit matin est plus facile à gérer, parce que l'atmosphère embrumée diffuse davantage de lumière. Le contre-jour est alors partiel, ce qui permet d'exposer judicieusement hautes et basses lumières sans souffrir d'un gros écart de luminosité. Quand le soleil est carrément derrière l'animal, il reste deux solutions : poser sur les hautes lumières (multizone avec correcteur d'exposition sur – 1 IL) et photographier volontairement l'animal en silhouette sur fond de paysage ou – quitte à prendre un risque – monter le flash et envoyer un éclair pour rééquilibrer premier plan et arrière-plan, ceci, bien sûr, à courte distance.

En soirée, le contre-jour est adouci par le faible contraste entre un soleil bas et un ciel encore très lumineux. On peut alors se permettre de poser sans correction, en mesure multizone. L'image obtenue est lisible dans les ombres, et parfaitement définie dans les hautes lumières. Évidemment, il ne s'agit pas là de règles absolues, car l'environnement, la saison et la météo font largement varier les conditions de prise de vues. Mesure sélective ou « spot », correcteur d'exposition et *bracketing* permettent de réduire les risques d'erreur en cas de doute.

La plupart des reflex gèrent automatiquement ce style de contre-jour très contrasté. En cas de doute, doublez la vue avec une seconde photo sous-exposée de 1 IL.
Jeune fuligule milouin *(Aythya ferina)*
• Objectif 300 mm - 1/30 s à f/4 - MAP MF - Stabilisateur d'image.

L'explozoom

Avec une vitesse lente, il est facile de zoomer durant la pose. Il se produit alors un étirement caractéristique des sujets vers l'extérieur de l'image. Parc national d'Etosha (Namibie). • Objectif 100-400 mm - 1/15 s à f/5,6 - MAP AF - Stabilisateur d'image.

Très spectaculaire, l'explozoom crée un effet de filé qui part du centre de l'image dans toutes les directions. L'explozoom se réalise en actionnant le zooming durant une pose assez longue (± 1/15 s). Le sujet placé au milieu du cadre est relativement net, parce que peu affecté par l'effet de filé provoqué par la variation de focale imposée au zoom. L'idéal est de commencer à zoomer, de déclencher l'appareil aussitôt après... et de terminer l'action juste après la fermeture de l'obturateur. En pratique, la séquence est souvent approximative, ce qui fait varier les effets d'une façon aussi inattendue que créative. On réussit en revanche à maîtriser l'importance de l'effet en faisant varier le temps de pose ou en changeant de zoom : le balayage d'un « range » élevé (étendue des focales disponibles) offre un filé plus spectaculaire.

Le bracketing

Effectuer un *bracketing* consiste à prendre environ trois vues à des valeurs d'exposition différentes pour obtenir au moins une image exploitable. Sur les reflex modernes, le *bracketing* est automatisé : la plupart des reflex offrent en standard un *bracketing* par pas de 1 IL (– 1, 0, + 1).
L'ordre des vues change d'un modèle d'appareil à l'autre et peut parfois être modifié avec les fonctions personnalisables.
La valeur du pas de *bracketing* est également réglable, de 1/3 à 3 IL selon les marques. Cela permet d'affiner l'exposition autour d'une mesure déjà effectuée avec précision, notamment pour assurer une prise de vues impossible à refaire ultérieurement. Certains sujets nécessitent un *bracketing* dans un seul sens : surexposition ou sous-exposition. L'utilisation conjointe du correcteur d'exposition et du *bracketing* permet d'obtenir des séquences comme : 0, – 1, – 2 ou 0, + 0,5, + 1.
Quand le pas de *bracketing* est faible, plusieurs prises de vues restent exploitables : le photographe dispose alors de deux ou trois rendus différents pour le même sujet. Une technique très pratique pour immortaliser toutes les nuances du soleil couchant ou assurer la réussite d'un contre-jour pris sans flash.

En *bracketing*, la mesure d'exposition effectuée par le posemètre est encadrée de deux autres images : l'une surexposée, l'autre sous-exposée. Une technique utile face aux sujets trop contrastés, surtout lorsqu'on doute de la réaction du posemètre face à ce cas précis. Ici, le pas de bracketing choisi est de 1 IL, mais cette valeur est réglable de 0,3 IL à 3 IL sur les reflex performants.
Manchot royal avec jeune *(Aptenodytes patagonica)*.

Surexposition

Exposition normale

Sous-exposition

La surimpression

Deux photos en surimpression : portrait d'une lionne et paysage de savane. Les deux vues sont volontairement sous-exposées de 1 IL pour obtenir une surimpression correcte.
Lionne d'Afrique
(Panthera leo)
• Objectif 600 mm (lionne).
• Objectif 20 mm (savane).

Pour réaliser facilement une surimpression, il suffit d'effectuer deux prises de vues l'une après l'autre sans faire avancer le film. Les reflex offrent presque tous cette possibilité, pour surimpressionner de 2 à 9 vues. Attention, l'appareil empêche l'avancement du film entre les surimpressions mais ne gère absolument pas l'indispensable coefficient de correction d'exposition. Il faut corriger l'exposition de – 1 IL sur les 2 vues d'une surimpression, de – 2 IL pour 4 vues, – 3 IL pour 8 vues, etc. ; enlevez 1 IL à chaque fois que le nombre d'expositions est doublé. Pour vous prémunir de tout défaut d'entraînement, passez toujours une vue pour rien (bouchon sur l'objectif et appareil en manuel au 1/1 000 s) quand la dernière surimpression est effectuée. Une habitude qui date de l'époque où il fallait appuyer sur le débrayage de l'entraînement du film, bloquer d'un doigt la molette de rembobinage et réarmer manuellement entre les vues… sans oublier de « griller » une vue, sans quoi la vue suivante chevauchait la précieuse surimpression !

La surimpression crée une « troisième » image, composée par la superposition des deux premières vues. Quand les deux sujets sont lumineux, il en résulte une photo peu lisible où les portions d'images s'enchevêtrent – l'équivalent lumineux d'une vraie cacophonie. Une belle surimpression mérite un minimum de préparation : choisissez deux sujets qui « s'emboîtent », c'est-à-dire une photo dont les zones d'ombres épousent les hautes lumières de l'autre image et *vice versa*. Effectuez vos deux prises de vues à la même heure afin d'avoir un rendu de lumière uniforme.

Pensez aussi à éviter les sujets mobiles qui peuvent parasiter la seconde image alors qu'ils étaient absents de la première. Si vous respectez ces préconisations, la surimpression sera beaucoup plus réaliste et les éléments qui composent l'assemblage sembleront en parfaite harmonie.

La surimpression peut également avoir un rôle pratique dans l'image. C'est notamment le cas de surimpressions réalisées au flash, par addition d'éclairs successifs dans l'obscurité. À courte distance et quand le flash est fixe, la multiplication des éclairs en surimpression compense la puissance modeste de celui-ci. Un flash de NG 42 pour 100 ISO utilisé à une distance de 15 m oblige à travailler à f/2,8. Si le sujet est fixe, doublez l'éclair pour « diaphragmer » à f/4, quadruplez-le pour atteindre f/5,6, et ainsi de suite. Dans le même ordre d'idée, un simple flash peut éclairer l'intérieur d'une grotte de grande dimension. Comme la règle d'exposition au flash manuel (NG/diaphragme = distance flash/sujet) ne dépend pas de la position de l'appareil, il suffit de prendre le flash en mains, d'afficher sur l'appareil le diaphragme correspondant à la distance choisie et d'envoyer des éclairs – à la distance voulue du sujet – dans les différentes parties du site pour obtenir autant de sources qu'il y a d'éclairs. Bien entendu, l'obturateur de l'appareil est ouvert en pose « T » (une pression, les rideaux s'ouvrent ; une autre, ils se referment) à l'aide d'un déclencheur souple à verrouillage. Il est pratique d'effectuer ces prises de vues à deux : l'un peut masquer l'objectif avec un cache pendant que l'autre se déplace avec une lampe de poche d'un endroit à l'autre. Évitez toutefois de vous placer entre l'appareil et le flash au moment de lancer les éclairs, car vous risquez d'apparaître en ombre chinoise sur les zones éclairées.

Les surimpressions s'effectuent quelquefois bien après les prises de vues, par exemple par le montage de deux diapositives claires sous le même cache. Il peut s'agir de deux diapos surexposées qui donnent, par chance, un bon résultat une fois montées « en sandwich », mais il est préférable d'effectuer les vues spécialement dans ce but. Pour ce faire, appliquez la même règle de base que pour une surimpression classique : choisissez des sujets compatibles, tant du point de vue de l'assemblage que de celui de l'exposition. À l'opposé de la surimpression à la prise de vues, les zones sombres d'une image cachent les zones claires de l'autre ; faites des essais !

Le système le plus souple consiste à réaliser ses surimpressions et ses montages sur un ordinateur, après numérisation des diapos. Densité et dominantes colorées sont très faciles à harmoniser, et l'on a la totale liberté d'assembler des images très différentes. Seule précaution à prendre : choisir des photos faites plus ou moins aux mêmes heures afin d'harmoniser les composants de la future image.

Le sandwich consiste à superposer deux diapositives dans un seul cache. Choisissez de préférence des diapos un peu surexposées pour conserver le maximum d'informations des originaux. Milan noir *(Milvus milvus).*

L'ourson dévale le tronc à toute vitesse en projetant des bouts d'écorce de tous les côtés. Le choix d'une vitesse lente augmente la dynamique de l'image au point qu'elle semble animée.
Ours noir *(Ursus americanus)*
• Objectif 400 mm - 1/60 s à f/5,6 - MAP MF. Cliché réalisé au Québec.

Le filé de mouvement

Voici un moyen élégant de faire ressortir un sujet en mouvement sur un fond flou. Quand un animal se déplace latéralement avec vélocité, il est facile d'accompagner sa course en le suivant dans le viseur. Choisissez une vitesse d'obturation assez lente (± 1/30 s), suivez l'animal avec régularité, déclenchez l'appareil quand il est au plus près et continuez le suivi encore un peu afin de supprimer tous les à-coups. Selon la vitesse d'obturation, le fond est très « filé » (1/30 s) ou assez peu (1/125 s). Le flou des pattes en mouvement évolue de la même manière. S'il est plus facile de réaliser des « filés » à une vitesse d'obturation élevée, les flous réussis à basse vitesse (il y a du déchet dans les prises) sont toujours très spectaculaires.

La qualité du flou de l'arrière-plan est facile à faire varier. Avec une grande ouverture de diaphragme, les traînées du filé sont fondues. Quand la profondeur de champ est au contraire importante, les détails en filé sont beaucoup plus hachés. Selon l'effet désiré, il peut être intéressant de jouer sur ces variations, par exemple à l'aide d'un filtre gris neutre, qui permet de ralentir la vitesse d'obturation sans fermer le diaphragme.

La vitesse très lente pour une prise de vues au 400 mm oblige à suivre l'animal avec beaucoup de soin. Seule l'eau doit être floue pour suggérer le déplacement de la loutre.
Loutre d'Europe *(Lutra lutra)*
• Objectif 400 mm - 1/30 s à f/5,6 - MAP MF.
Photo réalisée au Centre français de reproduction de la loutre européenne.

La stroboscopie

Le but de la stroboscopie est de décomposer un mouvement à l'aide d'une salve d'éclairs de flash commandés manuellement ou électroniquement. Les éclairs doivent partir les uns après les autres, à intervalles réguliers afin de transformer le mouvement en une suite d'images fixes ; selon le nombre de flashes et la fréquence de déclenchement, on peut passer d'une décomposition en quelques images à un véritable effet d'« écho » visuel très pictural.

La stroboscopie naturaliste est intéressante pour obtenir des images de phases d'envol ou de saut. Elle se pratique en studio, de manière à imposer à l'animal la trajectoire propice au passage dans l'axe de prise de vues. Le matériel utilisé dépendra de vos exigences : un flash cobra doté de la fonction « strobo » suffit à un effet de décomposition à très courte distance, alors qu'un gros animal pris en pied nécessite l'usage de plusieurs flashes.

Le principal inconvénient du flash cobra à fonction strobo est la faible puissance de l'émission lumineuse : le système se contente de diviser la charge du condensateur en multiples petits éclairs. Ces flashes offrent des fréquences stroboscopiques qui vont jusqu'à 100 Hz (100 éclairs à la seconde). Une telle fréquence est trop rapide pour un effet créatif, car il ne dure qu'un temps très bref et tend à surexposer les parties peu mobiles du sujet. Mieux vaut utiliser les fréquences les plus basses (5 Hz), pour bénéficier d'une vraie décomposition sur un mouvement peu rapide. On minimise ainsi l'écueil des différences d'exposition entre les parties du sujet flashées une seule fois et celles qui ont reçu beaucoup d'éclairs en très peu de temps.

Pour les décompositions plus longues et les animaux plus gros, il faut utiliser un système de déclenchement multiflash. Plusieurs flashes cobras – même bas de gamme – sont reliés à un pupitre de commande électronique qui gère l'ordre et la fréquence des éclairs. Chaque flash n'est sollicité qu'une fois par séquence, pour obtenir la puissance d'éclair maximale si besoin est. Le positionnement des flashes le long du parcours de l'animal et la fréquence d'éclair doivent faire l'objet d'un étalonnage (avec un personnage, par exemple) permettant de s'assurer de la réussite de la prise, sans superposition des parties du sujet et avec une exposition optimale.

La stroboscopie multiflash se pratique plus facilement en studio. L'appareil est relié à un boîtier de télécommande stroboscopique, qui déclenche chaque flash l'un après l'autre, avec un écart temporel réglable en fonction de la décomposition souhaitée. La prise de vues s'effectue dans l'obscurité, afin de pouvoir laisser l'appareil en pose B durant toute la séquence.

Le portrait animalier

Ce grand mâle photographié dans la péninsule de Valdès (Argentine) montre ses dents puissantes pour impressionner le visiteur. Il est assez sûr de lui pour rester nonchalamment allongé dans l'eau.
Éléphant de mer austral *(Mirounga leonina)*
• Objectif 300 mm - 1/350 s à f/5,6 - MAP AF.

Faire un portrait animalier reprend une bonne partie des techniques utiles avec les humains, à la différence que l'animal est rarement volontaire pour la séance ! Dans la nature, le portrait se réalise avec des focales longues (de 300 à 600 mm).
Comme pour un personnage, adoptez un cadrage approprié : vertical pour une vue serrée de face, horizontal s'il s'agit de valoriser un profil sur fond d'écosystème.
Vu le rapport de reproduction élevé à courte distance, la profondeur de champ est très courte quand on cadre serré. Les animaux à museau long obligent à fermer beaucoup le diaphragme (de f/11 à f/16) pour que truffe et oreilles apparaissent dans le même plan de netteté. Les profils sont moins contraignants, puisque de nombreux animaux sauvages ont des têtes relativement étroites et les yeux sur les côtés. Photographié de face ou de profil, l'œil doit toujours être très net : c'est lui qu'on regarde en premier dans l'image. On peut d'ailleurs se permettre la fantaisie de photographier un animal de face à pleine ouverture si son regard est parfaitement net. Toutes les autres parties de sa tête seront alors noyées dans un flou, qui constituera un élément graphique dès lors que les yeux seront restés nets. L'éclairage – élément primordial pour la réalisation d'un portrait – est

délicat à gérer en photo animalière : impossible de placer des flashes avec parapluies et autres réflecteurs autour de la tête d'une bête sauvage ! Il faut donc se contenter de la lumière ambiante et ne pratiquer la photo animalière que lorsque toutes les conditions sont réunies. Idéalement : léger contre-jour et lumière chaude, surface claire (feuillages clairs, sable, neige) qui réfléchit les rayons solaires vers l'animal, prise de vues à quelques mètres du sujet. Quand vous êtes sûr de prendre la bonne photo du premier coup, essayez le flash en *fill-in* ; certains animaux fuient, d'autres semblent l'ignorer et se contentent de s'écarter tranquillement.

À GAUCHE
Le fort rapport de reproduction du 600 mm noie le fond dans un flou très fondu : l'idéal pour mettre en valeur l'œil parfaitement net du guépard.
Guépard *(Acinonyx jubatus)*
• Objectif 600 mm - 1/100 s à f/4,5 - MAP AF.

À DROITE
L'effet de contre-plongée donne à ce cormoran une majesté qui lui sied à merveille.
Plage de Monkey Mia (Australie).
Cormoran varié
(Phalacrocorax varius)
• Objectif 135 mm - 1/250 s à f/8 - MAP MF.

CI-CONTRE
Dans le parc national de Chitwan (Népal), le meilleur mode de transport pour approcher les animaux est l'éléphant. Il est indispensable d'attendre qu'il se stabilise avant de tenter de faire des photos au téléobjectif.
Éléphant d'Asie
(Elephas indicus).

EN BAS A DROITE
Depuis un véhicule 4 x 4, l'appui de l'objectif sur un sac de riz est le meilleur moyen de se stabiliser. Ici, le sac de riz est attaché, pour éviter d'avoir à le récupérer à l'extérieur de la voiture (fauves cachés dans les herbes).

À DROITE
Rhinocéros asiatique photographié à dos d'éléphant (parc national de Chitwan, au Népal). Pour une vue plus rasante, le cornac a fait s'allonger l'éléphant au niveau des herbes.
Rhinocéros unicorne
(Rhinoceros unicornis)
• Objectif 300 mm - 1/60 s à f/8 - MAP AF - Stabilisateur d'image.

Prises de vues depuis un véhicule

Aussi surprenant que cela puisse paraître, les véhicules sont d'excellents affûts occasionnels ! Beaucoup d'animaux habitués au passage de voitures dans leur milieu les ignorent totalement. L'arrêt d'une voiture met tout de même leurs sens en éveil, mais, si l'animal arrive après la voiture, il ne s'en occupe pas. Peu importe la couleur du véhicule, les seules choses qui risquent d'affoler l'animal sont votre odeur (souvent couverte par celle de la voiture) et les mouvements que vous faites à l'intérieur de l'habitacle. Une bâche, un filet de camouflage tendus sur les vitres du véhicule achèvent de vous dissimuler. Le filet de camouflage est préférable, car il laisse passer l'air en été. Fixez les extrémités du filet de camouflage au *gaffer* (adhésif spécial photo), pour éviter de le voir flotter au vent comme un drapeau.

Il existe des systèmes pour fixer l'appareil photo sur une vitre ou une portière de véhicule. Nous les déconseillons, car ils amplifient tous vos mouvements : le remède est pire que le mal. En revanche, un sac en toile, rempli de perles en plastique ou de riz, offre un appui très stable, au pouvoir amortisseur excellent. Ce sac, appelé aussi *bean bag*, évite tout risque de rayure du véhicule, peut se transporter vide et se remplir sur place lorsqu'on part en avion pour un safari-photo. Deux coupons de toile et du Velcro suffisent pour se fabriquer un *bean bag* sur mesure.

Photographier les oiseaux au nid

Le mâle du tisserin confectionne son nid en forme de boule. La construction la plus habile attirera la femelle convoitée. Tisserin gendarme *(Ploceus cucullatus)* • Zoom 100-400 mm - 1/200 s à f/5,6 - MAP AF.

La photo d'oiseaux au nid est vivement déconseillée au néophyte et doit être pratiquée avec discernement par les photographes naturalistes expérimentés. Perdre une couvée « naturellement » est déjà bien assez triste, la voir gâchée par un photographe indélicat est inacceptable. On commence toujours l'observation d'un nid à la jumelle, le plus discrètement possible. Si les parents couvent sans faire les classiques allers-retours de nourrissage, il est trop tôt : les oiseaux dont les œufs ne sont pas éclos abandonnent la nichée au moindre doute. Durant la phase de nourrissage, soyez attentif à la fréquence des va-et-vient. Un ralentissement indique que vous êtes repéré et perturbez la vie du nid. Le montage d'un appareil commandé à distance est une bonne solution pour effectuer des photos sans déranger.

Les nids ouverts ne posent pas de problème technique particulier, hormis qu'ils sont dissimulés dans la végétation. Il faut trouver l'angle qui permet de photographier les scènes de nourrissage sans avoir des branches dans le champ. Malgré la tentation, ne coupez pas les branches gênantes, car elles sont l'assurance-vie de la nichée : les prédateurs aussi sont à l'affût !

Les nids fermés (creux d'arbres, boules végétales, maçonnerie en torchis, terrier, etc.) offrent encore moins de possibilités.

Il faut attendre les derniers temps de la couvaison pour observer les jeunes sortant la tête du trou dans le but d'être les premiers servis.

Certains bricoleurs font des assemblages avec une plaque de verre et un double fond installés sur des nids, mais ce type d'assemblage donne des résultats aléatoires et dangereux pour la nichée... et produit des photos peu esthétiques et très convenues. La recherche de belles lumières et de cadrages originaux en extérieur est beaucoup plus satisfaisante pour le naturaliste créatif.

Nourrissage d'une jeune spatule dans le parc national de Keoladeo (Inde).
La surveillance du nid est indispensable pour saisir ces moments privilégiés.
Spatule blanche
(Platalea leucorodia)
• Objectif 400 mm - 1/200 s à f/8 - MAP MF.

Photographier de nuit

La photo naturaliste nocturne peut se pratiquer sans apport de lumière à la tombée de la nuit ou au petit matin, notamment durant le brame du cerf et lorsqu'on piste un animal nocturne dans ses premiers ou ses derniers moments d'activité. Il faut être bien équipé : films ultrasensibles (de 800 à 1 600 ISO), objectif haute luminosité (200 mm f/1,8, 300 mm f/2,8), trépied stable, déclencheur souple. Pour minimiser toute vibration, posez le trépied sur un sol pas trop dur (la roche renvoie l'onde de choc du déclenchement dans l'appareil), utilisez la fonction de relevage du miroir reflex – quand c'est possible – et le déclencheur souple. Ces difficultés sont heureusement contrebalancées par la beauté des lumières du crépuscule et de l'aube.

En pleine nuit, certaines prises de vues peuvent être effectuées avec l'éclairage de la pleine lune, mais avec des temps de pose de plusieurs secondes : sujets fixes uniquement. Les paysages se parent d'une lumière froide étonnante, qui contraste avec la chaleur d'éventuelles lumières domestiques. La mesure de la lumière est hors de portée de la plupart des posemètres intégrés aux appareils : ils sont généralement couplés jusqu'à IL 0 ou IL – 1 (voir tableau des indices de lumination). Quelques posemètres à main descendent à IL – 2, mais le gain n'est pas suffisant pour justifier un tel investissement. En outre, les films ont tendance à perdre de leur sensibilité quand ils reçoivent une quantité de lumière très faible pendant un long moment. C'est le fameux « effet Schwarzschild », qui porte le nom du mathématicien dont l'expérimentation a démontré qu'un film recevant une énergie de 1 lux pendant 1 000 secondes est moins insolé qu'un autre ayant reçu 1 000 lux durant 1 seconde. On appelle aussi cette règle « écart à la loi de la réciprocité ». Il se produit un phénomène analogue quand les temps d'exposition sont ultracourts (moins de 1/40 000 s).

Vous pouvez tout de même photographier un animal sous la pleine lune, à condition de compenser la faible luminosité par un éclair de flash : réglez l'appareil (ou le flash) en synchronisation sur le deuxième rideau de l'obturateur, lancez la pose longue discrètement… et l'animal au premier plan sera photographié par l'éclair du flash qui arrivera en fin de pose. Le sujet doit se trouver à moins de 10 ou 12 m pour être bien exposé par un flash de NG 40. Le risque de provoquer une peur panique chez l'animal n'est pas négligeable – à ne pratiquer qu'en terrain dégagé, loin de tout endroit dangereux. Heureusement, chez certaines espèces, l'éclair perturbe moins l'animal que votre odeur, portée par le vent.

Le flash est très pratique en affût nocturne, lorsqu'un animal est photographié près de sa tanière. On travaille alors en multiflash, afin d'éviter les défauts de l'éclairage frontal classique (reflets rouges ou verts dans des yeux aux pupilles dilatées, ombres inesthétiques à l'arrière-plan, brillance artificielle des poils). Installez vos flashes en plein jour pour ne pas déranger l'animal. Protégez vos sources avec des sacs en plastique, en prévoyant une aération par le dessous pour une éventuelle émission de gaz des « accus ». Un système destiné à fonctionner plusieurs nuits d'affilée s'alimente par des batteries externes : déroulez du fil pour alimenter les flashes directement depuis votre affût. Limitez vos allées et venues dans le territoire de l'animal, car certaines espèces au flair aiguisé (le blaireau, notamment) risquent de sentir votre odeur longtemps après l'installation des sources lumineuses.

Oiseau mourant surpris dans les rochers juste après le coucher du soleil. L'usage du flash en *fill-in* dramatise l'image tout en laissant du détail dans l'arrière-plan du ciel. Noddi brun *(Anous tenuirostris)* • Objectif 24 mm - 1/60 s à f/11 - MAP MF - Flash cobra.

La photographie d'action

Chez l'animal, les scènes d'action à photographier sont essentiellement liées aux comportements de chasse, de fuite et de jeu. À condition de disposer d'assez de lumière pour utiliser une vitesse d'obturation brève (± 1/250 s), le jeu est relativement facile à photographier : les jeunes animaux restent généralement dans un périmètre de sécurité proche de l'adulte et du gîte. D'une course à l'autre, le jeune utilise des trajectoires repérables, grâce auxquelles on peut choisir un point de passage où faire sa pré-mise au point manuellement. Reste alors à attendre le meilleur passage, l'expression la plus typique ou la lumière adaptée au rendu souhaité pour presser le déclencheur dès que le sujet sera net. Les reflex autofocus performants permettent aussi de suivre la trajectoire de l'animal en mode continu sans perdre la mise au point. Mais le risque de faire la netteté sur une herbe haute ou tout autre sujet parasite au premier plan est loin d'être négligeable – à ne pratiquer qu'en terrain parfaitement découvert.

La chasse et la fuite ont cet inconvénient que les trajectoires adoptées par les animaux sont totalement imprévisibles. Réussir à suivre une scène de chasse en mise au point manuelle est du domaine du possible, mais l'autofocus est

un avantage certain pour qui veut multiplier ses chances de réussir ses clichés. L'appareil doit être réglé en autofocus continu, de préférence verrouillé sur un collimateur AF en croix : le processeur, sollicité par moins de calculs, gagne en efficacité, et la sensibilité de ces collimateurs aux variations de contraste est plus grande. Pour conserver un peu des possibilités des appareils à collimateurs multiples, il existe des fonctions personnalisables qui permettent de regrouper les éléments sensibles par petits groupes. Le processeur fonde ses calculs sur moins de zones autofocus, gagne en célérité, et cela sans devoir se limiter à

Grâce à la très longue focale, les jeux des jeunes babouins du Masaï-Mara (Kenya) restent naturels. Il suffit de les observer pour repérer le moment fort de l'action et faire plusieurs vues afin d'en extraire la meilleure posture. Babouin jaune *(Papio cynocephalus cynocephalus)* • Objectif 600 mm - 1/250 s à f/4 - MAP AF.

La photographie d'action

Une mouette rieuse harcèle un héron cendré trop proche de sa colonie. Mouette rieuse *(Larus ridibundus)*, héron cendré *(Ardea cinerea)* • Objectif 300 mm - 1/400 s à f/4,5 - MAP AF.

l'unique collimateur en croix dont disposent de nombreux boîtiers.

De l'orientation des mouvements de l'animal dépendent les chances de faire des photos nettes. Un mouvement latéral est très facile à suivre, même en mise au point manuelle. Quand il est oblique, en direction du photographe, cela se complique – dans ce cas, l'utilisateur d'un reflex à zone AF étendue est sérieusement avantagé. De pleine face, le système AF montre sa supériorité écrasante : un boîtier haut de gamme photographiant en rafales à 8 i/s suit une voiture lancée à 100 km/h jusqu'à 8 m ! En mise au point manuelle, on doit faire une pré-mise au point à la distance de prise de vues choisie, attendre le sujet et déclencher l'appareil juste avant son passage dans le plan. Résultat : au mieux, une seule photo nette pour la mise au point manuelle… et de dix à douze clichés impeccables pour le système AF.

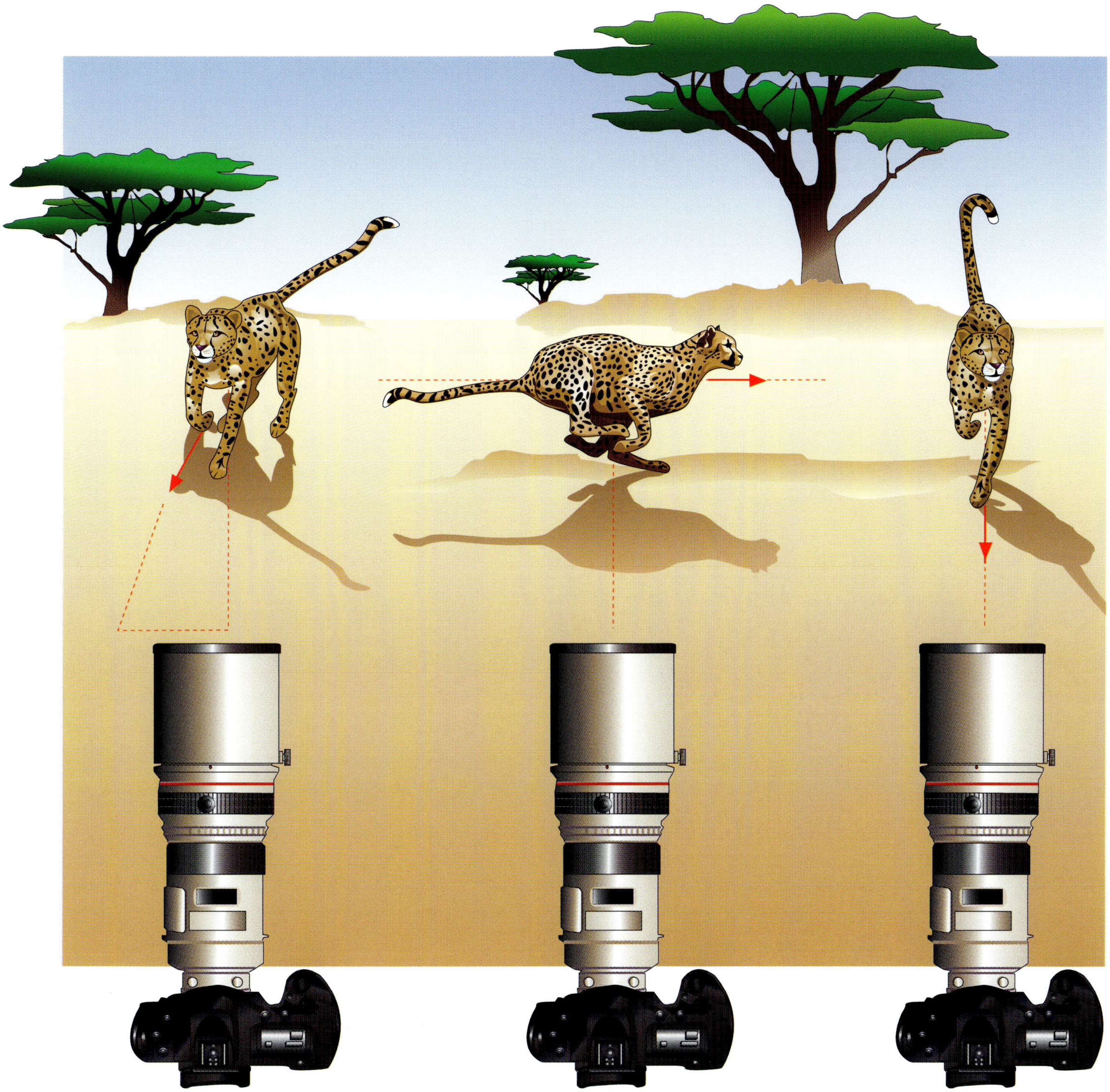

En photographie d'action, les performances autofocus sont essentielles. Peu sollicitée lors des déplacements latéraux accompagnés, la détection AF l'est davantage quand l'appareil reste fixe : le sujet passe sans s'arrêter d'un collimateur à l'autre.
La situation la plus difficile à gérer par l'autofocus prédictif est le déplacement frontal en diagonale. La mise au point doit accompagner le sujet latéralement, sans arrêter de calculer son avance. Beaucoup plus facile, le vrai déplacement facial ne fait appel qu'aux capteurs autofocus centraux. Pour gagner en vélocité, activez le collimateur du milieu : le calculateur interne de l'appareil a ainsi moins d'informations à traiter.

Photographier les oiseaux en vol

La particularité du suivi des oiseaux en vol est liée à la taille variable du sujet dans le viseur et à la situation de contre-jour engendrée par le cadrage face au ciel. Les gros oiseaux posent évidemment moins de problèmes que les passereaux, souvent assez difficiles à détecter par les systèmes autofocus.

On peut se consoler en se disant qu'un oiseau trop petit pour être détecté l'est aussi pour être appréciable à l'image. Voilà pourquoi les photographes de passereaux utilisent de longues focales, seules capables de fournir des images assez grandes de ces espèces souvent farouches.

Comme pour les mammifères, l'autofocus montre sa supériorité dès que les vitesses relatives de déplacement augmentent. Les petits oiseaux sont les plus délicats à suivre, car leur taille leur autorise des changements de trajectoire extrêmement rapides. Une plage autofocus étendue et composée de nombreux collimateurs constitue un avantage réel quand il s'agit de laisser l'automatisme suivre un sujet aux déplacements aussi aléatoires.

La mise au point manuelle est facilement utilisable quand l'oiseau vole selon une trajectoire latérale.

Le bleu dense du ciel et la clarté du sable permettent ici de conserver du détail dans le plumage de la sterne prise en contre-plongée. La vitesse d'obturation élevée est l'assurance de figer le mouvement. Sterne fuligineuse *(Sterna fuscata)* • Objectif 200 mm - 1/500 s à f/8 - MAP MF.

De face, il faut avoir déterminé à l'avance le point où passera le volatile pour faire une pré-mise au point et déclencher l'appareil juste avant son passage dans le plan de netteté. La période du nourrissage des jeunes est particulièrement propice à ces prises de vues, car les oiseaux empruntent régulièrement les mêmes trajectoires.
Pour avoir une zone de netteté plus étendue, fermez davantage le diaphragme ; la marge d'erreur acceptable lors du déclenchement sera ainsi plus grande.
L'oiseau en vol photographié d'en dessous est peu esthétique. A moins de vouloir montrer la silhouette typique d'une espèce (queue en losange allongée du gypaète barbu, cou à la courbe ouverte du héron pourpré, etc.) ou de rechercher le graphisme d'un vol (le W des grues cendrées en formation, par exemple), un oiseau en contre-jour sur fond de ciel ne mérite pas vraiment un déclic. Attendez qu'il descende plus bas en montrant son profil, patientez jusqu'au prochain virage sur l'aile, choisissez un point de vue haut perché – même en corrigeant l'exposition, le contre-jour d'une photo d'oiseau sur fond de ciel clair est fréquemment trop fort. Seul un ciel bleu et dense permet de prendre des photos d'en dessous avec un contraste raisonnable.

Les lagunes de Chacahua (Mexique) abritent une avifaune d'une richesse incroyable.
Ce tantale d'Amérique est photographié depuis une barque à main levée, afin de suivre le vol dans un mouvement panoramique.
Tantale d'Amérique
(Mycteria americana)
• Objectif 400 mm - 1/500 s à f/11 - MAP MF.

Réaliser des séquences

La danse des ours polaires dans une séquence à 6 i/s. Une telle cadence permet d'analyser des comportements très brefs, mais la durée d'un film 36 poses dans ces conditions est de 6 secondes ! Ours polaire *(Ursus maritimus)*
• Objectif 600 mm - 1/250 s à f/4 - MAP AF.

La séquence est une technique simple et efficace pour décrire un comportement animal, étudier en détail son mode d'évolution dans ses déplacements ou réaliser de petites saynètes amusantes et pédagogiques. Il existe deux méthodes de prise de vues, essentiellement liées à la cadence des déclenchements.

Séquence vue par vue

En vue par vue, on détaille l'action de façon réfléchie, par une série d'images saisies dans les moments cruciaux de la scène. Cela demande une bonne maîtrise de soi, pour éviter de finir son film avant la fin de la scène. Avec les sujets imprévisibles, il faut donc du film en suffisance et disposer de deux boîtiers, pour ne pas perdre d'images fortes durant un échange de bobines. Si l'on connaît le comportement de l'animal, on décide à l'avance les vues à prendre, quitte à réaliser au préalable un petit « story-board » des instants à ne pas manquer. Dans le feu de l'action, ce « pense-bête » est très utile, car une photo manquante risque de rendre la série incomplète s'il s'agit d'un moment fort. Par exemple lorsque le mâle de la sterne offre son cadeau à sa femelle ou quand un cétacé fait prendre sa première respiration aérienne à son petit.

Les séquences en vue par vue permettent aussi la compression artificielle des durées, par exemple pour détailler l'ouverture d'une

fleur, montrer la course du soleil ou la construction d'un nid. On fait alors appel à un intervallomètre, accessoire mécanique ou électronique qui gère l'espace entre les déclenchements, qui peut durer de quelques secondes à plusieurs heures si nécessaire.

L'alimentation de l'appareil doit correspondre au nombre de vues et à la temporisation programmée. Comme lors d'un affût de longue durée, fixez solidement le boîtier et protégez-le des intempéries. Variante : utilisez une attache rapide pour désolidariser le boîtier du trépied à volonté sans perdre le cadrage. Un système pratique quand la séquence dure plusieurs jours dans une zone fréquentée : il suffit de revenir à heure fixe, pour installer l'appareil le temps de l'une des photos.

Pour une unité entre les documents lors de séquences longues, exposition et ambiance lumineuse doivent être identiques d'un déclenchement à l'autre. Le réglage du boîtier en manuel et l'immobilisation des bagues avec du ruban adhésif permettent de réduire les risques d'erreurs. Faites systématiquement la mesure d'exposition avec une cellule à main pour vérifier la régularité de la lumière, et notez tous les paramètres. Si l'ambiance lumineuse change du tout au tout, il est envisageable de reporter la suite des prises de vues : à adapter en fonction du sujet et des impératifs pratiques.

Réaliser des séquences

Séquence réalisée à 3,5 i/s au large des côtes du Labrador, lors d'une étude sur le rorqual à bosse à bord d'un bateau de recherche.
Rorqual à bosse
(Megaptera novaeangliae)
• Objectif 135 mm - 1/350 s à f/8 - MAP MF.

Une cadence élevée (6 i/s) permet de décomposer les actions les plus rapides. Ici, la toilette du fuligule milouin photographiée depuis l'affût flottant.
Fuligule milouin
(Aythya ferina)
• Objectif 300 mm - 1/500 s à f/4 - MAP AF.

Réaliser des séquences

Les joutes amoureuses des girafes masaï immortalisées à 4 i/s dans une séquence de décomposition du mouvement.
Girafe masaï
(Giraffa camelopardalis rothschildi)
• Zoom 100-400 mm - 1/320 s à f/6,3 - MAP AF.

Les séquences en rafales

Les séquences réalisées dans le feu de l'action sont plus hasardeuses. Là, on travaille en rafales, c'est-à-dire qu'on laisse le doigt sur le déclencheur durant toute la scène. Attention, les reflex haut de gamme grillent un film 36 poses en… 3,6 secondes ! Autant dire qu'il faut être sûr de son coup pour ne pas finir son film avant le moment fort de l'action. Le choix de l'instant de départ est ici l'élément clé de la réussite.

En cas de doute, il est plus sage de choisir la motorisation en rafale lente (± 3 i/s), ce qui porte « l'autonomie » d'une pellicule 36 poses à 12 secondes. Pour une scène de chasse ou le plongeon d'un oiseau marin, c'est largement plus qu'il n'en faut ! Au-delà, la réalisation en vue par vue redevient une alternative intéressante.

Règle d'or : l'intérêt d'une séquence en rafales n'est pas de faire 36 vues pour en extraire une ou deux bonnes (ça ne marche que rarement), mais bien de décomposer une action pour apprécier ses phases. Chaque image doit donc être identique aux autres : mémorisez l'exposition dès la première photo.

Télécommandes et pièges photographiques

CI- DESSUS
Système de télécommande « Total radio » diffusé par Jama électronique. http:www.jama-elec.com

À DROITE
Reflex camouflé piloté par fil depuis l'affût. Ce système économique est très efficace tant que la longueur de fil reste raisonnable.

DESSIN PAGE CI-CONTRE
Le système de télécommande « Total radio » permet de gérer intégralement les prises de vues à distance. Un émetteur-récepteur hertzien installé dans l'affût commande la position de l'appareil (rotule électrique), la mise au point autofocus et le déclenchement.
Le contrôle du cadrage s'effectue aussi depuis l'affût, *via* le viseur de camescope de l'émetteur-récepteur. Celui-ci reçoit ses images de la caméra noir et blanc montée sur l'œilleton du reflex.

La prise de vues télécommandée est très pratique pour photographier des espèces farouches. Il suffit d'installer son matériel quand l'animal est absent, de surveiller à distance ses évolutions et de déclencher l'appareil au bon moment. La commande à distance offre aussi la possibilité de prendre des photos sous deux angles différents sans quitter l'affût.

Les télécommandes

Le système le moins coûteux pour télécommander un boîtier est le déclenchement par commande électrique. Son principal défaut est d'être limité à 10-15 m de fil. Il est utilisable pour prendre un peu de recul par rapport au sujet tout en restant à courte distance. Dans la même catégorie, la télécommande à infrarouge est elle aussi limitée aux distances réduites, avec cet inconvénient supplémentaire que l'on risque de perdre le contrôle du déclencheur si un sujet parasite (branches, herbes) se retrouve dans l'axe des faisceaux de télécommande.

Les systèmes radio sont bien plus souples, avec des distances d'efficacité comprises entre 50 et 200 m selon les modèles. Ils permettent de contrôler les prises de vues pour les espèces farouches aux jumelles, ou de prendre des vues sous un autre angle, grâce à un second boîtier monté sur une branche d'arbre ou dans un autre affût.

L'équipement peut être complété par une caméra noir et blanc d'œilleton, qui offre la possibilité de contrôler à distance le cadrage, grâce à un moniteur relié par câble ou par émetteur spécifique. Le coût d'une telle installation demeure cependant élevé.

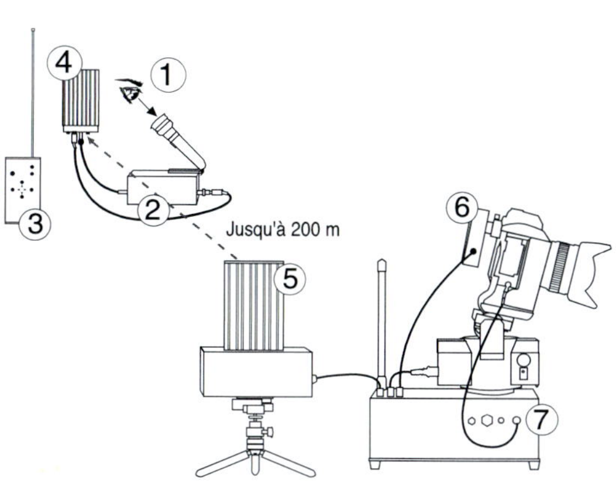

① Le photographe surveille depuis l'affût le terrier du renard

② Œilleton (de camescope) pour le contrôle d'image

③ Gestion télécommandée de l'appareil (rotule électrique, autofocus, déclenchement)

④ Récepteur

⑤ Emetteur

⑥ Caméra d'œilleton sans fil

⑦ Rotule

Télécommandes et pièges photographiques

Le « détecteur d'oiseaux sur perchoir » est composé d'une cellule photosensible qui déclenche l'appareil lorsqu'un sujet masque la lumière ambiante. Sa sensibilité est réglable, notamment pour ne pas prendre de photo au passage d'un simple nuage.

Les systèmes d'autodéclenchement

Prendre des photos en utilisant un système d'autodéclenchement n'est pas une méthode de travail vraiment créative. Elle relève davantage de la quête documentaire ou scientifique : identification ou étude d'espèces *a priori* rares dans une région. La recherche de mouvements figés est également facilitée par les systèmes de piégeage : insectes, chauves-souris, passereaux en vol peuvent déclencher involontairement l'appareil en traversant les faisceaux d'une barrière d'auto-déclenchement. Mais on ne choisit pas le moment auquel l'appareil se déclenchera, et le plaisir de saisir l'instant est quasi inexistant : il faut beaucoup compter sur la chance pour faire de belles images de cette façon.

Les piégeages simples

Il est tentant de laisser l'animal déclencher involontairement l'appareil. Il existe pour cela des systèmes qui commandent le déclenchement par détection de sons, de vibrations (micro) ou par occultation de la lumière ambiante (cellule photosensible). L'animal attiré par de la nourriture – ou piégé sur une voie de passage régulier – déclenche l'appareil et les flashes en passant à proximité d'eux. Le problème, c'est que l'animal visé n'est pas le seul à apprécier la nourriture – rats, corvidés, mustellidés sont de bons vivants – et que les réglages fins de ces systèmes relèvent parfois du jeu de patience. Si vous appréciez la surprise de ne découvrir qu'après développement quel gourmand s'est laissé tenter par votre mise en bouche, ces pièges sont faits pour vous ! Mais attention, on se lasse parfois de réaliser des films sur les rats et les corbeaux alors qu'on voulait photographier une genette. Et puis n'oublions pas que l'animal n'a aucune raison de se soumettre à l'objectif et qui plus est sous son meilleur angle.

L'appareil est ici déclenché par le « détecteur d'oiseaux sur perchoir ». La posture de l'oiseau n'est pas choisie par le photographe, puisque c'est l'arrivée du volatile qui provoque la prise de vues.
Mouette rieuse
(Larus ridibundus)
• Objectif 200 mm - 1/250 s à f/6,3 - MAP MF.

L'insonorisation d'un reflex télécommandé lui assure discrétion et efficacité. Selon le niveau d'isolation requis, on peut l'envelopper d'un simple tissu molletonné, ou aller plus avant avec une boîte spécialement fabriquée pour l'occasion.

Télécommandes et pièges photographiques

La machine à chauve-souris, conçue et réalisée par Gilles Martin, permet de faire passer à coup sûr le chiroptère dans l'axe de visée de l'appareil photo. C'est une sorte de tunnel où l'animal est introduit par un manchon anti-retour en tissu. Pour s'enfuir, il est obligé de prendre son vol (la forme de la machine prévoit sa trajectoire d'envol) et de sortir par la lucarne avant. Deux barrières à infrarouge déclenchent les flashes situés de part et d'autre de la sortie au passage de l'animal. Ainsi, la chauve-souris est photographiée en vol facial, juste avant de s'évanouir dans la nature pour un repos bien mérité. Tous les animaux photographiés avec ce tunnel sont capturés par des biologistes, qui les étudient avant de les relâcher.

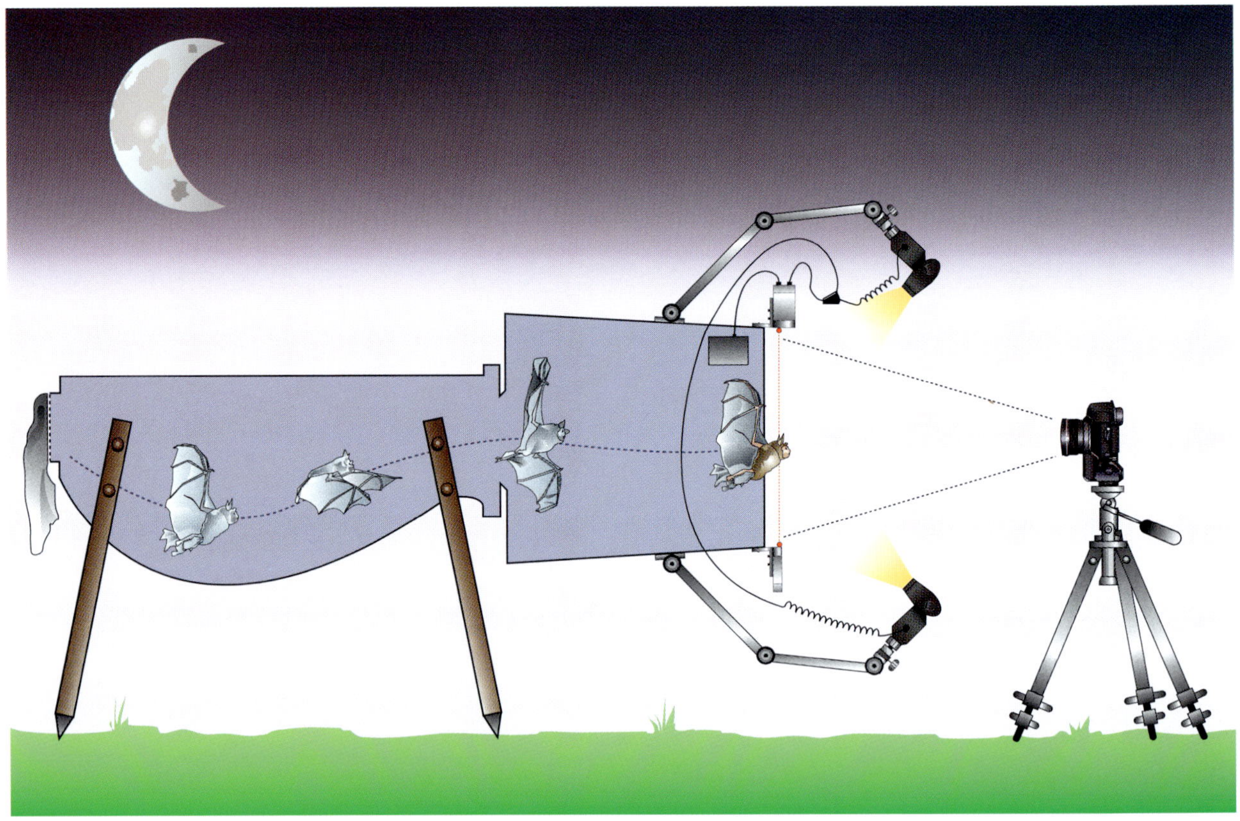

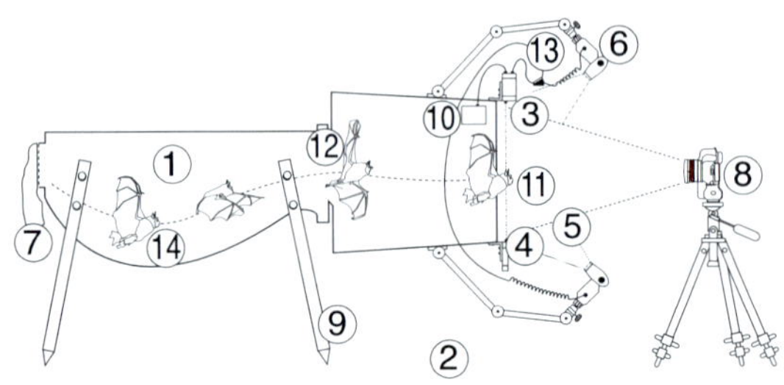

1. Corps de la machine
2. Partie démontable supportant l'électronique
3. Emetteur infrarouge
4. Récepteur infrarouge
5. 6. Flashes électroniques
7. Entrée du tunnel équipé d'un manchon étanche aux lumières parasites
8. Appareil photo monté sur pied
9. Pieds munis de pointes pour la stabilité sur le terrain
10. Alimentation externe 9V de l'émetteur
11. Barrière infrarouge (invisible dans la réalité)
12. Goulot de rétrécissement pour le centrage de l'animal
13. Câble de liaison entre flashes et récepteur infrarouge
14. Trajectoire de l'animal à l'intérieur du tunnel

Les piégeages complexes

Le piégeage par barrière à infrarouge (diode ou laser) est beaucoup plus précis : il est possible de déterminer au millimètre près l'endroit où sera photographié l'animal. On croise deux (ou plusieurs) faisceaux invisibles, et appareil et flashes ne se déclencheront qu'au passage du sujet à leur intersection. Cette méthode permet d'anticiper la posture de l'animal s'il s'agit d'un « volant », et même de mettre en scène un décor lorsqu'une nasse de prise de vues est utilisée. Les animaux qui ne circulent pas à l'intersection des faisceaux sont ignorés par le système. Toute la difficulté de la mise en œuvre de faisceaux de détection est d'amener l'animal à passer au travers... sans perturber ses activités. La sortie d'une man-

Grand murin photographié à la sortie de la machine à chauve-souris. La puissance variable des flashes permet de modeler l'image en fonction de l'effet désiré. Plusieurs lâchers sont parfois nécessaires lorsqu'on souhaite photographier une position d'ailes précise. Le travail en collaboration avec des scientifiques est incontournable pour photographier ces espèces protégées.
Grand murin *(Myotis myotis).*
• Objectif 50 mm - 1/60 s à f/11 - MAP MF.

geoire est un lieu privilégié pour le piégeage, mais il faut dissimuler l'installation dans la végétation pour qu'elle n'affecte pas l'esthétique de la photo. Autre solution : placer de la nourriture sur une branche à la croisée des faisceaux pour photographier les oiseaux juste avant qu'ils se posent sur cette manne providentielle. Le réglage de la hauteur des faisceaux par rapport à la nourriture permet de choisir la posture du sujet.

Le système le plus efficace est de fabriquer une nasse de prise de vues en bois : on place l'animal dans la pénombre du côté le plus large, et il s'envolera, attiré vers la sortie éclairée, qui est plus étroite et « barrée » par les faisceaux à infrarouge. L'animal est évidemment dérangé ; c'est une méthode de travail à pratiquer en présence d'un ornithologue, par exemple en se servant de la nasse pour libérer les oiseaux après baguage. La vitesse de déplacement et les battements d'ailes de l'oiseau obligent à travailler au flash, de préférence à la vitesse d'éclair la plus rapide (1/64 à 1/128 de puissance), afin de figer au maximum le mouvement. La puissance nominale de chaque source étant faible, il faut plusieurs flashes pour arriver à travailler avec une profondeur de champ correcte. Attention, la vitesse d'éclair donnée par le constructeur est généralement fausse. Les flashes dont les éclairs les plus brefs durent 1/30 000 s sur le papier ne dépassent pas 1/15 000 s dans la réalité. Pour figer les ailes d'une abeille en plein vol, des tubes flash spéciaux (tubes capillaires à ionisation extrêmement brève) sont absolument nécessaires. Stephen Dalton, le maître en la matière, utilise des flashes de laboratoire développés spécialement pour lui, dont les éclairs durent 1/1 000 000 s. Les ailes d'oiseaux sont plus lentes (sauf, bien sûr, celles des colibris) et peuvent être figées par un flash du commerce à sa vitesse la plus brève.

Véhicules télécommandés

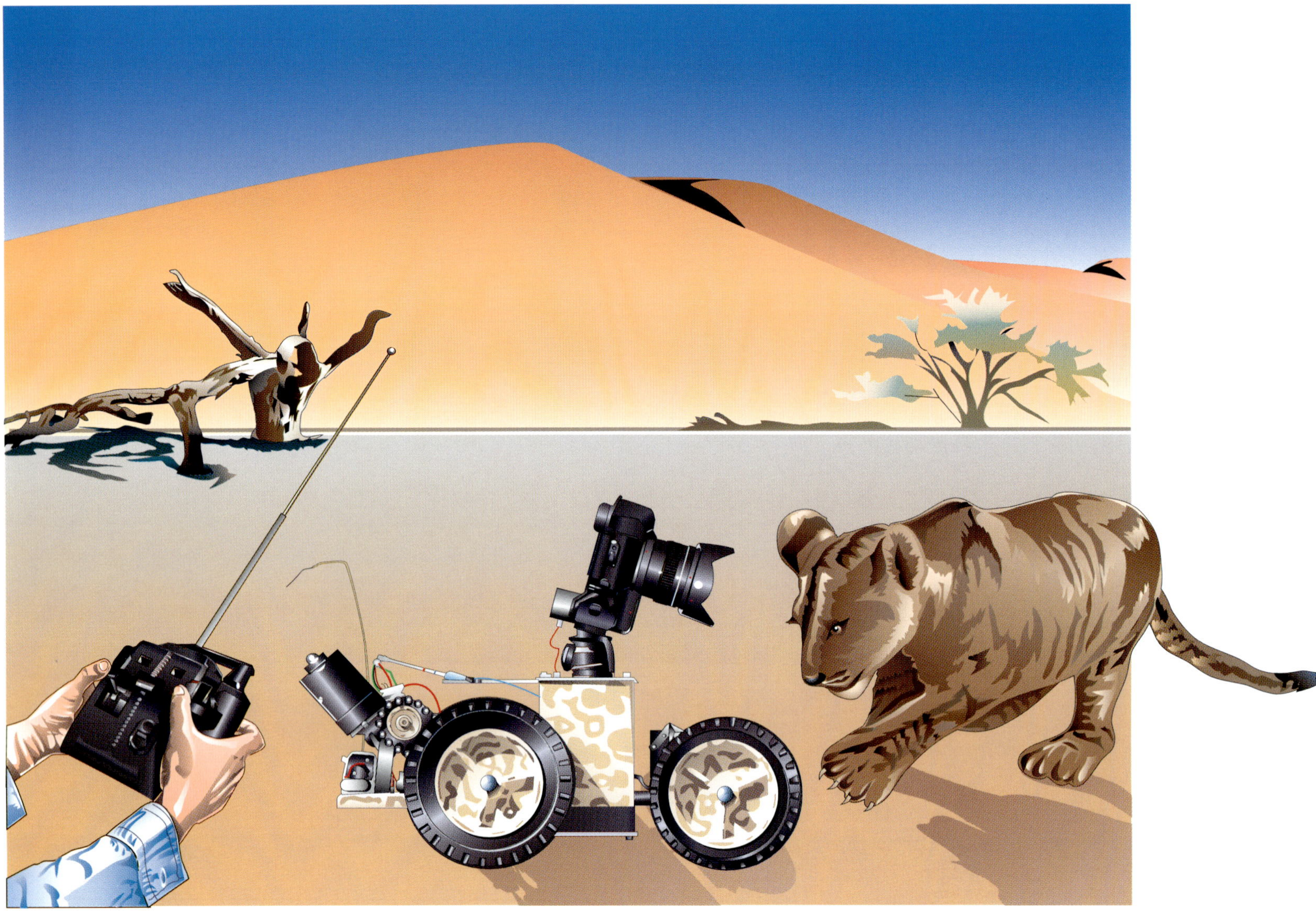

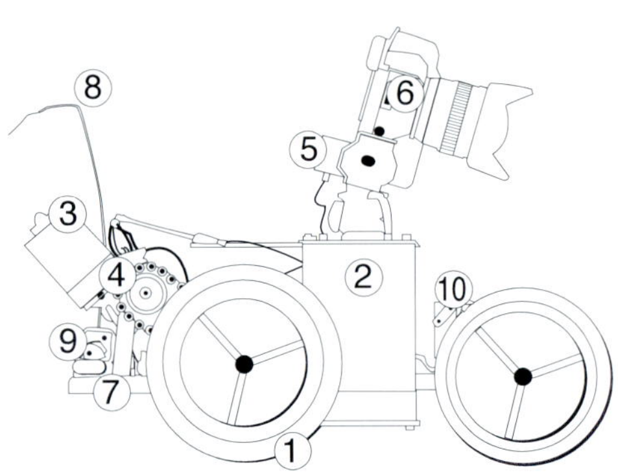

1. Roues de tondeuse (propulsion)
2. Batterie de moto de 12 V
3. Moteur électrique d'essuie-glace de Golf
4. Entraînement par chaîne et pignon de bicyclette
5. Gyroscope de modèle réduit d'hélicoptère
6. Boîtier et objectif
7. Châssis en tôle inox plié de 2 mm d'épaisseur
8. Antenne réceptrice
9. Alimentation du récepteur
10. Cerveau de direction (13,2 Kg de puissance)

Quand l'animal ne vient pas à l'appareil, comme Lagardère, l'appareil doit venir à lui ! Pour ce faire, les véhicules télécommandés sont très pratiques. Évitez les jouets destinés aux enfants (petits et grands), car rares sont les modèles réduits industriels capables de transporter un appareil photo et un objectif avec une stabilité suffisante.

Demandez conseil à un modéliste qui fabrique lui-même ses engins, il pourra vous aider à tracer les plans d'une voiture ou d'un 4 x 4 adapté à votre matériel photo. Prévoyez toujours un empattement suffisant pour éviter le retournement de l'ensemble. Quatre ou six roues motrices évitent de voir votre précieux appareil coincé à cinquante centimètres d'une troupe de lions endormis ! L'appareil peut être suspendu au bout d'un trapèze ou monté sur une rotule motorisée : prévoyez un débattement suffisant pour les mouvements en tous sens.

La gestion de l'horizontalité du boîtier peut s'effectuer *via* un gyroscope de modélisme, conçu à l'origine pour équiper un hélicoptère. Ces gyroscopes permettent en principe de corriger les inclinaisons jusqu'à 45 %.

L'équilibre de la masse du matériel photo est évidemment essentiel, sinon le véhicule risque de piquer du nez dans la poussière. Faites des essais avec plusieurs modèles d'objectifs de longueur et de poids variés avant de lancer votre véhicule sur le terrain. Le matériel monté sur un véhicule télécommandé doit être protégé contre les chocs et l'humidité : mousse, plastique et adhésif conviennent très bien tant qu'il s'agit de matériaux ultralégers. En outre, ces protections assourdissent partiellement les bruits de déclenchement et de réarmement motorisé.

La télécommande radio doit comporter au moins quatre canaux :

- marche avant et marche arrière ;
- virages à gauche et à droite ;
- déclenchement du boîtier ;
- canal pour fonction complémentaire.

Le quatrième canal peut être affecté à la mise sous tension d'un flash ou à celle d'un petit phare d'assistance à la visée dans la pénombre. Les systèmes à quatre canaux sont courants chez les revendeurs d'accessoires de modélisme.

DESSIN PAGE CI-CONTRE
Le véhicule télécommandé utilisé par Gilles Martin pour les prises de vues est un modèle spécialement étudié pour la photo : les performances des jouets – même haut de gamme – sont mal adaptées : puissance de traction trop faible et vitesse trop rapide. Celui-ci a été développé suivant un cahier des charges très précis :

- **déplacements lents ;**
- **silence de fonctionnement ;**
- **moteur capable de tracter 15 kg ;**
- **présence d'un gyroscope apte à compenser la position de l'appareil sur les plans inclinés (≤ à 45 %).**

CI-DESSOUS
Le véhicule télécommandé fonctionne sur presque tous les terrains : à gauche, désert du Nabib, à droite, chemin forestier. Il est couramment utilisé avec des optiques allant du petit téléobjectif de 135 mm jusqu'au *fish-eye* de 15 mm. Dans ce cas, il produit des images totalement inhabituelles en photographie animalière.

Bateaux télécommandés

Il a été facile de photographier au nid le grèbe castagneux et sa progéniture, et tout cela sans le moindre dérangement.
Grèbe castagneux
(Tachybaptus ruficolis)
• Zoom 28-105 mm - 1/125 s à f/5 - MAP AF.

À l'instar du véhicule terrestre, concevez votre bateau télécommandé en fonction de vos propres besoins. Les bateaux "prêts à l'emploi" sont certes performants, mais ils ne sont pas prévus pour transporter un appareil photo placé au-dessus de leur centre de gravité normal. Mieux vaut partir d'une coque stable, voire de l'assemblage de deux coques, et développer un châssis-support pour votre reflex et son objectif. Prévoyez également les emplacements destinés au système de télécommande et à la motorisation de l'ensemble. Placez-les de préférence au-dessous de la ligne de flottaison, afin de stabiliser le bateau avec de poids supplémentaire.
Le bateau doit rester assez stable pour ne pas se retourner au moindre remous quand l'appareil sera installé. Au préalable, faites des essais de stabilité avec un poids équivalent au matériel photo : n'hésitez pas à produire de belles vagues pour vous assurer de la bonne tenue de l'ensemble. Si le bateau doit être camouflé avec de la toile ou à l'aide d'un oiseau factice, procédez aux essais avec l'installation complète. L'effort est préférable au retournement avec boîtier et objectif coûteux !

① Boîtier photo
② Appelant (oie rieuse)
③ Bateau modèle réduit
④ Récepteur avec antenne
⑤ Cerveau de direction
⑥ Moteur électrique
⑦ Accu
⑧ Cerveau d'accélération
⑨ Régulateur de vitesse

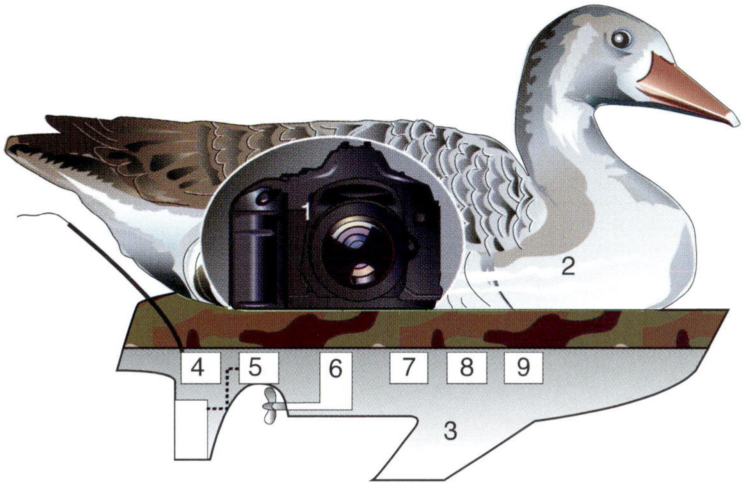

Cette sympathique oie rieuse est un appelant habituellement utilisé à des fins moins pacifiques ! Elle est montée sur un bateau télécommandé… sérieusement amélioré, notamment en ce qui concerne la précision des évolutions et la stabilité face aux vaguelettes. Un reflex équipé d'un objectif grand-angle est installé à l'intérieur de l'oiseau, avec seulement l'objectif qui dépasse au niveau de l'aile. L'ensemble est télécommandé par un système à 4 canaux.

L'HOMME ET L'ANIMAL

Les relations entre l'homme et l'animal sont toujours ambiguës, car le premier prête au second des sentiments qu'il n'a pas. Le chien de la maison est rarement compris de ses propres « maîtres » : ses comportements, dictés par la vie en meute, sont interprétés par les humains comme le respect des règles de la bienséance. Le jeune chien pris en flagrant délit de « pipi sur le tapis du salon » prend la réprimande pour une attitude défensive à l'égard du territoire et un rappel de la hiérarchie du groupe, pas comme une leçon de propreté... L'anthropomorphisme joue donc un rôle crucial dans les images qui unissent humain et animal. Au photographe de valoriser ou non cet aspect des relations en fonction du message à faire passer dans la photo. On peut être le témoin involontaire d'une scène dans laquelle l'homme et l'animal ont des rapports étroits ou organiser la rencontre pour réaliser une photo préméditée. Dans le premier cas, la capacité à réagir compte énormément, surtout lors d'un échange bref entre les deux sujets. Pas d'autre solution que de laisser la technique aux automatismes, et de se concentrer sur la rapidité d'analyse et les réflexes de cadrage acquis précédemment : les bons cadrages deviennent instinctifs quand on éduque son œil au sens de lecture et à la composition. Une action au développement moins rapide permet de peaufiner la photo, par exemple en attendant un moment favorable à un déroulement plus explicite, en posant sur les hautes lumières pour durcir les ombres, en incluant un sujet secondaire qui s'oppose au point fort... Des techniques utiles à la mise en avant visuelle du sujet principal et à la valorisation du message véhiculé par l'image. Quand la relation humain-animal est étroite, le regard est un trait essentiel de communication entre les espèces. L'échange peut aussi bien être violent – s'il s'agit d'une photo destinée au témoignage en faveur d'animaux maltraités – que très doux pour souligner la proximité

Temple des rats au Rajasthan (Inde). La complicité entre le rat et l'homme peut choquer nos cultures européennes, mais leur relation amicale ne laisse aucun doute. • Objectif 200 mm - 1/640 s à f/7,1 - MAP AF.

Relations entre l'humain et l'animal

Relations entre l'humain et l'animal

entre une bête et un humain plein de bonnes intentions. Là encore, cadrage, exposition, choix de la focale peuvent accentuer l'aspect dramatique de la scène ou, au contraire, adoucir des contrastes trop importants dans une scène attendrissante. Parfaitement maîtrisée, cette technique est un outil essentiel de communication par l'image. Quand la rencontre entre l'humain et l'animal est organisée par le photographe, les possibilités créatives sont plus nombreuses : sujets, site de prise de vues, éclairage, mise en scène sont choisis et gérés dans le seul but de produire l'image souhaitée. Il faut effectuer une préparation rigoureuse, en particulier quand l'un des sujets est un enfant.

Les prises de vues qui mêlent enfant et animal (nécessairement apprivoisé) nécessitent une entrevue préalable : expliquez à l'enfant que l'animal reste indépendant, qu'il ne le tolérera qu'un court instant et que la fuite est une réaction naturelle. S'il connaît la règle du jeu, l'enfant ne sera pas déçu et apprendra à apprécier la rencontre, aussi brève soit-elle. Charge au photographe de faire durer la séance photo le moins longtemps possible et de bien maîtriser les réactions de l'animal : la moindre manifestation nerveuse du sujet risque d'interrompre la séance. Site de prise de vues, matériel photo et compléments d'éclairage doivent être prêts avant l'entrée en scène des acteurs : placez les câbles et les objets fragiles en hauteur, protégez le sol avec une bâche si nécessaire, préréglez les lumières sur une personne, faites un cadrage préliminaire. Une petite répétition permet de parer à l'imprévu et de s'assurer du bon déroulement de l'action. Si vous travaillez au flash, faites quelques essais sans l'enfant afin de jauger la réaction de l'animal : certains se cabrent et détalent alors que d'autres ignorent l'éclair. Profitez-en également pour affiner vos réglages avant la prise de vues réelle (profondeur de champ, pré-mise au point, exposition...).

L'adulte est plus facile à photographier avec un animal. Plus calme qu'un enfant, il tient également mieux compte de vos conseils.

L'appréhension peut cependant poser problème, notamment avec les citadins peu habitués à côtoyer des bêtes autres que domestiques. Une personne inquiète émet des phéromones auxquelles sont sensibles les animaux, d'où une tension parfois délicate à gérer. La meilleure façon de pallier à cet inconvénient est d'organiser une ou deux rencontres préalables entre les deux sujets : suggérez à la personne de nourrir l'animal, de le brosser, comme on le fait avant de monter un cheval inconnu. Les prises de vues sont beaucoup plus faciles une fois la communication établie entre les sujets. Quand l'animal est assez grand ou présente un danger quelconque (morsure, griffure, piétinement), la séance photo doit s'effectuer sous le contrôle d'un dresseur professionnel. Faire évoluer un animal dangereux n'est pas à la portée d'un amateur, même motivé et apparemment sûr de lui ! Renseignez-vous également sur toutes les précautions légales liées au transport et à la détention (même provisoire) d'animaux non domestiques.

À DROITE
Marché aux oiseaux au Népal. La lumière dure et le contraste entre le regard de l'enfant et l'oiseau privé de liberté donnent à l'image une atmosphère dramatique.
• Objectif 200 mm - 1/320 s à f/9 - MAP AF.

CI-DESSOUS
La rencontre entre l'enfant et l'animal est toujours attendrissante, mais le photographe doit parfaitement maîtriser le comportement des deux protagonistes. Tortue de terre éléphantine *(Dispochelys elephantina)*
• Objectif 200 mm - 1/320 s à f/6,3 - MAP AF.

Photographier avec des scientifiques

Les biologistes américains Susan Pierce et Dave Augéri comptent, marquent les tortues terrestres éléphantines de l'océan Indien et déterminent leur sexe pour le Smithsonian Institute.

Le scientifique est un allié précieux pour le photographe animalier qui souhaite réaliser des reportages sur des sujets pointus. Une bonne compréhension mutuelle est importante, surtout lorsque le scientifique transmet des informations très techniques ou témoigne d'un comportement animal difficile à mettre en images. Méthodes d'approche et d'affût, maîtrise des très longues focales, gestion du matériel de piégeage photographique, expérience du terrain, aptitude à donner la meilleure image possible d'un sujet sont les principales attributions du photographe. Le chercheur doit apporter les informations nécessaires au reportage et faciliter les prises de vues : détailler sa démarche, souligner les comportements intéressants du sujet, indiquer le moment favorable aux images spectaculaires, repérer les paysages susceptibles de situer plus facilement les images. Quand le chercheur doit vous accompagner à l'autre bout du monde, déterminez préalablement les besoins en matériel et les impératifs pratiques sur place. Les attributions doivent être clairement définies quand on part plusieurs semaines à la recherche de sujets difficiles à photographier. Prévoyez notamment un éventuel fiasco : un animal qui ne se montre pas, des informations imprécises pour dénicher la perle rare ou un incident qui oblige à interrompre le voyage. Avoir un sujet en réserve, au cas où l'on ne pourrait traiter le premier, permet de pouvoir rentabiliser le déplacement.

Fruit du travail entre scientifiques et photographe, la photo d'une ponte de cette espèce est une première mondiale. Pour s'assurer de ne pas déranger l'animal, travailler avec des spécialistes est absolument indispensable.
Ponte de tortue terrestre éléphantine de l'océan Indien *(Dispochelys elephantina)*
• Objectif 50 mm - 1/60 s à f/11 - MAP MF - 2 flashes cobra en extension.

Les photos prises dans un zoo ou un parc animalier ont rarement la faveur des puristes. Pourtant, c'est une excellente école de photo animalière. On peut reprocher l'aspect potelé des animaux nourris aux cacahuètes par les visiteurs, mais quel plaisir de « tenir » un lion pour la première fois dans son viseur ! Et puis la captivité permet de saisir des détails quasi impossibles à photographier dans la nature : œil en gros plan, détail de griffes, graphisme d'une peau, dessin d'un pelage. Même les pros font parfois quelques entorses à la déontologie pour photographier un comportement rare dans la nature ou prendre en plein jour une scène habituellement nocturne. Les photos d'animaux captifs aident également le débutant à cerner les cadrages les plus esthétiques, à apprendre quel type de pelage « plante » la cellule de l'appareil ou à comprendre l'utilité du flash pour faire ressortir l'œil d'un oiseau au plumage noir.
Les lieux de captivité permettent aussi la différenciation des espèces. En matière de grands mammifères, c'est assez facile. Mais, en ce qui concerne les oiseaux, il faut davantage de connaissances pour distinguer à coup sûr l'aigrette garzette de la grande aigrette, la sterne caugek parmi des sternes pierre-garin, le fuligule milouin et le canard siffleur… En cas de doute, la visite régulière d'un parc ornithologique comme ceux du Marquenterre, en baie de Somme, ou du Tech, près d'Arcachon, s'impose. On y observe des oiseaux captifs, mais aussi des individus en totale liberté, séparés du public par des affûts parfaitement intégrés dans le milieu. Belle transition entre photo d'animaux de zoo et images de faune sauvage.

Le choix d'une lumière dure de début d'après-midi pour ce portrait renforce l'expression d'ennui de ce grand gorille de plaine.
Gorille de plaine *(Gorilla gorilla)*
• Objectif 300 mm + multiplicateur de focale x 1,4 - 1/60 s à f/8 - MAP MF.

CI-DESSUS
Prisonnier de ses barreaux et stressé par les agressions – innocentes mais constantes – des visiteurs, l'ours blanc du zoo tombe dans une léthargie qui lui offre sans doute un peu d'évasion intérieure. Cette image fait volontairement ressortir les barreaux pour souligner la tristesse de l'animal en captivité.
Ours polaire *(Ursus maritimus)*
• Zoom 28-105 mm - 1/60 s à f/11 - MAP AF.

CI-DESSOUS
Cet ours polaire sauvage de la baie d'Hudson (Canada) est plein de vie et ne pense qu'à se rouler sur la banquise.
Son pelage épais confirme la bonne santé d'un animal libre et bien dans sa peau : la photo ne laisse aucun doute.
Ours polaire *(Ursus maritimus)*
• Objectif 600 mm - 1/200 s à f/7,1 - MAP AF - Stabilisateur optique.

La photo en zoo et parc animalier

Les faibles distances de prises de vues dans un zoo privilégient les focales moyennes. Un zoom 80-200 mm permet d'affronter à peu près toutes les situations, avec la possibilité de passer du cadrage serré à la photo « en pied » de la plupart des espèces. Il est toutefois préférable d'avoir un modèle ouvert à f/2,8 pour noyer facilement les grillages et autres fonds disgracieux dans le flou. Si les mailles du grillage n'autorisent pas le passage de votre objectif, plaquez votre zoom contre elles et ouvrez le diaphragme au maximum. Il subsiste parfois une impression de moirage sur la photo, mais elle est peu discernable en pratique. Dans le périmètre réservé aux fauves, les grillages laissent place à des vitres : plaquez votre objectif dessus afin de minimiser les reflets. Attention, l'épaisseur des verres feuilletés et les saletés en surface diminuent la définition de l'optique : éliminez les traces de doigts qui marquent la vitre de votre côté. Le plaquage de l'objectif (ou de son pare-soleil) sur la surface transparente permet de photographier au flash sans reflets indésirables.
Dans les parcs animaliers, l'environnement gagne en naturel et le recul est plus important. Selon la conception du parc, la focale utile va de 200 mm à 500 mm. Les parcs ornithologiques en milieu ouvert sont les plus exigeants en matière de focale : beaucoup d'oiseaux se tiennent à distance des affûts,

Les zoos permettent la découverte d'espèces exotiques et favorisent les gros plans d'animaux rares. Cependant, les pensionnaires, souvent âgés et engraissés au pop-corn, n'ont souvent plus l'aspect de leurs congénères sauvages.
Gibbon à favoris blancs et son jeune *(Hylobates concolor leucogenys)*
• Objectif 300 mm - 1/250 s à f/5,6 - MAP AF.

trop bruyants les jours d'affluence. Ces réserves sont prisées des photographes animaliers qui apprécient l'absence de grillages dans les postes d'observation et le comportement naturel des oiseaux observés. Les parcs consacrés aux grands mammifères sont grillagés. Heureusement, les mailles sont assez larges dans la zone des herbivores. Certains parcs sont dotés de miradors permettant l'observation directe. L'angle de prise de vues est toujours en plongée, mais c'est préférable aux barrières ! Un 300 mm convient très bien pour réaliser des photos de grands mammifères. Comme dans la nature, il y a des heures pour faire de belles images dans les réserves animalières. L'idéal est de s'y rendre à l'ouverture, très tôt le matin, dans le but d'observer des animaux actifs et d'être le premier à effectuer le parcours.

Dans la journée, les pensionnaires sont soit assommés par la chaleur, soit stressés par le passage incessant du public. Autre moment de choix : la dernière heure avant la fermeture. La lumière est belle et les animaux plus tranquilles une fois l'affluence dispersée. Dans certains parcs, il est possible de faire le parcours à l'envers afin de laisser derrière soi les derniers visiteurs qui achèvent leur visite. À moins de sympathiser avec les responsables du parc, évitez tout de même de vous trouver en plein milieu du parcours lors de la fermeture…

Les zoos sont une excellente école pour perfectionner sa technique en portrait animalier. On y apprend à repérer des expressions et des postures inhabituelles. Ara bleu et jaune *(Ara ararauna)* • Objectif 135 mm - 1/250 s à f/2,8 - MAP MF.

Les aquariums publics

La faible luminosité des aquariums publics oblige à se stabiliser au maximum et à utiliser des films sensibles. Évitez de photographier après le nourrissage, qui augmente la turbidité de l'eau. Aquarium de Touraine • Zoom 28-105 mm - 1/125 s à f/6,3 - MAP MF.

Les aquariums publics sont des espaces intéressants pour la photo : les animaux sont totalement habitués à leur environnement, et celui-ci est conçu pour le plaisir des yeux. Le principal écueil technique est de photographier à travers des vitres épaisses, rendues obligatoires par les normes de sécurité dans les lieux publics. La qualité d'image est aussi affectée lorsque des traces de doigts maculent le verre (prévoyez un chiffon) ou, pire, quand l'eau n'est pas parfaitement propre (algues, etc.). Évitez les prises de vues dans l'heure qui suit le nourrissage des poissons : la turbidité de l'eau (particules en suspension) est telle qu'il est impossible de réussir les photos.

Sur place, le flash est rarement autorisé, ce n'est pas bien grave, puisqu'un éclair frontal envoyé à travers la vitre ferait ressortir de façon caricaturale la turbidité de l'eau. Faites vos photos en lumière ambiante, avec un film négatif couleur sensible (de 400 à 800 ISO). La vitesse d'obturation obtenue est lente et le diaphragme grand ouvert, mais la qualité optique potentielle est largement suffisante,

surtout face au nivellement par le bas engendré par les glaces de l'aquarium. Pour supprimer les éventuels reflets, montez un pare-soleil en caoutchouc sur votre objectif et plaquez-le contre la vitre.

Les rapports de grandissement proches de la macrophotographie et le faible contraste dans l'eau interdisent l'usage de la mise au point AF. Faites le point manuellement en suivant le sujet s'il est tranquille. En cas d'agitation, attendez son passage dans le plan de netteté pour déclencher.

Un brochet surpris lors d'un de ses passages devant la paroi vitrée. Plaquez votre objectif contre l'aquarium pour supprimer les reflets gênants et travaillez en film haute sensibilité (400 ISO minimum).
Brochet *(Esox lucius)*
• Objectif 50 mm - 1/60 s à f/3,5 - MAP MF.

La pullulation des goélands à proximité des grandes villes côtières déséquilibre l'écosystème local. Beaucoup d'oiseaux nichant sur le littoral limitrophe subissent des assauts incessants et une forte prédation des jeunes par les goélands.Dubrovnik (Croatie) • Objectif 300 mm - 1/350 s à f/40 - MAP MF.

Les citadins trop occupés finissent par oublier la faune des villes qui gravite autour d'eux. Dans de grandes villes comme Paris, Lyon ou Marseille, on rencontre des espèces franchement inattendues : faucons, corbeaux, pies, fouines, chauves-souris et lapins, qui habitent des zones de verdure, des terrains vagues et même des tours de cathédrales ! Tout ce petit monde, habitué à évoluer discrètement, se montre à l'heure où la ville sommeille. Le banlieusard qui rencontre Dame Fouine devine rarement quel est ce drôle d'animal aperçu lors de la promenade du soir avec Médor. Seuls les oiseaux restent actifs durant la journée, mais dans des endroits inaccessibles aux cohortes de passants pressés. Il faut jouer le touriste dans les tours de Notre-Dame de Paris pour observer les faucons à la poursuite de moineaux dopés au gaz d'échappement.

Deux solutions pour photographier ces lutins des villes : les attirer dans un jardin ou partir à la billebaude avec un téléobjectif moyen (entre 200 et 300 mm – ajoutez un flash pour les sorties nocturnes). Les oiseaux sont relativement faciles à photographier, surtout quand ils se concentrent autour d'un monument ou d'un site de nidification. Pour les mammifères, c'est plus délicat, car la rencontre avec un mustellidé est imprévisible. La solution ? Faites vos repérages lors de vos sorties avec Médor, et revenez « affûter » depuis votre voiture dans le territoire de la fouine. Normalement, elle fait sa tournée à peu près aux mêmes heures… mais attention, l'animal disparaît en un clin d'œil.

Aux Indes, les vaches sacrées sont des hôtes courants des rues citadines. Un sujet à traiter sous l'angle de leurs rapports avec les habitants.
Ville de Bharatpur (Inde)
• Zoom 28-105 mm - 1/100 s à f/9 - MAP MF.

Les animaux domestiques

Photographier des animaux domestiques peut paraître un jeu d'enfant au spécialiste des prises de vues d'animaux sauvages, et pourtant ! Le joli matou « bien élevé et pas capricieux pour un sou » devient un véritable cauchemar dès qu'il repère l'appareil et reçoit son premier éclair de flash : il ne reste pas en place, griffe, souffle, crache... Un lion en pleine savane est bien plus tranquille. Avant toute prise de vues d'un animal domestique, il faut le séduire et s'attirer ses grâces. Demandez à ses maîtres quelle gourmandise le fait craquer, s'ils peuvent être présents pendant la séance et, surtout, de ne pas oublier son panier ou son jouet préféré quand les photos sont prises en studio. Ensuite, lancez quelques éclairs à puissance réduite sans regarder le chat. Si vous êtes patient, il doit normalement s'habituer à votre stratagème... cela dit, j'ai connu des minets tellement récalcitrants qu'il a fallu changer d'individu.

Lors de prises de vues professionnelles, le photographe a l'avantage de pouvoir faire son « casting » en tenant compte du comportement de l'animal. L'« acteur » retenu doit être particulièrement serein lors de poses avec des personnages, et notamment avec les enfants. Dans cette situation, évitez le recours au flash avec un animal inconnu et privilégiez les longues focales (de 180 à 200 mm), qui permettent de travailler à distance respectable sans le perturber. Ne comptez pas faire poser votre sujet plus de quelques minutes. Seules les bêtes spécialement dressées en vue de tournages sont capables de subir les assauts d'un photographe relativement longtemps.

Les chiens sont nettement plus faciles à « dompter » : un gâteau, quelques tapes amicales sur les cuisses et deux ou trois « grat-

Les chiens étant des animaux très photographiés, il est utile de choisir un arrière-plan inhabituel pour donner de l'impact à l'image.
• Objectif 300 mm - 1/200 s à f/7,1 - MAP AF.

À DROITE
L'autofocus prédictif permet de suivre la trajectoire du cheval sans perdre la mise au point.
• Objectif 300 mm - 1/500 s à f/7,1 - MAP AF.

Ici, la posture du chat et l'endroit inhabituel créent la dynamique de l'image. Le classique matou ensommeillé dans un endroit confortable a peu d'intérêt esthétique.
• Objectif 200 mm - 1/100 s à f/7,1 - MAP AF.

A DROITE
Au Népal, l'éléphant d'Asie est un animal domestique comme les autres. Vue d'Europe, cette photo montre plutôt un animal sauvage entravé : une image facile à réaliser, qui véhicule pourtant un puissant message écologique.
Éléphant d'Asie *(Elephas indicus)*
• Zoom 28-105 mm - 1/200 s à f/8 - MAP AF. Photo : Houria Arhab.

touilles » sur les côtes, et Médor sera acquis à votre cause. Il subsiste tout de même une difficulté : la tendance du chien à quitter sans cesse la pose pour renifler l'appareil photo ou vous faire une déclaration affectueuse un peu trop démonstrative. Faire preuve d'autorité est une solution envisageable avec les chiens éduqués dans ce sens. Avec un bon gros toutou cajolé, faites plutôt appel à un personnage – à inclure ou non dans la composition – pour tenir ce gai luron en place.

Les prises de vues organisées à l'extérieur peuvent être effectuées à l'insu de l'animal. Faites-le évoluer sous les ordres de son maître et prenez vos photos au téléobjectif (200 ou 300 mm). La nourriture est toujours un bon moyen de diriger l'animal, par exemple en plaçant des croquettes aux points stratégiques du circuit. Si votre sujet est un chat, habituez-le quelques jours avant la séance à aller chercher des gourmandises où vous le voulez, et il devrait faire son tour sans problème au moment voulu.

La nourriture reste l'unique solution pour guider les autres animaux domestiques (oiseaux, hamsters, cochons d'Inde, tortues terrestres), dans la mesure où ils sont rarement dressés. L'idéal est de concevoir un circuit au sol avec des objets – visibles ou invisibles sur la photo – pour conduire le hamster ou le cochon d'Inde à l'endroit souhaité.

Les oiseaux se photographient de préférence en volière, dans un environnement auquel ils sont habitués : placez fonds et flashes à proximité d'une mangeoire. Si l'oiseau panique un peu aux premiers éclairs, il s'y habitue relativement vite : les flashes à mesure automatique par coupure d'éclair sont moins traumatisants que les flashes manuels gérés par le diaphragme à pleine puissance.

LA PHOTOGRAPHIE DE PAYSAGE

Le paysage est un sujet à part entière pour le photographe épris de nature. Il peut être photographié pour sa beauté intrinsèque, dans le but de montrer les détails d'un milieu ou tout simplement pour figurer en second plan derrière le sujet principal. Dans tous les cas, une belle photo de paysage doit être parfaitement nette et riche en détails, surtout en ce qui concerne les matières minérales et végétales. Ce qui pousse le photographe à utiliser le matériel et les films les plus performants possible.

Le matériel utile au photographe paysagiste varie en fonction de la destination des images et du niveau qualitatif souhaité. Un boîtier 24 x 36 équipé d'une optique performante permet de réaliser des vues très piquées. Il ne faut certes pas espérer restituer les matières aussi bien qu'avec un appareil moyen format de qualité, mais, à des taux d'agrandissement modérés, un cliché 24 x 36 donne des résultats étonnants pour une si petite surface d'émulsion. L'utilisation d'un film à grain ultrafin (inversible couleurs ou négatif noir et blanc) est ici absolument indispensable : la finesse du grain favorise le modelé des matières et multiplie les chances de tirer la quintessence de l'optique.

Le moyen format comprend le matériel conçu pour exposer des films 120 et 220 en bobines, utilisées dans les formats de négatif (en cm) : 4,5 x 6 - 6 x 6 - 6 x 7 - 6 x 8 - 6 x 9 - 6 x 17 panoramique. Certains appareils panoramiques produisent sur cartouche 135 (film 24 x 36) des clichés assimilables à du moyen format. Les clichés mesurent 24 x 65 mm, surface qui correspond à un négatif 6 x 7 cm auquel on aurait coupé une bande en haut et en bas. La supériorité qualitative du moyen format tient uniquement à la surface de film bien supérieure à celle du 24 x 36. Pour comparaison, le format 6 x 7 – dont les dimensions sont, en fait, 56 x 72 mm – offre une surface d'émulsion de 4 032 mm^2,

Le fameux panorama de l'île de La Digue (Seychelles). Un paradis pour le fou d'images et de paysages. La gestion de la profondeur de champ est essentielle pour un rendu correct du site.
• Objectif 20 mm - 1/80 s à f/14 - MAP AF.

Les différents formats de film

Les différents formats de film

Ambiance bucolique dans la « Venise verte » du Marais Poitevin. L'appareil stabilisé sur monopode permet d'étendre la profondeur de champ sans risquer le bougé.
• Zoom 28-135 mm - 1/30 s à f/14 - MAP AF - Monopode.

contre 864 mm^2 en 24 x 36. On bénéficie donc de 4,7 fois plus de surface d'émulsion pour restituer les détails quand on photographie en 6 x 7 au lieu du 24 x 36. Contrairement à un préjugé largement répandu, l'objectif n'est pour rien dans cette supériorité qualitative. Les optiques développées pour un cercle image moyen format offrent moins de définition qu'un objectif conçu pour couvrir la surface du 24 x 36 : à agrandissement égal de la surface d'émulsion, le cliché 24 x 36 sort largement vainqueur. Il faut bien remplir le cadre image avec son sujet pour profiter pleinement des apports du moyen format... cela reste valable pour le 24 x 36 !
Sauf exceptions, les appareils moyen format sont rustiques face aux reflex 24 x 36. En revanche, ils offrent une modularité inconnue dans le petit format : chaque boîtier est un puzzle dans lequel on peut séparer objectif, viseur, dos-magasin à film et moteur. Il suffit de posséder plusieurs dos-magasins pour passer d'un type de film à un autre en cours de bobine. Un volet amovible protège le film de la lumière du jour. *Idem* côté viseurs : on passe d'un viseur pliant à un prisme en quelques secondes. Cette modularité – associée au modelé d'image offert par le moyen format – justifie à elle seule l'intérêt que portent les pros et les amateurs exigeants à ces drôles d'appareils photo.

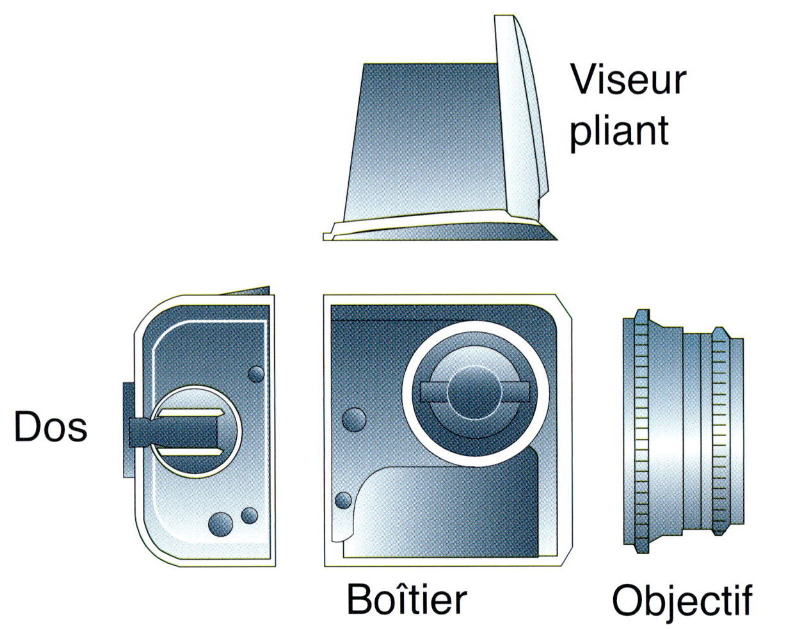

Les reflex mono-objectif moyen format sont pour la plupart modulaires. C'est-à-dire que le boîtier permet de changer les accessoires qui composent l'appareil : viseur, dos-magasin, objectif, moteur.

Dans la hiérarchie de la qualité d'image, le grand format tient la vedette. Ici, on ne parle plus d'appareil, mais de chambre photographique. Les films en rouleaux – pas assez rigides, compte tenu des surfaces d'émulsion – laissent la place aux plans films. Et l'on n'envisage même pas de faire des photos à la volée, puisqu'il faut recharger la chambre entre chaque prise de vues. La pratique du grand format est aussi un retour aux sources de la photographie classique : en dehors de quelques points de détails, les chambres ont très peu évolué depuis cinquante ans.
Une chambre grand format est composée de deux planchettes mobiles montées sur un rail et reliées par un soufflet étanche à la lumière. Sur la planchette avant prend place l'objectif, doté de son propre obturateur central. La planchette arrière est équipée d'un verre dépoli destiné à la visée (inversée haut/bas et gauche/droite), lui-même étant monté sur un système à ressort qui permet de l'écarter pour insérer le châssis préalablement chargé de deux plans films (l'un devant, l'autre derrière).
La procédure de prise de vues est longue, mais elle laisse une liberté d'intervention totale sur l'image :

Les différents formats de film

- ouverture de l'obturateur en pose « T » (une pression, il s'ouvre ; une seconde, il se referme) pour laisser passer l'image vers le dépoli ;
- mise au point approximative par déplacement du corps avant ou arrière ;
- mise au point fine à l'aide d'une loupe x 10 sur le dépoli ;
- verrouillage des deux corps ;
- fermeture de l'obturateur ;
- insertion du plan film chargé ;
- armement de l'obturateur ;
- reports du diaphragme et de la vitesse mesurés au posemètre manuel ;
- extraction du volet de sécurité du châssis (il empêche de voiler le plan film lors des manipulations) ;
- déclenchement de l'obturateur ;
- remise en place du volet de sécurité sur le châssis ;
- retournement du châssis pour effectuer une deuxième prise de vues identique à la première... ou retour à la case départ pour un

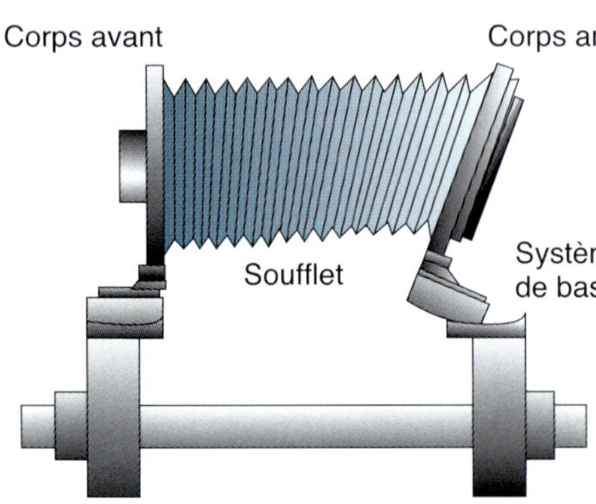

La chambre photo est certes empirique dans sa conception, mais elle offre un tel format d'image et une telle palette de possibilités qu'elle est irremplaçable.

Les manchots créent involontairement une fuyante naturelle qui donne tout son dynamisme à la composition.
Manchots royaux *(Aptenodytes patagonica)*
• Objectif 20 mm - 1/250 s à f/11 - MAP AF.

Présentation des 6 formats en grandeur réelle

Format 24 x 36 mm

Moyen format 6 x 6 cm

Moyen format 6 x 9 cm

Format panoramique 6 x 17 cm

changement de sujet !
Cela n'intègre pas la gestion des décentrements et des bascules, un peu plus complexes, qui font cependant tout le charme des paysages photographiés en grand format. La taille des images est indiquée en centimètres, sauf pour le format 4 x 5 *inches*, exprimé dans l'unité américaine. On trouve donc les formats 4 x 5 *inches* (10,1 x 12,7 cm), 13 x 18 cm, 18 x 24 cm et 20 x 25 cm. Il existe aussi des chambres capables d'exposer des plans films de 30 x 40 cm et même de 50 x 60 cm, mais ce sont des outils étudiés pour des besoins spécifiques.
Pourquoi les pros et les paysagistes font-ils appel à de telles chambres photo alors que le moyen format donne de si belles images ? Parce qu'en matière de photos de paysages, le

Moyen format 6 x 7 cm

Format 4 x 5 inches (10,1 x 12,7 cm)

grand format est imbattable : il offre un modelé et une finesse d'image extraordinaires. Un plan film révèle des détails inaccessibles à tous les appareils de format inférieur. Les affiches 4 x 3 m exposées sur la voie publique, les photos géantes dans les halls d'exposition, les pleines pages de magazines qui fourmillent de détails sont réalisées à la chambre grand format. Bien sûr, il n'est pas drôle de passer vingt minutes à mettre en batterie son appareil photo, mais il faut prendre son temps pour apprécier comme il se doit un paysage.

Et quand le plan film sort de la machine de développement, quelle image fantastique ! On comprend alors pourquoi des paysagistes de renom tels Ansel Adams et David Muench ont tous utilisé – ou utilisent encore – le grand format.

N'oubliez pas votre trépied

Quel que soit le format choisi, la photo de paysage doit impérativement être effectuée sur trépied. On peut certes prendre de belles photos à main levée, mais c'est toujours au détriment de la qualité : si votre photo est belle sans trépied, elle aurait été parfaite avec ! Le trépied ne procure pas seulement de la stabilité, il facilite la gestion du cadrage au millimètre près. Grâce à lui, l'horizon est vraiment… horizontal, les détails gênants sont faciles à éliminer du cadre, la profondeur de champ se contrôle avec précision, il devient possible de produire la même vue en plusieurs exemplaires, l'appareil reste en place quand on déplace une branche gênante à quelques mètres, tout risque de mouvements imperceptibles (ceux qui affectent les micro-contrastes) est supprimé… Une liste extensible quasiment à volonté. Si vous ne possédez pas encore de trépied, choisissez-en un dans les modèles rigides et assez lourds pour supporter un gros téléobjectif. Gitzo et Manfrotto sont les marques les plus communes chez les spécialistes de la photo naturaliste.

Quand une très grande profondeur de champ est nécessaire, le trépied permet de s'affranchir de la vitesse d'obturation basse. Il offre également une grande précision de cadrage, avec la possibilité de faire plusieurs vues strictement identiques.
Île de Mahé (Îles Seychelles)
• Objectif 24 mm - 1/60 s à f/22 - MAP MF - Trépied.

Des objectifs pour le paysage, choisir la focale adaptée...

Le *fish-eye* produit des photos spectaculaires grâce à la forte distorsion et à l'angle de champ incroyable qu'il offre (180°). Avec un sujet au tout premier plan, les images au *fish-eye* créent une dynamique extrême, très utile pour donner du relief à un paysage un peu plat.
• Objectif 16 mm *fish-eye* - 1/60 s à f/22 - MAP MF.

La qualité de l'objectif est essentielle : un paysage est apprécié pour le rendu de ses détails et des matières qui le composent. Les focales fixes donnent les meilleurs résultats, grâce à leur piqué irréprochable et à la correction poussée de la distorsion. L'optique du paysagiste doit maintenir ses performances aux ouvertures les plus faibles, pour favoriser la gestion de la profondeur de champ. Photographier à f/16 ou f/22 sans perte de définition notable est indispensable lorsqu'on compose une prise de vues avec un premier plan rapproché (fleurs, animal).
La luminosité de l'optique est généralement secondaire, puisqu'on travaille presque toujours sur trépied. De toute façon, les focales fixes d'ouverture modeste sont au moins aussi lumineuses que les zooms performants

(f/2,8 en moyenne). On fait également de très bonnes images avec des zooms haut de gamme, mais la distorsion – impossible à corriger complètement sur une focale variable – déforme toujours les lignes droites, notamment l'horizon courbé dans le sens de la distorsion (coussinet ou barillet). En revanche, le piqué et les performances des zooms pros jusqu'aux diaphragmes fermés n'ont rien à envier aux focales fixes. Le photographe qui ne veut pas remettre en question l'apport pratique de son zoom peut toujours conserver une focale fixe (24 mm, par exemple) destinée aux paysages où l'horizon est bien droit. Quand la ligne d'horizon est masquée par des reliefs, la distorsion du zoom est noyée dans les détails.

Parmi les focales fixes, celles à décentrement et à bascule méritent l'attention des paysagistes. Il s'agit d'optiques très spécialisées, conçues à l'origine pour l'architecture et la photographie d'objets en volume. Elles ont la particularité de couvrir un champ image bien supérieur au format 24 x 36, ce qui autorise le décentrement du groupe optique par un rail micrométrique intégré au corps de l'objectif. Le décentrement plus ou moins accentué redresse les perspectives des fuyantes verticales : sur les optiques classiques, la visée en contre-plongée projette les sujets verticaux vers l'arrière. La dynamique d'un paysage composé d'arbres, de montagnes ou de gros rochers est ainsi respectée.

Autre atout maître de ces optiques, la possibilité de faire basculer le groupe optique autour de son centre pour incliner le plan de netteté. Cela permet, par exemple, d'aligner le plan net avec le sol afin d'obtenir une profondeur de champ infinie. Cette méthode est largement mise à profit par les paysagistes qui œuvrent avec des chambres grand format, dont les possibilités de bascule et de décentrement sont encore plus étendues. La plupart des grandes marques ont des objectifs à décentrement, mais seuls Canon et Nikon proposent également les bascules.

À quelques exceptions près, les zooms n'existent pas en moyen format. Les focales fixes de la plupart des marques sont très performantes. Cela dit, soyez rigoureux au moment du choix, car les prix sont beaucoup plus élevés qu'en 24 x 36.

Pour le grand format, le choix d'une optique doit intégrer sa couverture : plus l'objectif couvre un champ large, plus vous pouvez jouer sur les mouvements de la chambre. En outre, un objectif à grande couverture autorise l'usage d'une planchette arrière de format supérieur sur les chambres modulaires.

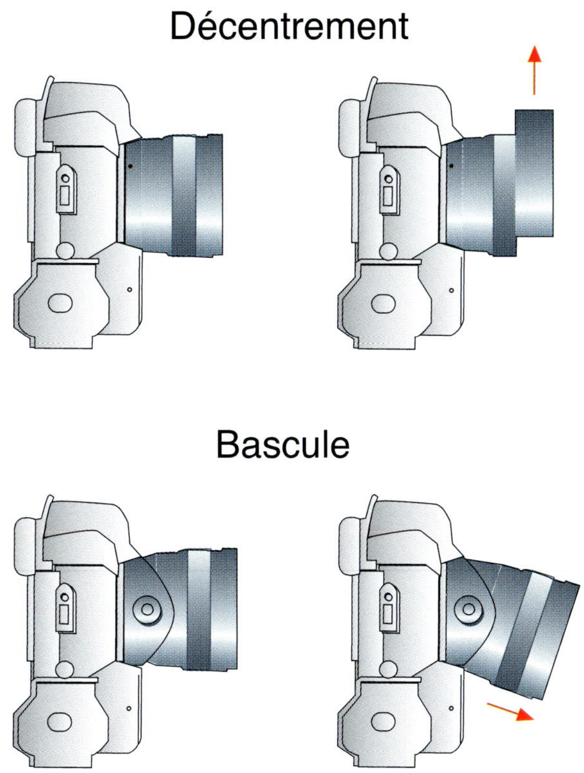

Décentrement : il permet de cadrer un grand sujet sans relever l'appareil vers le haut : le plan du film reste parallèle au sujet. On s'affranchit ainsi des déformations de perspectives vers l'arrière.

Bascule : les objectifs pourvus de bascule autorisent l'inclinaison du plan de netteté. On obtient ainsi une profondeur de champ apparente beaucoup plus étendue.

La lumière

La différence entre un paysage réussi et un paysage raté tient presque toujours à la lumière. C'est pourquoi le photographe doit déterminer les moments de la journée propices à la réalisation d'images intéressantes.
Quand le brouillard est absent, les lumières matinales sont les plus pures. Les rayons du soleil, encore bas sur l'horizon, traversent une couche atmosphérique épaisse, favorable aux tons chauds. On n'est certes pas dans les rouges orangés de fin de journée, mais dans un camaïeu de tonalités jaunes qui contraste avec les ombres refroidies par le bleu du ciel. Un film diapositive saturé donne alors des images agréables et détaillées.
Quand les brumes matinales s'attardent, le soleil offre un fantastique spectacle de couleurs. Du jaune au rose, en passant par le violet, c'est presque tout le spectre lumineux qui se décompose dans les gouttelettes vaporisées. Là, un film diapositive standard donne tout son potentiel. Il est cependant recommandé de doubler ou de tripler les prises de vues à des ouvertures différentes (± 1 IL) pour obtenir des rendus variés d'une même vue (*bracketing*).
En fin de matinée, le voile atmosphérique s'installe dans les vallées. Il est bleu, presque opaque et peu esthétique. On peut toutefois le mettre à profit dans une composition où l'horizon bleuté suggère l'éloignement derrière un joli premier plan. Il est également possible de le minimiser partiellement à l'aide du filtre polariseur. À l'approche de la mi-journée, le soleil au zénith « plombe » à la verticale : les ombres dures disparaissent sous les sujets et les hautes lumières sont « grillées ». C'est la plus mauvaise heure pour prendre des photos de paysages.
Les affaires photographiques reprennent vers 16 heures. Le soleil, qui entame sa longue descente vers l'ouest, commence à réchauffer ses rayons tout en allongeant délicatement les ombres. Méfiez-vous toutefois des ombres découvertes quand le ciel est totalement dégagé : elles sont denses et nimbées d'un bleu très laid (température de couleurs proche de 12 000 K). Préférez les jours où quelques nuages blancs diffusent et réfléchissent la lumière solaire sur les ombres, un peu à la manière de réflecteurs placés çà et là dans le ciel. L'éclairage est alors plus homogène entre les zones éclairées et les points d'ombre. Les films standard sont parfaitement adaptés, mais une petite sous-exposition de – 0,5 IL contribue à donner de la matière aux hautes lumières.
C'est à partir de 18-19 heures que le ciel offre son plus beau spectacle. La couche atmosphérique, qu'il traverse presque latéralement, réchauffe les rayons solaires vers le jaune orangé. Les matières minérales sont mises en valeur, surtout avec une exposition réglée sur les hautes lumières. Il ne s'agit pas de faire toutes les photos à – 1 IL, mais de saturer une prise de vues de temps à autre (*bracketing*), sur un paysage minéral aux roches claires, par exemple. Les utilisateurs de films diapositive très saturés doivent se limiter à – 0,5 IL, car ces émulsions sont souvent moins sensibles que la valeur indiquée par le fabricant.

Les roches mises en valeur par la lumière chaude laissent deviner les strates qui composent leurs dépôts calcaires.
Péninsule de Valdès (Argentine)
• Zoom 28-105 mm - 1/200 s à f/13 - MAP AF.

Cadrer un paysage, c'est d'abord choisir le point de vue qui offre la plus belle perspective sur le sujet. Selon le paysage, on peut opter pour un point de vue élevé, qui « étale » chaque plan dans la composition, ou, au contraire, tasser les plans en cadrant presque au ras du sol. Dans le premier cas, l'horizon, placé dans le haut de l'image, donne une valeur esthétique secondaire au ciel. Le soleil couchant peut toutefois lui redonner de l'importance, et même devenir le point fort de la photo. La seconde option met le ciel en avant, surtout s'il est composé de jolis nuages sur un fond bien bleu. Le changement de focale effectué sans modifier le point de vue conserve la perspective originale. Il agit comme un recadrage d'une portion de photo à l'agrandisseur.

Cadrer, c'est aussi choisir la plus belle partie du paysage tout en masquant les zones et les détails inesthétiques. La grande surface visée oblige à un effort d'attention pour repérer le fil électrique, le poteau ou la voiture qui gâte l'harmonie du sujet. Habitués que nous sommes à surveiller l'afficheur du viseur et les collimateurs autofocus, il nous faut nous forcer à faire le tour du cadre afin de ne rien laisser passer ; un détail gênant en plein milieu du cadre se masque facilement avec un arbre ou un rocher. À force d'attention, l'œil détecte presque automatiquement le cadrage harmonieux et le détail disgracieux.

La composition judicieuse d'un paysage respecte deux critères élémentaires : le sens de lecture et la mise à profit des fuyantes. La lecture de la photo s'effectue de gauche à droite. C'est pourquoi la composition basique place le sujet principal de la photo au point fort haut-droit sur cadre. Il suffit de séparer le rectangle image en tiers verticaux et horizontaux pour matérialiser les points forts situés aux intersections des lignes.

Dans une composition plus élaborée, la position stratégique du point haut-droit peut être tenue par un sujet secondaire, qui dirige le regard vers le sujet principal à l'aide de lignes géométriques. Cette ligne est souvent une fuyante, ce qui ajoute une notion de profondeur très intéressante pour donner du relief à la photo. La fuyante la plus évidente est celle qui fait partir deux lignes du bas de l'image et les fait converger vers le tiers haut-droit. Mais le jeu des fuyantes naturelles (bordure d'un lac, alignement d'arbres, ligne de faîte) autorise des compositions beaucoup plus esthétiques. Selon la hauteur du point de vue, le cadrage vertical augmente l'effet des fuyantes frontales, alors que le cadrage horizontal valorise les lignes qui coupent l'image dans sa diagonale.

Les lignes en zigzag, qui partent du premier plan vers le point fort, donnent toute sa majesté à cet étonnant rocher à l'équilibre précaire.
Devil's Marble (Australie)
• Objectif 24 mm - 1/500 s à f/8 - MAP AF.

La profondeur de champ

Lutte contre la prolifération de la jacinthe d'eau dans la réserve de Bharatpur (Inde). Le choix d'une petite ouverture de diaphragme permet d'intégrer le premier plan rapproché dans la zone de netteté. Le contrôle visuel au testeur de profondeur de champ est indipensable.
• Objectif 24 mm - 1/30 s à f/22 - MAP AF.

La photo de paysages ne souffre aucune approximation : tout doit être net, du premier à l'arrière-plan. Pour englober à la fois le premier plan et l'horizon dans la zone de netteté, sélectionnez une petite ouverture de diaphragme (de f/11 à f/22). La diffraction qui apparaît à ces ouvertures diminue certes le piqué de l'objectif, mais cette perte est préférable au manque de netteté sur l'un des plans de l'image. Les effets de la diffraction sont d'autant plus préjudiciables que le diaphragme est fermé : préférez f/11 à f/16, et f/16 à f/22. Le contrôle de l'étendue de la netteté à l'aide du testeur de profondeur de champ permet d'opter pour le diaphragme qui offre le meilleur compromis. La profondeur de champ maximale est atteinte grâce au réglage de la bague de mise au point sur l'hyperfocale (voir « Techniques photographiques ») : tout est net de la moitié de la distance hyperfocale jusqu'à l'infini. Seules les chambres et les optiques dotées d'un mouvement de bascule autorisent une zone nette apparente plus importante que celle obtenue avec l'hyperfocale. Il ne s'agit plus d'une augmentation réelle de la profondeur de champ, mais de l'inclinaison vers l'avant du plan de netteté. Quand le plan du film, le plan de l'optique et celui du sujet (le sol) se croisent sur le même point imaginaire, la

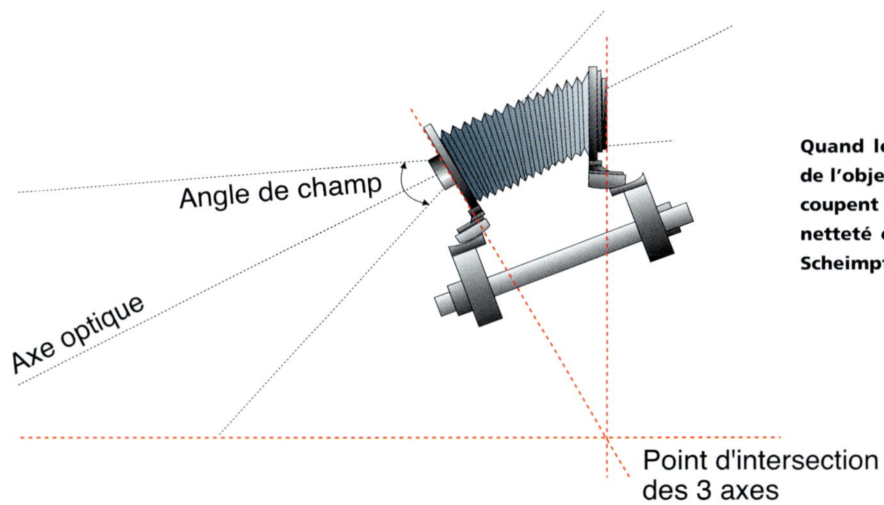

Quand le plan du film, celui de l'objectif et celui du sol se coupent en un même point, la netteté est maximale (loi de Scheimpflug).

zone nette est parallèle au sujet (loi de Scheimpflug).
Avec un téléobjectif, une faible profondeur de champ est mieux acceptée en paysage. Un arrière-plan flou tassé derrière le sujet net renforce son impact. L'effet est d'autant plus réussi que la masse à l'arrière-plan est grande et spectaculaire. Un téléobjectif à importante ouverture est préférable, car il produit un flou assez dense. Pour un arrière-plan bien fondu, ouvrez le diaphragme de l'objectif : le trou rond de la pleine ouverture génère des flous plus doux que les six ou huit lamelles d'un iris courant. Avec une profondeur de champ aussi faible, photographiez le premier plan d'assez loin (faible rapport de reproduction), sinon le fond sera trop flou pour être identifiable.

Les premiers plans

Un paysage pris au grand-angle est repoussé dans le lointain et perd de sa lisibilité. L'introduction d'un premier plan significatif au bord de l'image rend visuellement acceptable cet éloignement, crée une profondeur très dynamique et peut également apporter des informations sur la nature des matières minérales et de la végétation qui composent le paysage. Pierres, fleurs, herbes constituent en outre d'excellents points de départ de fuyantes et augmentent encore l'effet de relief. Pour que l'information donnée par le premier plan soit valable, il doit être de même nature que le reste du terrain. Si l'effet recherché est purement créatif, peu importe sa nature pourvu qu'il soit assez esthétique. Dans ce cas, mieux vaut miser sur les oppositions de couleurs ou de masses pour donner de l'impact au premier plan. Dans la photo naturaliste, le premier plan idéal est l'animal. Il est parfaitement intégré à son milieu et son impact visuel est beaucoup plus fort que celui d'un rocher ou d'un massif de fleurs. Selon le recul dont on dispose, la composition peut être photographiée aussi bien au grand-angle qu'au téléobjectif. Par exemple, on fait de superbes paysages au 600 mm dans le Serengeti, d'autant que ses plaines abritent une foule d'animaux. En revanche, le super grand-angle procure des perspectives inhabituelles en photo animalière, mais l'approche à très courte distance demande beaucoup de patience !

Le graphisme

Le graphisme en photo, c'est l'harmonie des lignes géométriques, des couleurs et des formes. C'est l'émotion ressentie face à cette magie qui crée des structures incroyablement subtiles avec le hasard pour simple outil. Dans la nature, le graphisme est partout présent : branches d'arbre entrelacées, herbe isolée qui dessine des cercles dans le sable, traces d'insecte dans la boue, structure d'une feuille mangée par les chenilles, courbes sculptées par l'eau dans la roche, arbre solitaire dans un champ nu, silhouette éphémère au milieu d'un nuage.
La beauté d'une ligne vous semble évidente alors qu'une autre personne ne la perçoit pas : la sensibilité au graphisme se cultive. Il faut avoir l'œil entraîné pour saisir la féminité de certaines courbes, l'originalité d'une opposition de couleurs, ou pour déceler un dégradé de formes étonnant dans une succession de crêtes.
Comme certains dessinateurs font un portrait en quelques traits de crayon, le graphiste aguerri retrouve une foule de symboles dans des sujets parfois totalement dépouillés. La recherche d'éléments graphiques est aussi une excellente école de composition, notamment quand il s'agit d'occuper harmonieusement l'espace image avec une branche ou un simple caillou.

Le parc de Namib-Naukluft (Namibie) offre une foule de sujets à l'amateur de graphisme. Les lignes croisées des dunes, et leur échelle monumentale opposée aux arbres rabougris du désert, créent des contrastes saisissants.
• Zoom 100-400 mm - 1/60 s à f/13 - MAP AF.

La couleur

Au coucher du soleil, la lumière change très vite de couleur : « À peine cinq minutes… et un diaphragme séparent ces deux photos. Pourtant, le rendu de couleur a déjà bien évolué vers les tons chauds rougeoyants ». Masaï-Mara (Kenya) • Objectif 600 mm - 1/60 s à f/8, puis f/5,6 - MAP MF.

Les couleurs des paysages varient surtout avec les saisons et l'ensoleillement. La végétation est la principale source de couleurs dans le paysage, mais l'angle sous lequel éclaire le soleil change aussi avec la saison. Presque vertical à la mi-journée estivale, il reste bas sur l'horizon au plus fort de l'hiver. La journée elle-même voit la lumière passer par un grand nombre d'atmosphères différentes. Choisir sa période et son moment de prise de vues équivaut donc à sélectionner les teintes qui vont enrichir la photo. Un photographe exigeant n'hésite d'ailleurs pas à attendre une saison particulière pour commencer son travail : prenez des notes qui vous aideront à mémoriser la meilleure période pour photographier vos paysages préférés.

L'été se couvre des verts denses des forêts humides et du jaune sec des herbes brûlées par le soleil. La lumière y est dure à la mi-journée et devient magnifique en soirée. Effectuez vos photos de paysages en début et en fin de journée pour éviter les lumières dures.

L'automne compte parmi les temps forts de l'année. Contrairement à ce que l'on peut penser, la période où les feuilles arborent les plus jolies couleurs est brève : de deux à trois semaines tout au plus. Un fort coup de vent, quelques averses, et la magnifique photo d'un bois de hêtres ou de châtaigniers dorés est reportée à l'an prochain. Dès les premiers jaunissements des feuilles, faites des repérages (état de la végétation, évolution des

différentes essences, recherche d'arbres qui contrastent dans leur environnement). Côté lumière, le soleil automnal monte moins haut dans le ciel : les lumières chaudes sont plus longtemps présentes le matin et interviennent plus tôt l'après-midi. Une vraie aubaine pour le paysagiste !

En hiver, le gel et la neige recouvrent la végétation flétrie. Dès que les branches sont gainées de givre, le paysage prend un aspect irréel, où une dominante bleutée contraste avec les tons chauds du soleil hivernal.

Inutile de photographier des paysages de neige par temps gris : le résultat sera un pseudo noir et blanc sans attrait. Faute de neige, les paysages hivernaux valent essentiellement par les lumières chaudes que produit le soleil, très bas sur l'horizon. Sans elles, l'ambiance vire au brun-magenta assez peu photogénique. En revanche, l'hiver est une bonne période pour la photo animalière : les oiseaux et les petits mammifères se détachent nettement.

Le printemps est très attendu par les photographes. Entre le vert vif de la végétation et les parterres de fleurs dans les sous-bois, les couleurs sont partout. D'autant que le soleil ne monte pas encore très haut dans le ciel.

Méfiez-vous toutefois de la forte dominante verte de la fin de printemps. Elle n'est pas toujours esthétique lorsqu'elle est trop envahissante : faites-la contraster avec un autre sujet pour la rendre visuellement acceptable.

Les filtres en paysage

La perte de 2 ouvertures générée par le filtre ND x 4 neutre autorise les vitesses lentes en pleine journée. L'idéal pour transformer les eaux des chutes de Russel (Mount Field en Tasmanie) en un gracieux filé.
• Objectif 24 mm + Filtre ND x 4 neutre - 1/15 s à f/16 - MAP MF - Trépied.

Le filtre le plus utile pour photographier des paysages est sans conteste le polariseur. Il sature les teintes et le bleu du ciel, gomme partiellement le voile atmosphérique, minimise les reflets sur l'eau et sur les sujets non métalliques. Son seul défaut est de faire perdre 2 IL en exposition, mais cela devient parfois un avantage, notamment pour réaliser des poses lentes en filé (mouvements d'herbes dans le vent, rivière en filé, bougé de fleurs). Choisissez un polariseur circulaire, seul adapté aux reflex autofocus.

Inutile d'acheter le modèle le plus cher, car la plupart des polariseurs à monture à vis sont de bonne qualité. Pour l'utiliser au mieux, montez-le sur l'objectif et faites tourner sa bague avant : les reflets sur les feuilles d'arbre et l'eau changeront au fur et à mesure de la rotation. Optez pour l'effet le plus artistique en fonction du rendu souhaité.

Le renforcement du ciel bleu par rapport aux nuages fonctionne davantage dans la zone naturellement polarisée de la voûte céleste. Trouvez-la en tournant le dos au soleil : toute la zone située à 90° d'une ligne imaginaire entre l'astre solaire et votre boîtier est polarisée. Pour vous en convaincre, faites tourner la bague en regardant le ciel, et la partie concernée foncera de façon spectaculaire.

Les filtres gris neutres sont trop méconnus du grand public. Ils sont cependant très utiles pour ajouter de la densité à un ciel trop clair ou ralentir le temps de pose en vue de photos en filé. Les gris neutres existent dans des densités variées : – 1 IL (x 2), – 2 IL (x 4), – 3 IL (x 8). On trouve même un modèle destiné aux poses très lentes en plein jour : il fait perdre près de 9 IL ! Le terrain de prédilection des filtres gris neutres est la pose allongée en plein jour. Tous les mouvements de l'eau (rivière, cascade, vagues) sont alors nimbés d'une sorte de brume particulièrement jolie. *Idem* pour les paysages par temps de vent, quand la végétation s'anime de mouvements très graphiques.

Le filtre gris neutre est également disponible en dégradé. Ainsi, il devient facile de réduire le contraste entre un ciel clair et un sol trop sombre. Les ciels nuageux semblent orageux et les photos sont beaucoup plus homogènes. Un paysagiste devrait toujours avoir en réserve une collection de filtres gris neutres dans son fourre-tout.

Autres filtres souvent proposés aux amateurs de paysage : les filtres UV et Skylight. Le premier est inutile contre les UV (les verres des objectifs assurent eux-mêmes le filtrage), mais se révèle une très bonne protection contre les rayures et les chocs. Choisissez un modèle neutre dont la monture est assez fine pour ne pas assombrir les coins de vos images (vignetage). Le Skylight est à proscrire : censé réchauffer l'atmosphère des photos grâce à sa couleur rose saumoné, il les affuble d'une dominante caricaturale qui va jusqu'à teinter les nuages.

Comme il est souvent confondu avec le filtre UV, vérifiez la couleur du filtre de protection avant l'achat : posez-le sur une feuille de papier blanc et vous serez fixé.

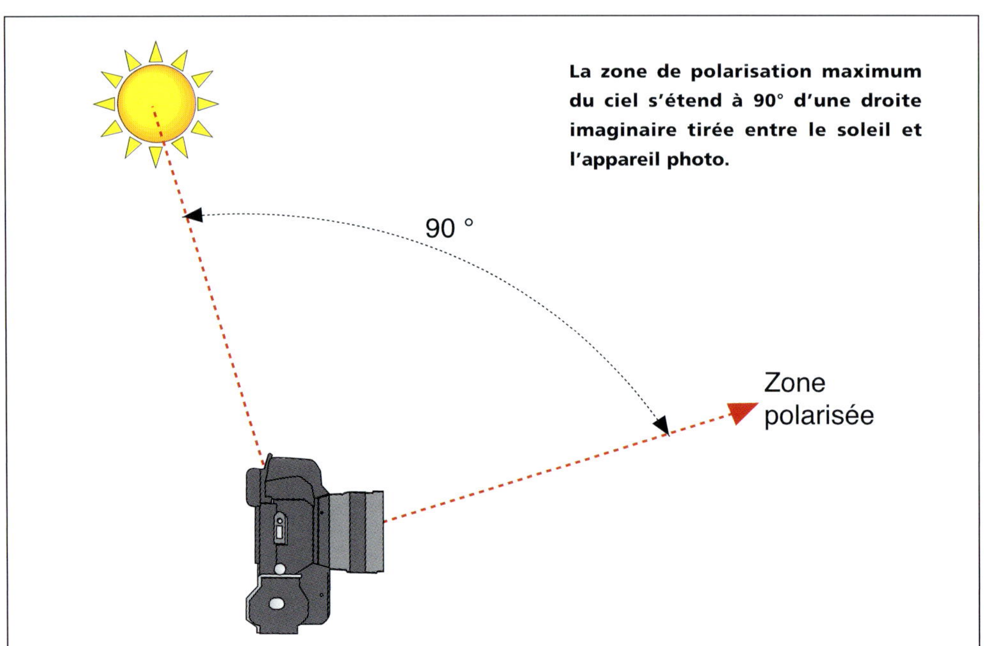

La zone de polarisation maximum du ciel s'étend à 90° d'une droite imaginaire tirée entre le soleil et l'appareil photo.

Le paysage en photo panoramique

À DROITE
Une parfaite horizontalité de l'appareil est essentielle en photo panoramique. Sinon, la ligne d'horizon se courbe ou se penche en fonction de la position anormale du boîtier.
Fuji Panorama GX 617 (format panoramique 6 x 17cm).

CI-DESSOUS
La majesté de ce paysage de l'Antarctique ne serait pas aussi bien restituée sans le format panoramique.

La photo panoramique donne des ailes aux paysages difficiles à restituer avec élégance en plein format. À la base, n'importe quelle photo de paysage est facile à mettre au format panoramique à l'aide d'une paire de ciseaux ou d'un cutter. Mais une photo élaborée en panoramique dès la prise de vues offre plus de possibilités créatives, notamment en matière de cadrage, la position du premier plan étant toujours plus excentrée en format large. Le 24 x 36 recadré permet de faire de bonnes photos panoramiques, mais l'absence de repères de cadrage sur le verre de visée est souvent gênante. Utilisez de préférence un verre de visée quadrillé, dont les repères supérieur et inférieur cadrent assez bien avec l'homothétie panoramique. Si le format 24 x 36 recadré vous semble un peu étriqué, offrez-vous un véritable appareil panoramique, qui utilise plus la surface du film pour donner plus de modelé aux matières. Certains appareils utilisent le film 24 x 36 dans sa longueur pour des photos de 24 x 65 mm ; d'autres font appel aux bobines moyen format jusqu'en 6 x 17 cm. Comme en photo classique, la qualité de l'image est proportionnelle à la surface d'émulsion disponible – notion essentielle quand les photos sont destinées à être agrandies. Les pièges à éviter tiennent essentiellement à la position de l'appareil lors des prises de vues : la moindre plongée ou contre-plongée fait de l'horizon une courbe caricaturale.

Un horizon qui penche à droite ou à gauche fait également partie des erreurs classiques en panoramique. D'ailleurs, les appareils spécialisés disposent généralement d'un niveau à bulle. La technologie des boîtiers panoramiques a aussi ses petits inconvénients. Les appareils basés sur un super grand-angle sont, par exemple, sensibles au vignetage, à tel point que la plupart sont livrés avec un filtre dégradé concentrique qui compense ce défaut. Ceux qui font appel à une optique à monture rotative exposent le film par défilement latéral, d'où la déformation des sujets mobiles et la variation d'exposition d'un bord à l'autre de l'image. Un minimum d'entraînement s'impose pour maîtriser les boîtiers panoramiques.

Prises de vues aériennes

Photo prise depuis un Cessna, au-dessus du parc national de Mljet (Croatie) : « La prise de vues aériennes demande une parfaite synchronisation avec le pilote. Ici, il a pris le virage sur l'aile pour dégager mon champ de vision le temps de quelques clichés. »
• Zoom 28-105 mm - 1/500 s à f/10 - MAP AF.

Avion, ULM et hélicoptère

La photo aérienne depuis un véhicule à moteur est une technique photographique très particulière. Elle implique d'avoir accès à un avion adapté, dont les ailes, situées au-dessus de l'habitacle, dégagent le champ de vision sous l'appareil. Parfaite coordination et confiance mutuelle entre pilote et photographe sont absolument indispensables. D'un côté, le pilote doit être capable d'adopter des trajectoires propices aux prises de vues. De l'autre, le photographe doit limiter les difficultés et ne pas demander l'impossible au pilote. Déjà, voler avec le cockpit ouvert est relativement risqué : chutes d'objets (pellicules, objectifs), turbulences, déconcentration du pilote sont à craindre. Avant le vol proprement dit, établissez un plan de vol en compagnie du commandant de bord, pour minimiser les coûts et suivre une trajectoire logique. Certaines zones interdites de survol peuvent vous être signalées par l'aviateur. Le repérage des sites stratégiques sur une carte donne des repères géographiques utiles et autorise le traitement d'un périmètre en plusieurs fois : les vues ratées sont nombreuses en photo aérienne.

Déplacement rapide de l'avion et vibrations diverses imposent des vitesses d'obturation

ultrabrèves : ne faites jamais de photo en-dessous de 1/500 s. Les spécialistes de la photo aérienne privilégient les objectifs très lumineux, qui favorisent les vitesses d'obturation élevées et l'usage de films peu sensibles. Pourquoi de tels films ? Parce qu'une photo prise d'un avion doit fourmiller de détails pour être appréciable. Dans l'absolu, la photo aérienne ne devrait se pratiquer qu'en moyen ou grand format, afin d'offrir une finesse de détails maximale. Mais tant qu'on reste à faible altitude, un boitier 24 x 36 équipé d'objectifs performants produit de belles diapositives. En hélicoptère, les risques de chutes d'objets sont encore plus grands : apaisé par le confort du vol stationnaire, on oublie vite que l'hélicoptère va bouger, se pencher ou tourner selon sa nouvelle trajectoire. Et les objectifs roulent très facilement sur le plancher de l'hélicoptère… Autre piège de la prise de vues héliportée : les pales. En mouvement, elles sont invisibles à nos yeux, alors qu'elles sont bien là sur les photos prises au 1/2 000 s. Les inconditionnels de la cellule à main utilisée en mesure de la lumière incidente doivent se méfier aussi : les pales en mouvement faussent la mesure de lumière avec leur ombre. Mesurez l'exposition avec le posemètre du boîtier, quitte à travailler

Phoques crabiers sur la banquise qui dérive. Photo prise en Antarctique depuis la vigie d'un bateau russe (cela peut parfois remplacer un avion ou un hélicoptère).
Phoques crabiers
(Lobodon carcinophagus)
• Zoom 28-105 mm - 1/250 s à f/9,5 - MAP AF.

Prises de vues aériennes

La montgolfière se prête singulièrement bien à la photographie aérienne. Elle vibre peu, avance lentement, et permet d'atteindre des altitudes élevées. Pour le paysage, la montgolfière est idéale.

À DROITE
Le Masaï-Mara photographié depuis un ballon : « Les zèbres du premier plan semblent ignorer le ballon et m'offrent un splendide premier plan pour cette photo de paysage. »
• Zoom 100-400 mm - 1/350 s à f/5,6 - MAP AF.

en mesure spot si vous n'avez pas confiance en son système multizone.
L'ULM est un moyen économique de réaliser des photos aériennes. Il pose à peu près les mêmes problèmes techniques que les autres modes de prise de vues depuis le ciel, avec les désagréments liés au port du casque, aux difficultés de communication avec le pilote et à la manipulation du matériel en plein vent. La visée est par exemple plus délicate, à cause des lunettes de protection, et le rechargement du boîtier est une petite épreuve à lui tout seul. En revanche, l'ULM offre une souplesse d'évolution plus intéressante que l'avion, et le tarif d'une heure de vol est sans commune mesure avec celui de l'hélicoptère !
Sans aucun doute, la montgolfière est le mode de photographie aérienne le plus confortable : pas d'à-coups, une vitesse de déplacement modérée et une absence de vibrations permettent davantage de fantaisies dans le choix des vitesses d'obturation. Ne comptez cependant pas choisir le plan de vol, car une montgolfière se contente de suivre le vent. L'unique façon d'orienter un peu le vol est de se faire conduire par un aérostier qui connaît parfaitement les vents de la région ; certains arrivent à changer de direction en jouant sur les variations de

vents à différentes altitudes… mais cela ne marche pas à tous les coups. Dans la nacelle, la photo se pratique presque comme à terre, mais demande un peu plus d'attention : il ne faut pas lâcher un objectif ou un film dans la nature. Faites le maximum de prises de vues à basse altitude, car le voile atmosphérique est d'autant plus gênant qu'il est épais. Le vrai moment délicat lors d'un vol en montgolfière est l'atterrissage, parfois brutal, avant lequel il vaut mieux ranger son matériel photo dans un fourre-tout bien protégé. L'atterrissage secoue toujours un peu, mais le plaisir du vol et les photos réalisées effacent rapidement le souvenir de cet instant désagréable.

Ballon captif et cerf-volant

L'appareil photo fixé sous un ballon captif ou un cerf-volant permet de réaliser des vues aériennes à peu de frais. Contactez les responsables du club de modélisme de votre région, qui sauront vous diriger vers des spécialistes de ces pratiques – la collaboration de modélistes confirmés est l'assurance de réduire les risques de casse du matériel et de ratage des photos.

Choisissez de préférence un boîtier léger et pas trop cher, doté d'une prise électrique permettant de le télécommander à distance : un reflex autofocus moyenne gamme convient parfaitement. Il doit être attaché sous le ballon dans un petit harnais, avec un poids de stabilisation suspendu à l'écrou de trépied du boîtier. Le boîtier est sanglé de manière à rester penché vers l'avant (angle à déterminer selon les photos souhaitées), sans se trouver face au lien qui retient le ballon.

Sur un cerf-volant, l'appareil se suspend directement au fil utilisé pour le guidage, quelques mètres sous l'engin. Ainsi, le cerf-volant est encore appuyé sur le vent quand l'appareil descend vers le sol : vous pouvez l'attraper sans risque de chute brutale. Prévoyez tout de même de protéger votre reflex contre la pluie et le sable en cas d'atterrissage forcé.

PHOTOGRAPHIER DANS TOUS LES MILIEUX ET TOUTES LES CONDITIONS CLIMATIQUES

Un voyage, ça se prépare !

Une bonne préparation est l'assurance d'être efficace au maximum durant un voyage. La préparation débute avec la documentation : guides touristiques, guides naturalistes, articles de presse, cartes mettent à votre disposition une masse de renseignements impressionnante. Ils vous aident à déterminer les sites susceptibles d'abriter des espèces intéressantes, les lieux à photographier peuvent donner des idées de sujets complémentaires à traiter. La saison à laquelle vous partez et la météo de votre destination conditionnent la réussite du voyage : à l'heure où les billets d'avion se négocient en quelques secondes sur Internet, assurez-vous que le providentiel rabais ne s'applique pas à la plus mauvaise période de l'année. Et rappelez-vous que les saisons sont inversées dans l'hémisphère sud. Dans le même esprit d'efficacité, ne faites aucune concession sur l'organisation : se faire planter là par son chauffeur en pleine brousse pose un vrai problème ! Faites appel à des organisateurs reconnus et expérimentés pour être à l'abri de contretemps fâcheux.

Humidité de la forêt tropicale, poussière des pistes africaines, froid extrême des régions polaires risquent d'affecter le matériel photo et les films. Les conditions locales modifient aussi l'approche technique : on ne mesure pas l'exposition de la même façon sur la neige et dans la pénombre de la forêt vierge. Savoir à quoi s'attendre, connaître les espèces et leurs milieux permet de gagner un temps précieux pour rentabiliser l'investissement de départ.

Voyage en avion : mettez les films dans vos bagages à main !

Les contrôles de bagages dans les aéroports sont effectués avec des machines à rayons X. Depuis quelques années, de nouvelles générations de tomographes et de scanners analysent en profondeur les bagages enregistrés (ceux qui voyagent en soute), grâce à des doses de rayons X massives. Aussi rassurant qu'il soit, ce contrôle pose un vrai problème aux photographes, puisqu'il suffit d'un seul passage dans la machine pour voiler irrémédiablement les films photographiques (vierges ou pas encore développés). Il n'existe aucune parade contre ce voile. La seule solution – d'ailleurs recommandée par les grands fabricants d'émulsions – est de ne placer aucun film dans les valises enregistrées. Les pellicules doivent être placées dans les bagages à main, qui sont soumis à des contrôles beaucoup moins violents. Évitez toutefois de passer plus de cinq fois vos films dans les machines de contrôle pour bagages à main, car l'effet des rayons X est additif.

Il existe des sacs et des boîtes doublés d'une feuille de plomb, qui sont censés protéger vos films des rayons X. Ne les utilisez pas ! Quand le responsable du contrôle des bagages distingue cet objet opaque dans votre sac, il augmente la puissance du rayonnement… Les films risquent d'être voilés en un seul passage. Mieux vaut passer vos films sans protection à l'appareil de contrôle, éventuellement après avoir signalé la présence de pellicules dans vos bagages à main.

La préparation du voyage augmente les chances de réussite d'un reportage dans des proportions importantes. Vu le coût d'un déplacement à l'autre bout du monde, il n'est pas question de laisser la moindre place au hasard !
Tortue verte *(Chelonia mydas)*
• Zoom 28-105 mm - 1/60 s à f/18 - MAP AF.

LES FORÊTS TROPICALES HUMIDES

Sauterelle dans la forêt du Costa Rica : « Pour ce voyage au Costa Rica, j'ai amené tout le matériel macro pour faire de très gros plans. Ce portrait de sauterelle *(Tetigonidae)* m'a fait très vite oublier la gêne occasionnée par le transport du matériel. »
• Objectif 50 mm macro - 1/60 s à f/11 - 2 flashes cobra en extension - MAP MF.

Imaginez une forêt constituée d'arbres dont les frondaisons sont tellement serrées qu'elles retiennent 80 % de la lumière solaire. En dessous, l'ombre est omniprésente dans une chaleur humide. Sur le sol, pas d'herbacées : rien que des plantes sur une épaisse couche de feuilles dévorées par les micro-organismes et les insectes. Cette couche de feuilles en décomposition nourrit un grand nombre de plantes à fleurs. Juste au-dessus, une intense végétation arbustive prolifère malgré la pénombre. Elle attend qu'un des géants s'effondre, touché par la foudre, pour s'élancer vers la lumière. Sur chaque tronc, des lianes et des plantes grimpantes parasites... Vous êtes dans la forêt tropicale humide.
La particularité de cette forêt primaire est d'être un écosystème qui fonctionne en strates. La canopée est la couche supérieure. Cet enchevêtrement de feuillages et de plantes parasites abrite une vie spécifique, dont la plupart des espèces ne s'aventurent presque jamais au niveau inférieur.
Oiseaux (toucans, calaos, rapaces), insectes (papillons, coléoptères), batraciens (grenouilles, rainettes), mammifères (singes, écureuils volants) et même crustacés (crabes) vivent ainsi à 40 m du sol et y trouvent boisson, nourriture et abri.
L'étage arbustif est le fief des reptiles (serpents, lézards) et des mammifères carnassiers (panthères, jaguars). Placée entre les petits animaux de la canopée et des espèces plus grosses qui trouvent leur nourriture au sol, la zone arbustive est idéale pour les prédateurs. Ils forment le principal trait d'union entre le sol, obscur, et la voûte des arbres, noyée de lumière.
Au sol, les oiseaux incapables de voler (casoars) côtoient les grands mammifères

Les forêts tropicales humides

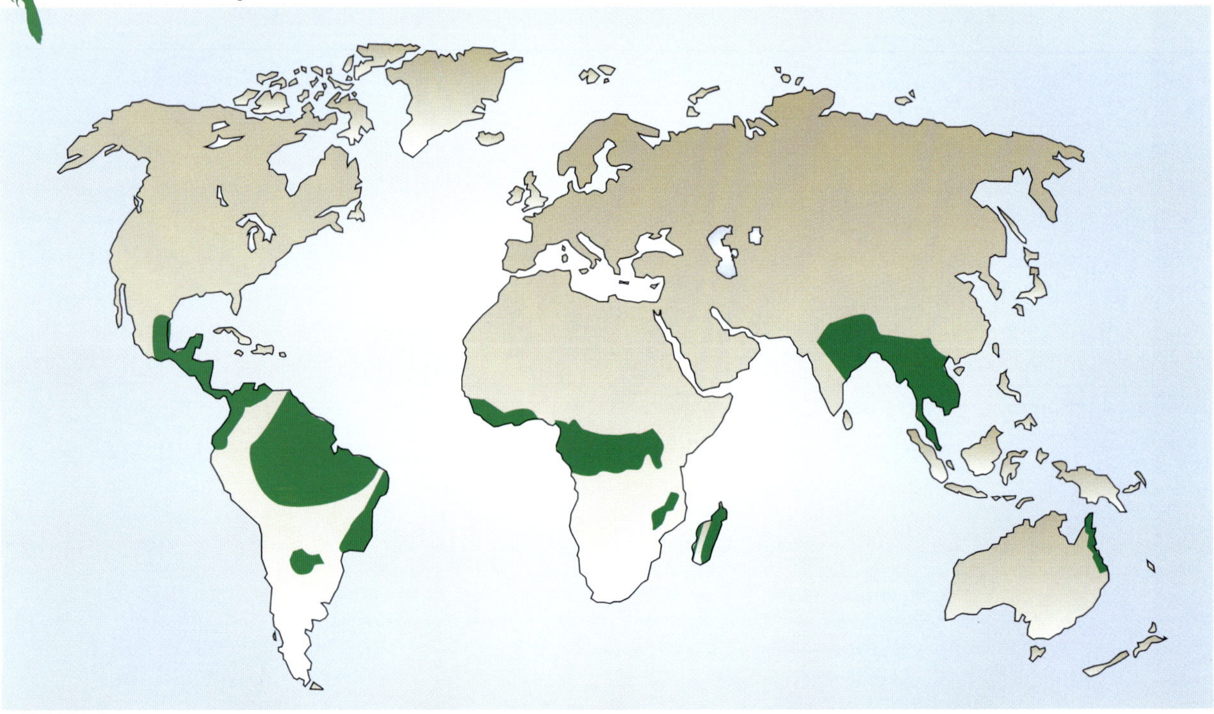

Les forêts tropicales humides

C'est dans la forêt tropicale et dans les déserts australiens qu'évolue le varan de Gould. Presque insaisissable, il disparaît dans la végétation au moindre mouvement brusque.
Varan de Gould *(Varanus gouldii)*
• Objectif 400 mm - 1/125 s à f/5,6 - MAP MF.

(tapirs, rhinocéros, cervidés) à la recherche de nourriture dans le tapis de feuilles en putréfaction. Le point commun entre les trois étages de l'écosystème est représenté par les insectes, présents partout et adaptés à chaque biotope.

Prendre des photos dans la forêt tropicale humide

Cet univers séparé en strates oblige le photographe à s'adapter. En premier lieu, il est souhaitable de ne jamais s'aventurer seul dans ces milieux inhospitaliers : le travail dans la forêt tropicale se gère comme une véritable expédition. L'idéal est de faire équipe avec des spécialistes (naturaliste, guide d'escalade, médecin), de rejoindre un groupe de scientifiques déjà installé ou de partir dans le cadre d'un voyage à thème, encadré par des guides professionnels. Chaque étage forestier dicte ses impératifs techniques et pratiques.

• **La canopée.** Circuler dans la canopée nécessite un équipement et un entraînement similaires à la varappe. Il faut pouvoir grimper au sommet d'un arbre avec des accessoires de montagne (mousquetons, baudrier) et, éventuellement, y circuler à l'aide de cordes et d'échelles de spéléologie. Pour les expéditions de longue durée, l'installation de filets permet une certaine liberté de mouvements, à condition de rester convenablement relié à une corde d'assurance : les frondaisons se situent à l'équivalent d'une tour de 12 étages ! Dans la canopée, les possibilités photographiques sont à l'échelle du milieu : incroyablement variées. Des oiseaux aux insectes, en passant par les mammifères, les sujets couvrent à peu près toutes les spécialités de la photo naturaliste. Le foisonnement est tel qu'il est prudent d'établir un plan de travail sur plusieurs jours, afin de ne rien rater pour cause de dispersion des activités. Les animaux, qui n'ont pas l'ha-

Même dans la forêt tropicale, l'ajout d'un premier plan dynamise les vues et donne énormément de relief.
Cap Tribulation (Australie)
• Objectif 24 mm - 1/60 s à f/16 - MAP MF.

Ce minuscule amphibien (1,5 cm de long) du Costa Rica sécrète un poison par la peau. Sa couleur voyante annonce d'ailleurs aux prédateurs qu'il vaut mieux passer son chemin.
Dendrobate nain
(Pumillio)
• Objectif 50 mm macro - 1/60 s à f/8 - MAP MF.

À GAUCHE
Au Costa Rica comme ailleurs, la forêt tropicale humide est un terrain de chasse fantastique pour le macrophotographe. La pénombre qui y règne impose cependant l'emploi du flash. Une lampe frontale est également très pratique pour éclairer les sujets en conservant les mains libres.
Photo : Houria Arhab.

CI-CONTRE
Détail d'une aile de papillon.
(Ornithoptera priamus poseidon)
• Objectif 50 mm macro + soufflet - 1/60 s à f/22 - 2 flashes cobra - MAP MF.

Les forêts tropicales humides

Au Costa Rica ce jeune paresseux se nourrit tranquillement avant d'entamer une sieste bien méritée. Pour le photographe, un sujet facile à traiter, même en vitesse lente !
Paresseux d'Hoffman immature
(Choloepus hoffmanni)
• Zoom 100-400 mm - 1/200 s à f/7,1 - MAP AF.

À DROITE
La crête osseuse du casoar à casque lui permet de fendre la végétation et de fuir rapidement en cas de danger. Ses pattes, armes redoutables, peuvent éventrer un homme.
Casoar à casque *(Casuarius casuarius)*
• Objectif 400 mm - 1/60 s à f/5,6 - MAP MF.

bitude de la présence humaine, se laissent approcher de près et viennent souvent observer le nouveau venu avec son drôle de museau qui fait « clic-clac ». Le sommet des arbres est également un paradis pour les passionnés de macrophotographie, aussi bien diurne que nocturne : éclairez un voile par transparence et vous verrez une myriade d'insectes incroyables (voire inconnus) s'y poser.

• L'étage arbustif. Cette zone intermédiaire abrite beaucoup d'insectes, des oiseaux de proie, des singes et des prédateurs à l'affût des imprudents qui s'éloignent des autres étages. Ici, la lumière est très faible et les risques tout aussi grands, car l'humidité rend les branches et les lianes extrêmement glissantes. Prenez les mêmes précautions que dans la canopée (assurance, matériel de varappe) pour éviter la chute.
Les prises de vues dans l'étage arbustif concernent essentiellement la macrophotographie (insectes, arachnides, mille-pattes, reptiles, grenouilles, chauves-souris), les reptiles et les mammifères nichés dans les anfractuosités des plantes parasites.
Les grands mammifères carnassiers sont plus discrets, souvent nocturnes, et présentent un danger à ne surtout pas négliger (jaguars, panthères).

Les forêts tropicales humides

• **Le sol humide.** Même si la lumière est chiche, la prise de vues au niveau du sol est plus rassurante qu'au sommet des arbres. Le recours au flash électronique y est indispensable, sauf à trouver une clairière providentielle qui laisse émerger des espèces rares sous l'effet de la lumière. Parmi les plantes à fleurs sur le tapis végétal en décomposition, insectes, batraciens, crabes, sangsues, mille-pattes, serpents, araignées mènent une joyeuse sarabande, pour le plus grand plaisir des passionnés de macro. Certains d'entre eux sont d'ailleurs assez grands pour être photographiés avec un téléobjectif à mise au point rapprochée. Les gros mammifères herbivores restent méfiants malgré la quasi-absence de prédation humaine. En effet, les panthères à l'affût conditionnent leur méfiance naturelle.

Gestion du matériel en forêt tropicale humide

Le matériel adapté à la photo en forêt tropicale humide doit être particulièrement résistant. Privilégiez les boîtiers destinés aux professionnels, dont la résistance aux chocs et à l'humidité est bien plus grande que celle des boîtiers amateurs. La matériel photo doit toujours être à l'abri d'une chute éventuelle et de l'humidité (elle avoisine 90 % dans la forêt tropicale). Les ravages de l'humidité proviennent essentiellement de micro-champignons qui s'immiscent dans les objectifs, sur l'émulsion des films, dans

Le pied du volcan de la Soufrière (Guadeloupe) est cerné d'une forêt tropicale humide très intéressante, surtout pour sa flore exubérante.
• Zoom 28-105 mm - 1/45 s à f/13 - MAP AF.

l'électronique des boîtiers. Protégez autant que possible votre matériel en le rangeant dans un endroit sec (fourre-tout avec absorbeur d'humidité de type Silicagel).
Dans les camps fixes alimentés en électricité, placez le fourre-tout dans un placard avec une ampoule domestique allumée à l'intérieur. Une ampoule de 40 W suffit à disperser l'humidité dans les petits volumes. Il faut également savoir que les micro-champignons se développent davantage dans l'obscurité : profitez des pauses dans la nature (repas, par exemple) pour exposer votre objectif au soleil (± 10 min), le temps de détruire les éventuelles amorces de moisissures. L'indispensable nettoyage journalier des appareils et des objectifs permet d'ôter les traces d'humidité et autres gouttes d'eau par temps de pluie (elle est omniprésente dans la forêt tropicale humide).
Pour les films sensibles aussi bien à la chaleur qu'à l'humidité, les précautions sont encore plus importantes. Conservez toujours le canister en plastique qui emballe les bobines, il permet de les ranger dans une atmosphère pas trop imprégnée d'eau. Un sac isotherme comme on en trouve au rayon surgelés des grandes surfaces offre une protection suffisante contre les écarts de température. Évitez de ranger les films avec le fourre-tout lorsqu'il est dans un placard asséché par une ampoule électrique : les films n'apprécient pas vraiment la chaleur !

A GAUCHE
Ce jeune rhinocéros unicorne a bien voulu se montrer dans la forêt du parc national de Chitwan (Népal).
Rhinocéros unicorne
(Rhinoceros unicorna)
• Objectif 300 mm - 1/100 s à f/4 - MAP AF.

EN HAUT
Dans le parc national de la Guadeloupe, les dynastes hercules combattent souvent jusqu'à la mort.
Dynastes hercules
(Dynastes hercules hercules)
• Objectif 50 mm macro - 1/200 s à f/11 - MAP MF.

CI-DESSUS
Forêt tropicale de l'île de Mahé (Seychelles) : « J'ai profité d'un léger contre-jour pour faire ressortir le graphisme singulier de ces plantes carnivores. »
(Nepenthes pervillei)
• Objectif 135 mm - 1/60 s à f/8 - MAP MF.

LES FORÊTS TEMPÉRÉES

Chevreuil photographié à l'approche dans la forêt. La mise au point manuelle est rendue nécessaire par l'abondance de feuillages susceptibles de tromper le système AF.
Chevreuil
(Capreolus capreolus)
• Objectif 400 mm - 1/125 s à f/5,6 - MAP MF.

Nous voici dans un milieu auquel nous sommes habitués : la forêt tempérée comme on la trouve en Europe, mais aussi en Amérique du Nord ou en Tasmanie. L'écosystème de nos forêts est une version très assagie de la forêt tempérée humide qui couvrait l'Europe au temps des Gaulois. Cette forêt originelle, rescapée des grandes glaciations, a été totalement modifiée dès le début du Moyen Age avec le traitement en taillis coupés régulièrement. L'exploitation du bois de chauffage à travers les siècles a réduit considérablement la variété des espèces et changé complètement l'écosystème forestier.

Une des marques typiques de la forêt secondaire actuelle est l'explosion des fleurs printanières : le ramassage du bois mort et la coupe régulière des arbres ont favorisé l'implantation de fleurs inféodées à l'origine aux clairières naturelles. Ayant aujourd'hui adapté leur rythme à la forêts, les fleurs réussissent à effectuer leur cycle de vie complet avant la pousse des feuilles des arbres, qui vont leur cacher le soleil durant les mois chauds. Il subsiste des zones de forêt tempérée primitive dans quelques endroits du globe : en Pologne (Bialowieza), en Sibérie extrême-orientale, en Tasmanie… Des lopins de forêt primaire farouchement protégés et absolument passionnants pour les scientifiques. Les mousses, le lierre et le lichen témoignent de l'ancienneté de ces zones, encore très riches en variétés d'arbres et d'insectes xylophages. Les photographier est envisageable dans le cadre d'études écologiques en collaboration avec des scientifiques.

Le fonctionnement en strates de la forêt tempérée est limité par la faible densité des arbres, ce qui laisse aux habitants des frondaisons de nombreuses occasions d'aller jusqu'au sol. Oiseaux et insectes sont les espèces les plus courantes dans les feuillages des forêts secondaires. Certains oiseaux se partagent les différents niveaux des arbres, avec tout de même beaucoup plus d'incursions dans les interzones qu'en forêt tropicale

Les forêts tempérées

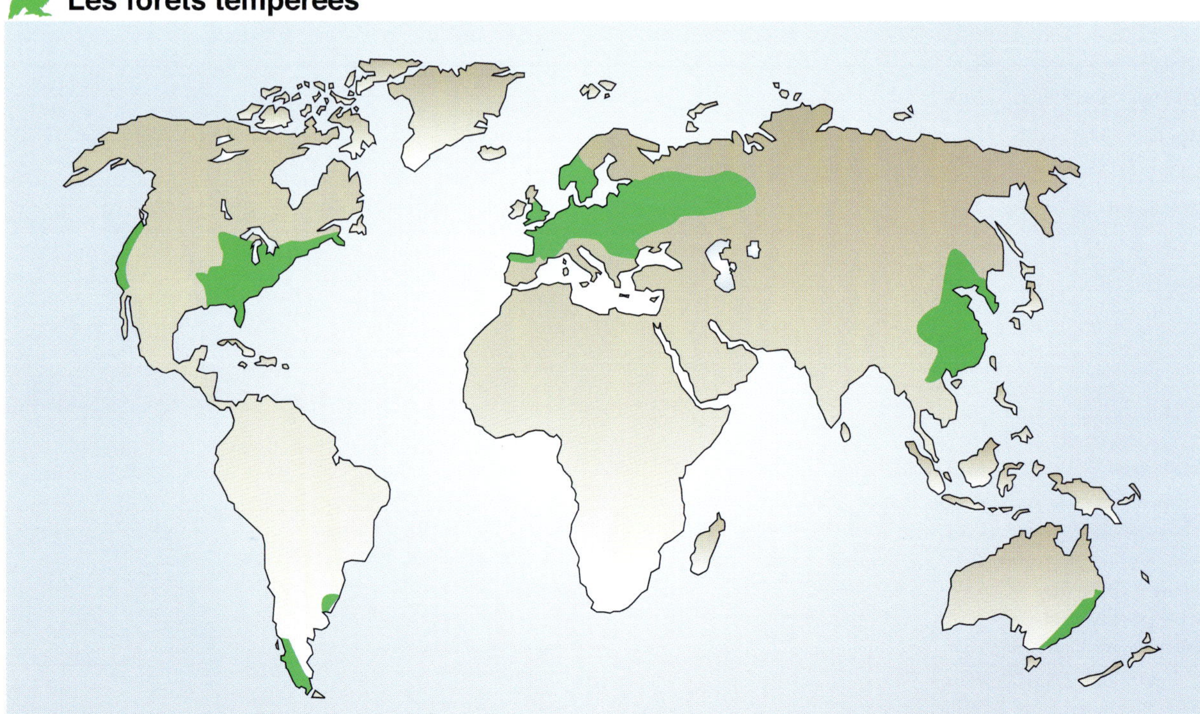

Les forêts tempérées

humide. Les principaux mammifères qui résident dans les frondaisons sont les écureuils, mais des prédateurs y grimpent couramment, à la recherche de proies.

Les strates arbustives et herbacées sont intimement liées par l'éclairage abondant du sol en hiver et au printemps. Ainsi, de nombreux oiseaux partagent l'abri des taillis avec les mammifères forestiers, qui trouvent là matière à se dissimuler aux yeux de l'homme. Les grands prédateurs ayant pratiquement disparu (ours, loups, lynx, etc.), la principale pression est celle de l'homme, notamment à travers la chasse pratiquée aujourd'hui dans des périmètres beaucoup trop réduits. À tel point que des espèces diurnes sont devenues nocturnes pour échapper aux dérangements.

Prendre des photos dans la forêt tempérée

Dans la forêt tempérée, la photo peut se pratiquer presque toute l'année. Contrairement à l'immuable forêt tropicale humide, ce milieu est soumis aux aléas des saisons, qui lui donnent une grande variété d'apparences au fil des mois. Chaque saison apporte son lot de sujets à photographier et modifie les conditions de prise de vues en fonction du développement des frondaisons. C'est bien sûr la lumière qui change le plus, mais la dominante colorée évolue également énormément : brun-magenta l'hiver, vert jaune vif au printemps, vert profond l'été, rouge orangé à l'automne.

Le printemps est particulièrement intéressant pour l'intense activité animale qui règne dans le sous-bois, encore clair. Les oiseaux en pleine période de reproduction limitent leur territoire à la périphérie du nid, ce qui facilite la photo lorsque les jeunes sont nés – pas d'intrusion avant, car les oiseaux abandonnent facilement leurs œufs non éclos. La richesse esthétique de la flore est un atout supplémentaire, qui ajoute des fonds colorés magnifiques aux images animalières. Les fleurs se suffisent aussi à elles-mêmes pour les scènes bucoliques de sous-bois printaniers.

L'été, les animaux sont encore très actifs (naissance des renardeaux, seconde nidification des oiseaux, rut du chevreuil), mais difficiles à localiser à cause de la végétation épaisse. La lumière solaire, qui ne parvient que par taches à travers les feuilles, complique la mesure d'exposition : faut-il poser pour les hautes ou les basses lumière ?

Comme la réponse varie en fonction de l'environnement et du contraste local, privilégiez la sécurité grâce au *bracketing* : faire trois vues (une sur les ombres, l'autre sur les taches lumineuses, et la troisième en faisant la moyenne des deux premières).

Hôte typique et indispensable à l'équilibre des forêts tempérées, le loup est aussi sans cesse poursuivi et massacré. L'espèce vit à l'état sauvage dans quelques régions d'Europe... dont la France, où sa survie est compromise par quelques-uns.
Loup (Canis lupus)
• Objectif 400 mm - 1/30 s à f/4,5 - MAP MF.
Photographie réalisée dans une réserve polonaise.

Les forêts tempérées

CI-DESSOUS À DROITE
L'utilisation du contre-jour naturel permet de valoriser la structure délicate du genêt en fleurs.
Genêt à balais *(Cytisus scoparius)*
• Objectif 50 mm macro - 1/125 s à f/8 - MAP MF.

CI-DESSOUS
Elle se cache dans les feuilles tombées au sol, mais adore se dorer au soleil, c'est la vipère aspic : un reptile particulièrement discret qui détale à la moindre vibration dans le sol.
Vipère aspic *(Vipera aspis)*
• Objectif 100 mm macro - 1/100 s à f/5,6 - MAP MF.

À courte distance, un éclair de flash en fill-in règle le problème de la manière la plus efficace. Les affûts en lisière de bois ou de clairière permettent d'obtenir de meilleurs éclairages. Les chevreuils actifs tôt le matin et dans la soirée offrent de multiples occasions de prises de vues. Avec un peu de chance, le rut de juillet offre le fantastique spectacle du mâle empressé auprès des femelles, faisant des « ronds de sorcières » dans la végétation.
L'automne colore la forêt et ouvre ses frondaisons au passage de la lumière. Le brame du cerf et la multiplication des champignons offrent au passionné d'images un spectacle renouvelé, éclairé par un soleil déjà plus bas qu'en pleine période estivale. Les baies colorées attirent grands mammifères et oiseaux, heureux de stocker des vitamines et du sucre pour préparer mauvaise saison et migration. Ne ratez pas la grenouille agile qui circule incognito dans les feuilles sèches, ni le geai et l'écureuil, deux étourdis qui régénèrent la forêt en enfouissant des glands dans le sol.
L'hiver fait entrer la forêt dans sa période de sommeil. Le cerf, épuisé par le brame, se rapproche des habitations et des champs en quête de nourriture facile, les rapaces nocturnes font des siestes au milieu des branches nues et Dame Blaireau prépare son terrier en vue de l'heureux événement prévu pour la fin de saison. Cette forêt triste et nue reste séduisante pour le photographe naturaliste : les

Incroyablement vif le reste du temps, le lézard vert est plus facile à photographier à sa sortie d'hibernation. Le timide soleil d'avril est ici renforcé par un éclair de flash en *fill-in*. Lézard vert *(Lacerta viridis)* • Objectif 100 mm macro - 1/60 s à f/8 - MAP MF - Flash cobra.

Habitué des clairières et lisières de la forêt tempérée, le grand nacré est aussi très présent le long des chemins forestiers bien éclairés par la lumière du soleil. Grand nacré *(Mesoacidalia aglaja)* • Objectif 50 mm macro - 1/125 s à f/11 - MAP MF.

Les forêts tempérées

branches dégagées laissent passer la lumière et facilitent le repérage des animaux. Les petits matins frileux sont le théâtre de rencontres fortuites dans les chemins brumeux : sangliers et cervidés, toujours méfiants en terrain découvert, se hâtent de traverser, non sans tenter de flairer la chose qui se dissimule dans ce drôle d'affût installé là depuis plusieurs jours…

Le matériel utilisé en forêt tempérée

Dans la forêt tempérée, le matériel photo n'est heureusement pas soumis à l'humidité ambiante. N'importe quel reflex de la gamme amateur convient à la photo dans cet écosystème, à condition de le mettre à l'abri des intempéries. Pour protéger appareil et objectif, couvrez-les avec de l'adhésif. En cas de forte pluie, mettez votre matériel dans un sac en plastique ou rangez-le dans un fourre-tout imperméable. Les photographes assidus qui passent beaucoup de temps dans la nature ont tout de même intérêt à s'offrir un matériel professionnel, plus résistant pour une utilisation intensive à l'extérieur.

Les gelées hivernales rendent le métal des objectifs désagréable au toucher, voire collant par très grand froid. Protégez les parties métalliques avec de l'adhésif toilé, ou couvrez l'objectif avec une chaussette en laine. Avec le froid, les piles du boîtier perdent rapidement leur vaillance, surtout quand elles doivent aussi alimenter une mise au point ultrasonique et un stabilisateur d'image très gourmands en énergie. Quand l'appareil le permet, préférez les piles au lithium, qui résistent beaucoup plus que les classiques alcalines. Ces piles sont certes chères, mais leurs avantages n'ont pas de

La forêt tempérée du continent nord-américain (ici au Québec) abrite des espèces inconnues en Europe, comme le coyote.
Coyote *(Canis latrans)*
• Objectif 400 mm - 1/250 s à f/5,6 - MAP MF.

Les forêts tempérées

La forêt tempérée est le refuge de nombreuses salamandres, qui rejoignent les mares durant leur période de reproduction. Salamandre tachetée *(Salamandra Salamandra)* • Objectif 50 mm macro - 1/60 s à f/8 - MAP MF - Flash cobra.

prix aux yeux du passionné. Autre solution : le boîtier d'alimentation externe, garni de grosses piles alcalines ou, mieux, d'accus rechargeables laissés bien au chaud dans les vêtements. L'appareil alimenté par un câble gagne énormément en autonomie et résiste mieux au froid.

Comme dans n'importe quel sous-bois, il ne fait pas toujours très clair dans la forêt tempérée, surtout l'été, quand les frondaisons sont bien garnies. Malgré l'ouverture importante des meilleures optiques, les durées d'obturation ont une fâcheuse tendance à flirter avec les vitesses lentes (≤ 1/125 s).

La fixation de l'appareil sur un monopode ou sur un trépied diminue sensiblement le risque de bougé. Vous pouvez également vous mettre en appui sur votre fourre-tout, qui constituera un excellent soutien pour vos gros téléobjectifs. Les utilisateurs de films négatifs couleurs peuvent en partie compenser la faible luminosité par une sensibilité plus élevée (entre 400 et 800 ISO). Dans cette catégorie d'émulsions, le grain et le contraste des films restent excellents jusqu'à des sensibilités importantes. De plus, la grande latitude d'exposition du négatif couleurs est un sérieux avantage dans la lumière souvent

dure de la forêt. En diapositive, la sensibilité utilisable la plus élevée est 200 ISO. Au-dessus, les films sont granuleux et les contrastes durs. L'appui sur trépied ou sur tout élément disponible est donc vivement conseillé. La diapositive offre en outre une latitude de pose bien plus faible qu'en négatif couleurs : faites la mesure d'exposition avec précision, notamment en mesure sélective ou « spot » quand la lumière est contrastée. Tous ces désagréments liés à l'inversible sont heureusement compensés par la brillance et la netteté des diapositives, toujours plus dynamiques qu'un tirage papier.

Plusieurs espèces de libellules profitent durant la journée d'instants de repos à la lisière des bois.
Libellule à quatre taches
(Libellula quadrimaculata)
• Objectif 500 mm à miroir - 1/60 s à f/8 - MAP MF - Monopode.

LES SAVANES

Huit heures d'attente pour immortaliser le léopard mettant à l'abri le jeune buffle chassé la nuit précédente. Après l'avoir éviscérée, le félin coince sa proie entre les hautes branches de l'arbre et revient se nourrir à plusieurs reprises dans la journée. Léopard *(Panthera pardus)* • Objectif 600 mm - 1/160 s à f/5 - MAP AF.

Entre forêt et désert, la savane est un état à l'équilibre instable où végétation et faune sont étroitement imbriquées. On trouve des écosystèmes proches de la savane en Australie et en Amérique du Sud (la pampa), mais l'exemple type est la savane africaine, notamment celle d'Afrique de l'Est, qui couvre la Tanzanie et le Kenya.

Des graminées de plus d'un mètre de haut parsèment l'immense surface des plaines africaines, piquetées çà et là d'arbres épineux. Les graminées prennent leur essor essentiellement à la saison des pluies, parfois en quelques heures. La savane est un écosystème particulièrement productif, qui génère beaucoup de matière végétale avec très peu de biomasse pour l'enrichir. D'où la prolifération de mammifères, d'insectes et d'oiseaux herbivores ou granivores dans ces régions. La dispersion des arbres dans la savane s'explique par la valeur nutritive de leurs pousses, très appréciées des herbivores, mais aussi par les nombreux incendies – naturels ou provoqués – qui brûlent les jeunes arbres. Les graminées nourries par les déchets de la carbonisation poussent encore plus vite et achèvent les jeunes arbres ayant survécu aux flammes.

De temps à autre, quelques pousses résistent malgré tout à la chaleur et à l'étouffement ; ce sont ces grands arbres isolés au milieu des immenses plaines.

La plupart des herbivores consomment un étage ou une espèce de graminée spécifique, et composent une fantastique machine à régénérer la savane, tels les gnous migrants, qui accompagnent chaque année la pluie dans son circuit au Kenya et en Tanzanie. Passent en premier les zèbres, qui se nourrissent des extrémités des herbes hautes ; suivent les gnous – les plus nombreux –, qui préfèrent le milieu des tiges des graminées ; arrivent enfin les gazelles, gourmandes des jeunes pousses qui émergent après le passage des gnous.

La savane est ainsi « tondue » chaque année, et enrichie au passage par les excréments des troupeaux. Profitent de ce passage les carni-

Les savanes

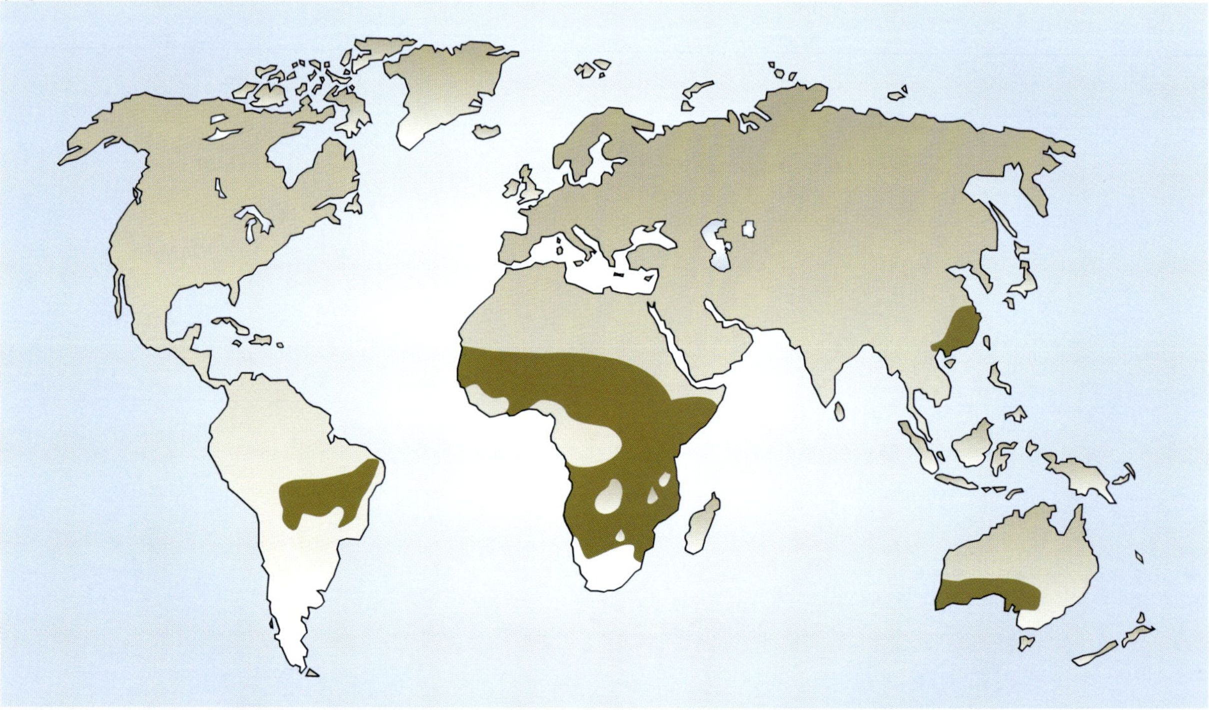

Les savanes

vores, qui prélèvent les animaux faibles et les jeunes trop nombreux, et concourent à l'équilibre écologique. Les carnivores dépendent de la régularité des pluies, qui risque de modifier le nombre et le trajet des herbivores dans cet écosystème où chaque espèce (animale ou végétale) est interdépendante.

Photographier dans la savane

Les plus belles savanes d'Afrique sont celles du Serengeti (Tanzanie) et son prolongement au Kenya, appelé Masaï-Mara. L'immensité de la savane (*Serengeti* signifie « plaines infinies » en masaï) et les pistes cahoteuses rendent obligatoire un véhicule 4 x 4 pour les déplacements. En outre, il est interdit – et dangereux – de descendre de voiture dans ces parcs qui composent l'essentiel de ces plaines.

Le véhicule ne doit pas quitter la piste dans les parcs nationaux, sauf en Tanzanie, où c'est autorisé à plus de 16 km des *lodges* (hôtels de brousse) : renseignez-vous à l'entrée du parc sur les règlements.

Le véhicule est ignoré par la plupart des animaux : on approche félins et grands herbivores à quelques mètres sans qu'ils se montrent le moins du monde perturbés. On pourrait conclure que les animaux, voyant défiler les minibus toute la journée, en ont pris l'habitude, mais le même comportement se remarque dans des coins reculés que peu de touristes atteignent. En revanche, les attroupements de véhicules autour d'un léopard ou d'une famille de guépards causent

Le pique-bœuf à bec jaune débarrasse le buffle de plus de 350 ectoparasites par jour ! Un « garde-manger ambulant » dont les photographes doivent se méfier absolument car, sous son air débonnaire, le buffle est avec l'hippopotame l'un des animaux les plus dangereux d'Afrique.
Buffle *(Syncerus caffer)*
Pique-bœuf à bec jaune *(Buphagus africanus)*
• Objectif 600 mm + multiplicateur de focale x 1,4 - 1/125 s à f/7,1 - MAP AF - Appui sur un sac de riz.

Le guépard est un prédateur parfaitement adapté à la chasse dans la savane. Il est taillé pour la course dans les hautes herbes, avec lesquelles son pelage se confond parfaitement. Sprinter accompli, il atteint près de 110 km/h en vitesse de pointe, mais cet effort l'épuise rapidement et ses chasses sont rarement couronnées de succès. Guépard *(Acinonyx jubatus)* • Objectif 600 mm - 1/250 s à f/4 - MAP AF.

de grosses déprédations sur l'écosystème végétal et stressent les animaux. La communication par CB entre les chauffeurs de véhicules chargés de guider les touristes crée de véritables concentrations de véhicules autour des animaux, et les conducteurs prennent de très gros risques pour être les premiers sur place : le pourboire à la fin du circuit est en jeu, et il est bien plus élevé que le salaire du chauffeur !
Autre problème du safari-photo : la promiscuité dans le véhicule. Pour un voyage de photographes exigeants, le nombre de personnes dans le minibus est négociable à la réservation : le prix est plus élevé quand le véhicule n'est pas plein. Un minibus comporte huit places, mais la photo n'est possible qu'à cinq personnes (le toit ouvrant ne couvre pas tout le minibus).
Dans un 4 x 4 on peut pratiquer efficacement la prise de vues à trois au maximum ; à vous de déterminer le meilleur rapport qualité/prix. En outre, méfiez-vous des voyagistes non spécialisés qui n'ont que faire de vos exigences. Un groupe de touristes pressés de voir les *big five* (éléphant, lion, guépard, léopard, rhinocéros) n'a qu'une idée une fois les animaux admirés : aller faire la fête dans le *lodge*.

La gazelle de Thomson, extrêmement vive et rapide dans sa fuite, est la proie favorite du guépard. On la distingue de sa cousine la gazelle de Grant grâce à la bande noire qui souligne chacun de ses flancs.
Gazelle de Thomson
(Gazella thomsoni)
• Objectif 600 mm - 1/100 s à f/5,6 - MAP AF.

Les savanes

Les très longues focales permettent de limiter l'effet de contre-plongée quand on photographie depuis l'ouverture de toit d'un véhicule. À courte distance, où la perspective plongeante redevient gênante, l'idéal est d'utiliser les fenêtres latérales, même si elles n'offrent pas autant de place pour s'installer.
Lion et lionne *(Panthera leo)*
• Objectif 500 mm - 1/320 s à f/6,3 - MAP AF.

De plus ils acceptent rarement de ne plus bouger sous prétexte que vous photographiez une hyène au 600 mm. Souvent, le chauffeur n'éteint même pas le moteur lorsqu'il s'arrête… Les agences spécialisées dans le vrai safari-photo sont plus chères, mais la prestation correspond davantage aux préoccupations du photographe passionné.

Pour faire de belles photos dans la savane, il faut se lever tôt ! En circuit organisé, l'idéal est de se mettre d'accord avec le chauffeur pour quitter le *lodge* au lever du jour, avant 7 heures. On dispose ainsi de 2 h 30 pour photographier les animaux alentour, avant de

Très farouche en savane ouverte, le rhinocéros noir — comme la plupart des animaux — n'assimile pas la présence du véhicule 4 x 4 à celle de l'homme. Voilà pourquoi voitures et minibus font d'excellents affûts mobiles.
Rhinocéros noir *(Diceros bicornis)*
• Objectif 600 mm + multiplicateur de focale x 1,4 - 1/250 s à f/6,3 - MAP AF.

Les savanes

La grande migration des gnous : plus d'un million d'individus entre le Kenya et la Tanzanie suit l'avancée des pluies. L'étape la plus risquée est la traversée de la rivière Mara, où les crocodiles attendent avec impatience cette manne providentielle.
Gnou *(Connochaetes taurinus)*
• Objectif 600 mm - 1/250 s à f/8 - MAP AF.

revenir prendre le petit déjeuner. Aux aurores, les animaux sont plus actifs. La magie du petit matin dans la savane est inoubliable. Avec les reflex modernes à mesure de lumière multizone, la clarté de la savane sous le soleil n'est pas un problème : la plupart des posemètres sont prévus pour exposer correctement dans ces conditions, proches de celles que l'on rencontre à la plage.

Cependant, les utilisateurs de reflex anciens, à mesure centrale pondérée, doivent se méfier, surtout en diapo, de cette clarté qui aveugle la cellule. Normalement équilibré pour une réflexion moyenne de 18 %, le posemètre provoque une sous-exposition massive face à ce sujet qui réfléchit deux ou trois fois plus. Comme sur la neige, corrigez l'exposition de + 1 IL en fonction de la clarté des herbes sèches. Autres solutions : faire la mesure d'exposition sur une charge gris neutre (Kodak), sur sa main, en corrigeant l'exposition de + 0,5 IL, ou utiliser un posemètre séparé et faire la mesure en lumière incidente (avec bulbe blanc), en tenant l'élément sensible face à l'appareil.

Dans la savane, la plupart des photos se prennent depuis les fenêtres d'un véhicule (perspective naturelle) ou par l'ouverture prévue dans le toit des minibus et des 4 x 4 (perspective plongeante à courte distance). L'immen-

sité de la savane rend les très longues focales indispensables : le 300 mm est court, le 500 mm idéal, et les 600 mm et 800 mm encombrants, mais très appréciés des amateurs de gros plans. Ces optiques hors de prix peuvent se louer (assez cher) dans des boutiques photo ou être prêtées par un voyagiste spécialisé.

On peut également monter un convertisseur de focale (x 1,4 ou x 2) sur son 300 mm habituel, mais le piqué des photos sera nettement moins bon et la luminosité de l'objectif diminuera de 1 à 2 IL ; vu le prix du voyage, cette économie est peu judicieuse !

Le choix du boîtier doit privilégier les modèles performants dans les gammes amateur et pro. Un reflex entrée de gamme est utilisable dans la savane, mais la poussière et les chocs en viendront plus vite à bout que d'un boîtier de catégorie supérieure. Le reflex doit également être bien amorti au déclenchement (montée du miroir), afin de minimiser les vibrations avec les gros téléobjectifs.

Même posé sur le toit du minibus avec l'incontournable *bean bag* (sac en tissu rempli de riz ou de perles en plastique), un gros téléobjectif est soumis aux vibrations du boîtier. *Idem* pour les mouvements des passagers du véhicule, avec qui une entente cordiale est vivement conseillée.

La migration des gnous est un fantastique apport de protéines pour les lions qui les suivent ou élèvent leurs jeunes à proximité. Ce déplacement de force assure l'équilibre de la savane, tant au niveau de la régénération végétale que pour le nourrissage des carnivores le long du parcours. Lionnes *(Panthera leo)*
• Objectif 500 mm - 1/500 s à f/8 - MAP AF.

Les savanes

La savane :
un milieu hostile au matériel photo

Le matériel photo est à rude épreuve en safari-photo. Secousses violentes, poussière soulevée par le croisement d'autres véhicules, promiscuité dans l'habitacle imposent une protection accrue du matériel.

Un bon fourre-tout rembourré avec de la mousse haut de gamme est idéal quand le matériel est rangé. Avant l'action, couvrez les parties sensibles d'adhésif toilé. Pendant, mettez boîtier et objectif sous un coupon de tissu pour éviter les dépôts de poussière : le chèche des Sahariens est idéal, puisqu'il sert aussi de protection solaire et d'écharpe de fortune au photographe.

Un kit de nettoyage (pinceau, soufflette, chiffons en microfibres, Cotons-Tiges) est indispensable pour le dépoussiérage journalier du matériel : soufflez sur les impuretés avant d'essuyer les objectifs, sinon, le verre sera irrémédiablement rayé. De même, évitez de souffler la poussière vers les boutons et les bagues du boîtier et des objectifs : toute infiltration dans la mécanique est catastrophique. Procédez de même avec tous vos boîtiers, objectifs et accessoires – même inutilisés dans la journée – et retrounez le sac vide pour en chasser toute la poussière.

Un guépard du Masaï-Mara dans une séance de marquage de territoire… très graphique.
Il balise ainsi tous les abords de son périmètre de chasse avec ses déjections.
Et gare à l'intrus qui franchit ces limites !
Guépard *(Acinonyx jubatus)*
• Objectif 500 mm - 1/400 s à f/8 - MAP AF.

Les savanes

Le film le plus utile dans la savane est la diapositive 100 ISO. Saturation des couleurs, grain extrêmement fin, piqué irréprochable, contraste agréable : il faut des films de cette trempe pour prendre des images inoubliables. En outre, le prix du traitement est moins élevé qu'en négatif couleurs.
Il faut savoir que 60 films de 36 poses sont une provision tout à fait réaliste pour 10 jours de safari-photo. quand la chance donne à voir des spectacles rares, comme une chasse de guépard autour du véhicule ou la rencontre fortuite avec l'une des rares troupes de lycaons…

Sans doute tué la veille par des braconniers à la recherche d'ivoire, cette carcasse d'éléphant sera « nettoyée » en quelques jours à peine. Le festin commence par les lions et sera terminé par les hyènes, les chacals et les vautours.
• Zoom 28-105 mm - 1/200 s à f/11 - MAP AF.

Paradoxe de la mauvaise gestion humaine de l'éléphant d'Afrique : il disparaît de manière effroyable sous les balles des braconniers et se retrouve en surnombre dans des parcs trop petits pour l'accueillir.
Éléphants d'Afrique *(Loxodonta africana)*
• Objectif 600 mm - 1/250 s à f/8 - MAP AF.

Les savanes

Ce pauvre criquet vient de terminer sa carrière dans le bec du rollier à longs brins. Une aubaine pour le photographe, mais une très longue focale est indispensable pour un sujet aussi petit qu'un oiseau.
Rollier à longs brins
(Coracias caudata)
• Objectif 600 mm - 1/800 s à f/4 - MAP AF.

À DROITE
Joute entre deux zèbres de Burchell dans la savane du Masaï-Mara. En langue Swahili, zèbre veut dire « âne rayé » : un pelage singulièrement propice au bon fonctionnement des systèmes autofocus !
Zèbre de Burchell
(Equus burchelli)
• Zoom 100-400 mm - 1/200 s à f/6,3 - MAP AF.

LES DÉSERTS

Les magnifiques dunes rouges de Sesriem sont situées au cœur du plus ancien désert de la planète : le Namib.
La végétation donne l'échelle de ces montagnes de sable.
Parc de Namib-Naukluft (Namibie)
• Zoom 100-400 mm - 1/100 s à f/7,1 - MAP AF.

Sahara, Kalahari, Mojave, Gobi, Namib, Atacama… d'immenses étendues où le taux d'évaporation dépasse largement celui des précipitations ; on les appelle les déserts. En réalité, le terme n'est pas vraiment approprié pour ces terres noyées de soleil, puisque la vie y a trouvé son chemin à travers des plantes ligneuses, des cactus, des épineux, des insectes, des arachnides, des mammifères, des oiseaux qui ont tous leur parade à la forte chaleur des journées et au froid nocturne. Ils ont du mérite, car les régions désertiques placées de part et d'autre de l'équateur ont une météo implacablement régulière : temps calme, chaleur éprouvante, grand bleu sans le moindre cumulus. Et cela pendant des mois, voire des années.

Parfois, la pluie arrive jusqu'au sol, dur comme de la pierre. Quand sa quantité est insuffisante, l'eau s'évapore. Mais il est des périodes où l'eau provoque de véritables déluges, s'écoulant avec violence sur un sol incapable de s'imprégner. Alors les oueds (anciens lits de rivières) passent instantanément de l'assèchement à la crue : ils charrient du sable, des graines en sommeil et créent de grands lacs de faible profondeur. Quelques plantes s'empressent de fleurir pour être pollinisées, produisent des graines qui s'ensablent, et entrent en léthargie jusqu'au prochain orage… peut-être dans un an ou deux !

Les animaux du désert passent la majeure partie de la journée sous terre (fennecs, gerboises, rats kangourous, araignées, insectes) ou sous des pierres (scorpions, lézards). Il leur suffit de s'enterrer de quelques centimètres pour bénéficier d'une grande différence de température avec le sable à la surface. Si les insectes, les araignées et les lézards n'hésitent pas à sortir en pleine journée pour chercher leur pitance, les mammifères (gerboises, rats kangourous, spermophiles) s'en tiennent aux sorties à l'aurore et au crépuscule. Le fennec chasse pour sa part toute la nuit et revient dans son terrier au petit matin. Et tout ce petit

Les déserts

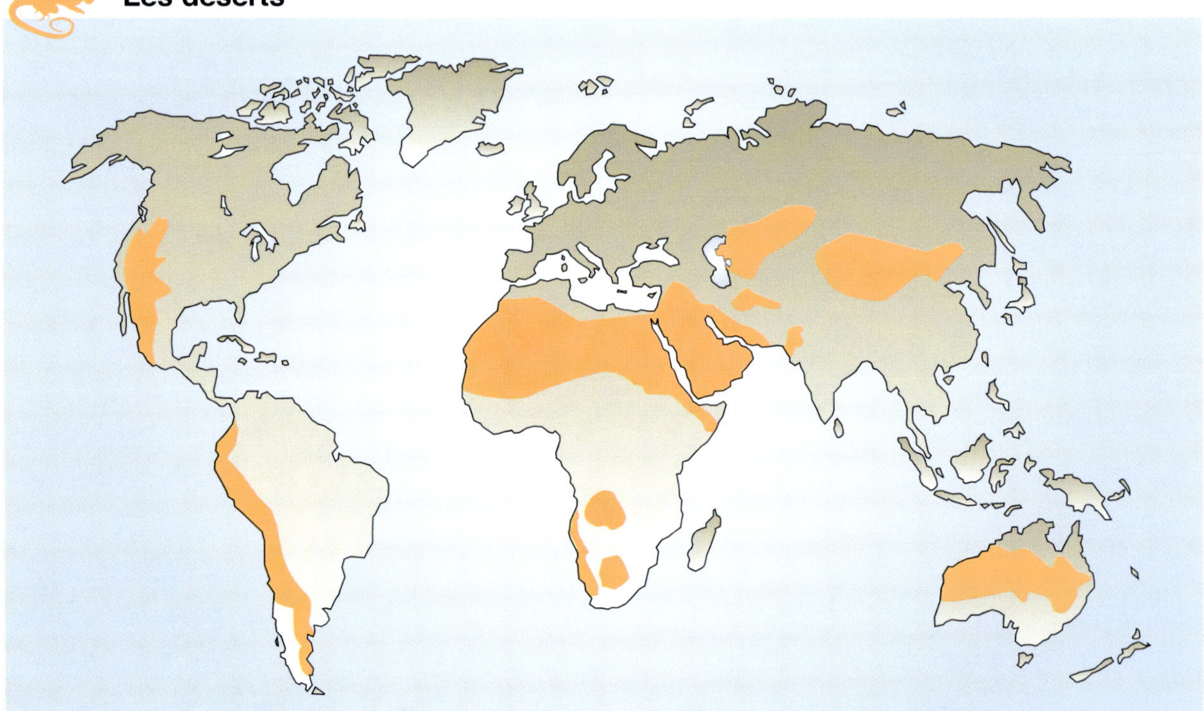

Les sables du désert de Namib abritent des serpents superbes, dont la bitis cerastine, une vipère magnifique.
Bitis cerastine *(Bitis caudalis)* • Objectif 100 mm macro - 1/60 s à f/13 - MAP MF.

monde développe des parades au manque d'eau : la principale source de liquide est dans leur alimentation (herbacées, cactées, proies animales). Mais beaucoup limitent leur déshydratation par concentration d'urine, diminution de la sudation, régulation de la température corporelle ou en mangeant leurs propres excréments.

Les racines peu profondes de certains végétaux s'étalent sur de grandes surfaces pour piéger la moindre humidité. D'autres préfèrent creuser à la verticale jusqu'à atteindre des couches humides, voire la nappe phréatique lorsqu'elle est accessible. Il y a même des cactus qui s'enflent d'eau quand elle est disponible... et se dégonflent au fur et à mesure de sa consommation. Tous stockent les éléments nutritifs dans leurs racines, pour résister dans ce monde inhospitalier. Les plantes participent ainsi à la fertilisation localisée du désert.

Prendre des photos dans le désert

Il y a une foule de choses à photographier dans un désert. D'abord les paysages : presque entièrement minéraux, ils offrent une variété de tons allant du blanc des dépôts salins au noir des vieilles roches érodées, en passant par le jaune du sable et le rouge orangé des minéraux ferreux. Des matières faciles à valoriser quand on choisit les premières ou les dernières heures du jour pour effectuer ses prises de vues. À courte distance, on réussit à faire des premiers plans bien nets dans la journée, mais attention aux lointains, dont la netteté est toujours amoindrie par les turbulences de chaleur. Le lever du jour est la meilleure heure pour éviter les problèmes dus à la surchauffe du sable à la surface. Comme c'est aussi un moment d'activité pour les animaux du désert, ne comptez pas faire la grasse matinée !

Insectes, arachnides et reptiles sont assez faciles à approcher et offrent des occasions de photos exceptionnelles. Il faut toutefois agir avec prudence, car les animaux du désert sont vifs et prompts à la défense : le scorpion qui file entre vos genoux posés au sol est particulièrement impressionnant... et venimeux ! *Idem* pour les serpents, parmi lesquels la vipère à cornes et le crotale sont les plus célèbres dans les régions désertiques. Ils sont souvent appréciés des photographes pour les jolis dessins qu'ils font dans le sable en se déplaçant, mais restent des animaux dangereux pour l'imprudent. Heureusement, tous les reptiles ne sont pas venimeux ; témoins, les geckos, petits lézards qui grimpent sur n'importe quelle surface grâce aux coussinets électrostatiques de leurs pattes. Les oiseaux sont plus faciles à photographier depuis un véhicule, surtout le matin, lorsqu'ils cherchent insectes et reptiles dans les anfractuosités des pierres.

Plus difficiles à repérer, les gangas ont un plumage qui se confond parfaitement avec le sol sableux. Ces oiseaux dodus sont capables de faire 80 km pour aller boire et de ramener de l'eau dans leurs plumes pour hydrater leurs poussins. Les mammifères restent les plus farouches, et, dans le désert, ils bénéficient de grands dégagements pour vous voir venir.

Pour photographier une vipère en plein désert du Namib, il faut être prudent... et joueur : « J'ai commencé l'approche de cette vipère au zoom 100-400 mm. Au bout d'une demi-heure, je suis passé au 100 mm macro, avec beaucoup de précautions. Le serpent semblait m'avoir accepté. Un faux mouvement de ma part aurait été dramatique. » Vivement déconseillé aux non-spécialistes ! Photo : Houria Arhab.

Une longue focale ($\geq$ à 400 mm) s'impose pour photographier le rat kangourou ou immortaliser la gerboise dans ses évolutions matinales. Les grands herbivores, tels l'oryx, la gazelle ou l'antilope, sont également très méfiants et ne doivent pas être pistés en véhicule sous peine de déshydratation fatale. À grande distance, intégrez-les dans un paysage pour éviter de les déranger. Comme l'affût est insupportable dans la journée, l'arrivée en véhicule avant le lever du soleil est une bonne méthode pour un affût temporaire.

Dans le désert, attention à la chaleur !

Chaleur, sécheresse et poussière sableuse rendent le désert hostile au matériel photographique. Boîtier et optiques doivent être maintenus autant que possible à l'ombre, dans un fourre-tout garni de mousses épaisses. Durant le transport, le sac photo peut être mis à l'abri dans une glacière de qualité (attention aux glacières bas de gamme qui ne comportent même pas d'isolant entre les couches de plastique), elle-même placée à l'ombre dans un endroit ventilé. Ces deux protections absorbent les

Les déserts

Gecko terrestre géant *(Chondrudastylus angulifer)*
• Objectif 100 mm macro - 1/250 s à f/8 - MAP MF.

Le caméléon lance sa langue comme une fronde,
il englue l'insecte et l'attire dans sa bouche.
Caméléon du Namaqua *(Chamaleo namaquensis)*
• Objectif 100 mm macro - 1/200 s à f/11 - MAP MF.

À GAUCHE
L'oryx est parmi les rares ruminants aptes à survivre
dans la fournaise du désert. Désert de Namib.
Oryx - Gemsbok d'Afrique du Sud *(Gazella gazella)*
• Zoom 100-400 mm - 1/250 s à f/11 - MAP AF.

Les déserts

Comme la plupart des plantes du désert, le ruditonsis stocke le maximum d'éléments nutritifs dans ses tissus. Ses racines absorbent la moindre molécule d'eau pour assurer sa survie dans la fournaise. Désert de pierre de Sturt (Australie).
• Objectif 50 mm macro - 1/60 s à f/11 - MAP MF.

Grâce à une bague-allonge montée sur un 135 mm, le rapport de grandissement nécessaire est obtenu à une distance suffisante pour ne pas affoler cet habitant du désert de Simpson : indispensable avec un serpent venimeux ! Démansia psammophidienne *(Demansia psammophis)*
• Objectif 135 mm + bague-allonge - 1/60 s à f/3,5 - MAP MF - Flash cobra.

vibrations, isolent de la chaleur et empêchent l'infiltration de sable.
Quand vous effectuez une prise de vues, évitez toute exposition directe du matériel photo sous le soleil. Les parties noires absorbent la chaleur comme de véritables aimants et la transmettent directement au film. Ombrelle, tissu blanc tendu, ombre d'un véhicule, réflecteur argenté, couverture de survie protègent l'appareil des rayons solaires. Les optiques souffrent aussi de la chaleur, notamment celles qui comportent des lentilles en fluorine, monocristal très sensible aux écarts thermiques. Quand l'objectif est laissé en plein soleil, les colles qui unissent certaines paires de lentilles ramollissent ou même se décollent : l'objectif est alors complètement hors d'usage. *Idem* pour les graisses des objectifs métalliques : elles fondent, se vaporisent et s'écoulent un peu partout dans le barillet. Quelques SAV (services après vente) de grandes marques assurent à titre préventif le changement de graisse des objectifs destinés à l'utilisation à une chaleur élevée ou dans le froid extrême.
Le sable et sa poussière farineuse (le « fesh-fesh ») sont à redouter en toutes circonstances. Le véhicule qui circule toutes vitres ouvertes en absorbe chaque fois qu'il en croise un autre, et cette poussière s'infiltre partout, jusque entre nos dents, qui crissent lorsqu'on mastique ! Un chèche enroulé autour de l'objectif et du boîtier assure une protection de base assez efficace. Bouchez tous les interstices entre les bagues et les commandes de l'appareil avec de l'adhésif, à changer chaque jour pour se prémunir de la fonte de la colle. À chaque arrêt, n'hési-

tez pas à ôter poussière et sable du matériel avec une poire soufflante, en prenant garde de ne pas les pousser vers l'intérieur des bagues. Portez une attention toute particulière aux changements de bobines : attendez un arrêt et ôtez – à l'extérieur de la voiture – le sable de vos mains, de votre visage et de vos vêtements.

Les films conservés dans la glacière ne doivent surtout pas être sortis à l'avance de leur canister en plastique : il y règne une atmosphère neutre au taux d'humidité contrôlé. Sortez le film, fermez le canister, échangez les bobines (vérifiez que l'intérieur du boîtier est vierge de sable) et remettez le film exposé dans son canister. N'oubliez surtout pas de refermer la glacière à films et de la ranger dans un endroit ombragé. Dans le cas d'un bivouac prolongé durant la journée, sortez la glacière à films de la voiture et enterrez-la dans un sac en plastique sous une dizaine de centimètres de sable, à proximité de votre tente : il y fait beaucoup plus frais que dans la voiture. La nuit, la glacière peut être laissée dans la tente.

Dans l'intense lumière du désert, les films diapositives 50 et 100 ISO conviennent parfaitement. Leur faible latitude d'exposition impose une analyse précise des conditions lumineuses, notamment sur le sable blanc, qui peut introduire une sous-exposition due à sa forte réflexion naturelle. Avec un reflex à mesure multizone, l'appareil gère ce problème automatiquement tant qu'il y a un sujet de référence dans le cadre. Pour les vues de sable blanc uni, doublez vos prises de vues exposées en automatique d'une seconde image surexposée de 1 IL. Faites de même avec les boîtiers à mesure d'exposition centrale pondérée.

Ce dragon australien présente la particularité de pouvoir gonfler sa collerette épineuse pour décourager ses ennemis potentiels.
Désert de pierre de Sturt (Australie).
Dragon barbu *(Amphibolorus barbatus)*
• Objectif 50 mm macro - 1/60 s à f/8 - MAP MF.

Les déserts

Le parc national de Nambung est situé dans le désert des Pinnacles (Australie). Ces surprenantes sculptures naturelles sont les restes d'une forêt pétrifiée, érodée par les précipitations.
• Objectif 24 mm - 1/125 s à f/11 - MAP MF.

LES ÎLES ET LITTORAUX

Dans les îles Tuamotu (Polynésie), cette gygis blanche couve soigneusement son œuf, à l'abri du plumage de son poitrail.
Gygis blanche *(Gygis alba)*
• Objectif 300 mm - 1/200 s à f/4 - MAP AF.

Le littoral est un écosystème d'une grande variété, qui s'étend du point de marée le plus bas au sommet des falaises rocheuses. Il peut être sableux, vaseux, rocheux, ou mélanger plusieurs de ces caractéristiques, voire en changer en quelques heures (la nature d'un littoral change parfois complètement en une seule nuit de tempête, avec des plages de galets nettoyées, l'apparition de langues de sable dans des zones rocheuses ou l'effondrement d'un pan de falaise). L'écosystème du littoral fonctionne en strates, un peu comme la forêt tropicale humide. Il y a la partie toujours immergée en limite de marée, l'estran, qui est recouvert et découvert par la mer au rythme de marées plus ou moins fortes, la zone au-delà des plus grandes marées, qui reçoit constamment des embruns salés, la bande de sable, de vase ou la falaise qui marque la transition avec les terres. Chaque bande de littoral abrite des espèces spécifiques et d'autres qui le sont moins – et qui attendent la prochaine marée dans un trou d'eau pour rejoindre leur territoire habituel.

L'estran abrite une faune marine capable de résister plusieurs heures à l'absence d'eau (bernicles, moules, huîtres) ou habilement cachée sous le sable (vers), dans les algues (crabes, anémones de mer) ou dans des trous d'eau sur les côtes rocheuses (crevettes, poissons, anémones de mer). Les coquillages qui ont émergé restent fermés durant la marée, attendant le retour de l'eau pour se nourrir en la filtrant. Ils résistent bien dans les anfractuosités des côtes rocheuses, mais redoutent les expositions prolongées sous le soleil et subissent la prédation des oiseaux limicoles comme l'huîtrier-pie, qui est un champion de l'ouverture… des coques et palourdes. La force des vagues modifie aussi le taux de fréquentation de l'estran et fait varier les espèces en fonction de leur adaptation à la violence du ressac.

L'estran est une zone particulièrement appréciée des oiseaux limicoles, qui se nourrissent à marée basse des vers, crustacés et autres coquillages qui s'offrent à eux sans résister. Ces oiseaux donnent au photographe bien des

Les îles et littoraux

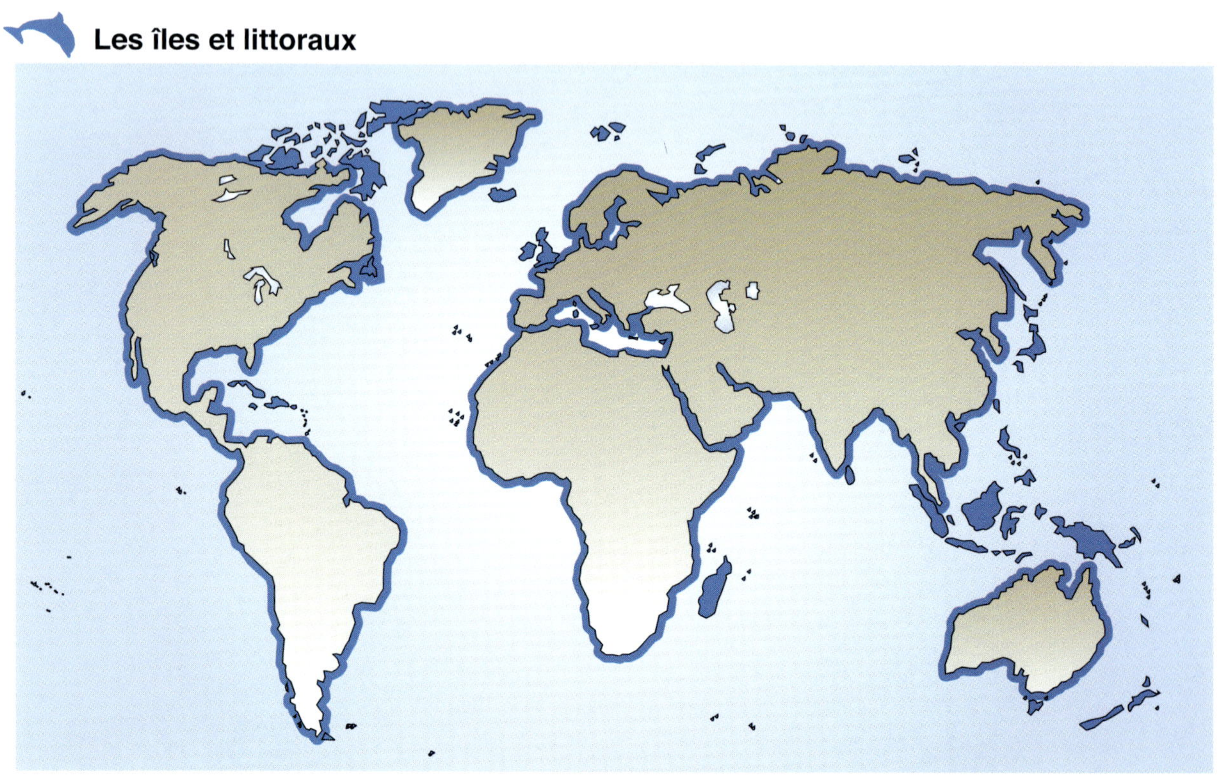

occasions de prises de vues, d'autant que les migrateurs de passage (printemps et début d'automne) apportent une grande variété d'espèces sur tout le littoral de la Manche à l'Atlantique. Tous ces volatiles, rejoints par les espèces de haute mer, nichent le long du littoral au printemps. Vasières, falaises, étendues de galets leur assurent une sécurité appréciée pour élever leurs jeunes, avec toutefois la pression de plus en plus forte des prédateurs (goélands, mouettes) dans les zones d'activité humaine.

On retrouve l'écosystème du littoral dans les îles, avec cependant des variantes très importantes sous les tropiques, où le corail joue un rôle prépondérant. Les îles coralliennes et les atolls, cernés par des barrières composées de madrépores, vivent en symbiose avec des algues unicellulaires, entassés sur les squelettes des nombreuses générations précédentes (jusqu'à plus de 1 000 m d'épaisseur). Ces îles ont un milieu complémentaire, créé par la barrière corallienne : la lagune. Il s'agit de la bande d'eau de faible profondeur qui est prise entre la barrière de corail et l'île placée au centre (pas d'île centrale dans les atolls).

La température élevée et le calme de ces eaux peu profondes, protégées du ressac, en font un écosystème d'une richesse comparable à celle de la forêt tropicale humide. Une foule de poissons et d'invertébrés élisent domicile dans les coraux parmi les anémones de mer et de nombreuses autres formes de vie aquatiques.

« Les îles de l'océan Indien offrent une diversité de paysages naturels incroyable. Ici, dans le lagon d'Aldabra, ce lapiaz résiste à l'érosion depuis 120 000 ans ! »
• Objectif 20 mm - 1/100 s à f/20 - MAP AF.

Les îles et littoraux

50 tonnes, 18 mètres... de quoi se faire une frayeur lorsqu'une baleine approche les petites embarcations de Puerto Piramide (Argentine). Pourtant, le danger est faible et ne peut découler que d'une maladresse.
Baleine franche de Biscaye *(Eubalaena glacialis)*
• Zoom 28-105 mm - 1/200 s à f/6,3 - MAP AF.

Les fous de Bassan, tout à leurs activités de reproduction, se laissent approcher à très courte distance. Occasion à ne pas rater pour chercher la photo originale.
Fou de Bassan *(Sula leucogaster)*
• Objectif 400 mm - 1/250 s à f/4 - MAP MF.

Prendre des photos sur le littoral

Le littoral, c'est d'abord de magnifiques paysages où tout est réuni pour produire de belles photos : dégagement vers le lointain, fuyante naturelle des côtes, graphisme des plages, harmonie des teintes, richesse en premiers plans intéressants (bateaux, coquillages sur les rochers, matière du sable, fleurs sur la falaise, etc.), grande variété de lumières. Même en pleine tempête, le littoral est beau et majestueux. Depuis le promontoire naturel de la falaise, l'angle est favorable pour montrer en détail la richesse de l'estran hors d'eau, par exemple au grand-angle, en cadrage vertical, avec les détails du premier plan en bas de l'image et la fuyante côtière qui se poursuit jusqu'au point fort du cadre, dans le tiers haut-droit. Avec un téléobjectif, ce point de vue élevé permet de tasser la succession de plans formée par les criques et les avancées des falaises dans la mer. À contre-jour, n'hésitez pas à sous-exposer de 1/2 IL pour renforcer la densité des matières en mesure multizone. Au pied des falaises, ce sont les matières qu'il faut valoriser : la mer et l'estran pris sous un angle très fermé restent peu détaillés. Quand il s'agit de falaises sombres, mémorisez votre mesure d'exposition côté mer, pour éviter une surexposition engendrée par la falaise. Dans le cas contraire, il est parfois nécessaire

Les îles et littoraux

de corriger l'exposition en surex (+ 0,5 IL), afin de contrer l'excès de densité engendré par la clarté de la falaise calcaire. Sur les côtes plates, donnez plus de relief aux images en cadrant des premiers plans esthétiques : trou d'eau grouillant de vie, graphisme des algues sur quelques roches, tortillons éjectés par les vers qui creusent dans le sable, oiseaux autour de l'affût. Le dessin d'une anse ou la perspective sur un phare apportent également de la profondeur aux paysages trop plats. Le littoral est un merveilleux terrain pour la photo d'oiseaux. Des limicoles qui sautent au gré des vagues aux fous de Bassan et aux sternes qui plongent, en passant par les guillemots, les mouettes tridactyles, les pingouins torda, les pétrels fulmar et les macareux moines (qui creusent leur terrier juste au-dessus des rochers), le littoral est le lieu de rencontre printanier de la plupart des oiseaux côtiers et pélagiques. Canards, oies, aigrettes, hérons fréquentent également la bande côtière, surtout à marée basse, pour y trouver une nourriture riche et facile à dénicher. Il suffit souvent de s'abriter sous une bâche pour se retrouver entouré de limicoles qui se posent et s'envolent au rythme des vagues, à la recherche d'un invertébré déposé par le ressac. Sur les falaises, les prises de vues sont encore plus faciles, puisque les oiseaux, occupés par leurs petits, oublient très vite le photographe qui sait respecter ses distances.

Protéger son matériel en bord de mer

Les prises de vues sur le littoral nécessitent un fourre-tout assez complet : grand-angle pour les paysages, télézoom moyen (80-200 mm) et bague-allonge pour la photo dans les trous d'eau, téléobjectif entre 300 et 500 mm, idéal pour la photo d'oiseaux. Il est impératif de munir toutes les lentilles frontales d'un filtre UV neutre, qui arrête les embruns salés.

Lorsqu'il fait beau, l'adhésif toilé collé autour des objectifs (et sur les éléments sensibles du boîtier) offre une protection suffisante contre

À GAUCHE
La frégate ariel mâle attire les femelles du lagon d'Aldabra en montrant le rouge vif de son sac jugulaire gonflé.
Frégate ariel *(Fregata ariel)*
• Objectif 200 mm - 1/350 s à f/8 - MAP AF.

Le « crabe voleur » est spectaculaire par son aspect, mais aussi par sa taille : certains individus atteignent 1 m d'envergure, pinces écartées !
Crabe de cocotier *(Birgus latro)*
• Objectif 50 mm - 1/60 s à f/8 - MAP AF.

le dépôt salin corrosif, qui s'infiltre avec les embruns humides et devient abrasif au séchage. Par mauvais temps, appareil et objectifs doivent être enveloppés dans un sac plastique fixé à l'adhésif, et maintenus à l'abri le plus possible.
Vous enlèverez ces protections au retour des prises de vues et nettoierez soigneusement le matériel pour ôter grains de sable et résidus de sel déposés. N'essuyez jamais une optique sans passer au préalable la soufflette : les particules abrasives risquent de transformer votre chiffon en pseudo papier de verre extrêmement pernicieux pour le traitement multicouche des objectifs.

Sur l'atoll de Cosmoledo, ce héron cendré ne semble pas s'inquiéter de la présence de prédateurs. Ignorance feinte ou réelle ? Héron cendré *(Ardea cinerea)*, requins à pointes noires *(Carcharhinus melanopterus)* • Objectif 400 mm - 1/250 s à f/11 - MAP MF.

À GAUCHE
Une présence assidue sur le terrain et un peu de chance sont nécessaires pour saisir l'intimité des tortues de mer. Tortue verte *(Chelonia mydas)* • Objectif 200 mm - 1/250 s à f/7,1 - MAP AF.

Les îles et littoraux

Comme dans le désert, l'échange de films est risqué sur le littoral, surtout quand le vent souffle : sable de la plage et embruns salés ont tôt fait de rayer un film ou de bloquer l'obturateur de l'appareil. Mettez-vous à l'abri dans votre voiture, derrière des rochers ou sous un parapluie – même par beau temps – le temps de changer de pellicule. Rangez le film dans son canister en plastique pour minimiser les attaques de l'humidité salée. Les changements de focales posent le même type de problème : mieux vaut utiliser deux boîtiers équipés de zooms afin de supprimer les phases de démontage d'objectifs en bord de mer.
Par beau temps, utilisez un film 100 ISO en diapositive neutre ou de 100 à 200 ISO en négatif couleurs : les teintes marines sont souvent riches et contrastées, propices à une saturation déjà intense des couleurs. Les films diapositives plus saturés sont à réserver au temps gris et à la tempête, quitte à travailler sur trépied pour compenser la faible sensibilité du film. Avec un film diapositive neutre, appliquez une sous-exposition volontaire de – 0,3 à – 0,5 IL pour saturer les teintes quand le temps passe au gris.

Deux mâles en combat singulier sur fond d'ecosystème : l'image idéale ? Éléphants de mer australs *(Mirounga australis)* • Objectif 300 mm - 1/320 s à f/8 - MAP AF.

LES RÉGIONS POLAIRES

Femelle d'ours polaire flanquée de ses deux petits dans la région de Churchill (Canada). Elle évite, et parfois affronte, les grands mâles susceptibles de tuer ses jeunes.
Ours polaire *(Ursus maritimus)* • Objectif 600 mm - 1/100 s à f/4 - MAP MF.

Aux pôles Nord et Sud, l'angle d'éclairage solaire est si faible et l'albédo (coefficient de réflexion du sol) tellement élevé qu'un froid sec intense y règne toute l'année : le sol, gelé en profondeur (le pergélisol), n'absorbe que 5 % de l'énergie solaire, déjà très faible. L'angle d'inclinaison de la terre introduit des journées interminables durant le court été polaire et des nuits sans fin pendant l'hiver. C'est aussi l'inclinaison de l'axe terrestre qui inverse les saisons entre le Nord et le Sud : l'un des hémisphères est presque face au soleil alors que l'autre reçoit la lumière sous un angle plus fermé, et inversement six mois après, quand la terre a effectué une demi-orbite autour du soleil.

Comme dans un désert chaud, l'air est extrêmement sec près des pôles : la moindre humidité est immédiatement transformée en glace par les vents violents, et les précipitations sont encore plus faibles aux pôles que dans le Sahara. Rares sont les animaux à rester sur place durant l'hiver : les ours blancs et les phoques au nord, les manchots au sud sont parmi les plus résistants.

Les calottes glaciaires des deux pôles ne fondent que très partiellement durant l'été, ce qui repousse la vie près des côtes, de préférence sur les péninsules où l'influence de la mer est favorable aux températures plus clémentes. Le pergélisol ne dégèle alors que de quelques centimètres à la surface, et la transforme en marais gorgés d'eau.

Dès la fonte des glaces, c'est une véritable explosion végétale, qui attire de loin oiseaux et mammifères. Les conditions de vie extrêmes dans ces régions imposent une très forte spécialisation des espèces vivantes, tant animales que végétales. Les herbacées (saxifrage, silène acaule, pavot jaune de l'Arctique, bleuet de l'Arctique) et les arbres nains (saules rampants, épicéas, bouleaux) qui survivent dans la toundra bénéficient d'une

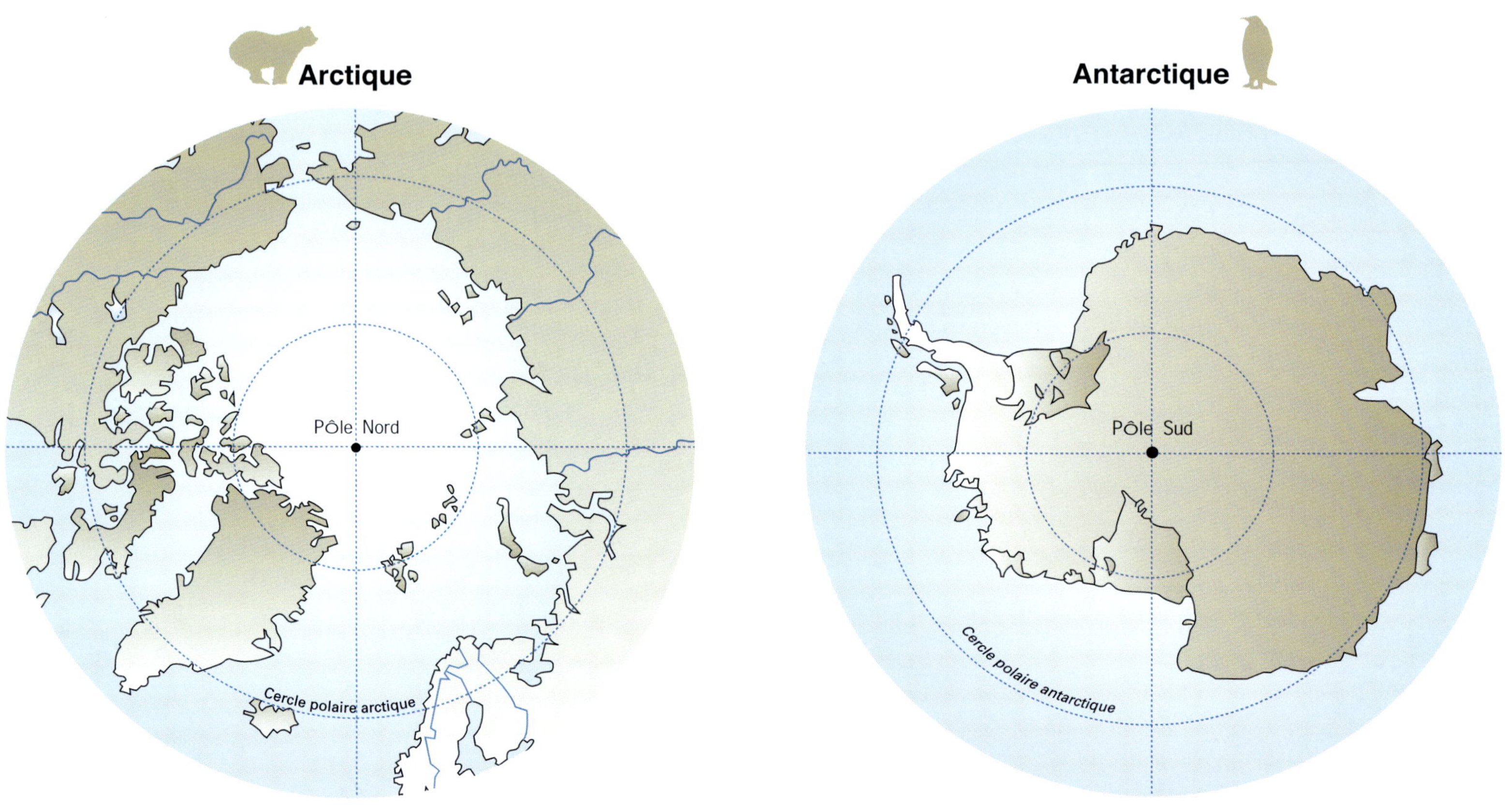

Les régions polaires

période estivale tellement courte (de trois à quatre mois environ) qu'ils ont concentré leur cycle sur elle. Caribous, lemmings, lièvres variables, souris, bœufs musqués, loups, lynxs, faucons, chouettes harfang remontent vers le nord dès les beaux jours, les uns à la conquête de la végétation, les autres pour se repaître des gourmands revigorés par les herbacées nutritives.

Prendre des photos dans les régions polaires

La seule saison pour photographier dans les régions polaires est l'été. L'hiver, il fait nuit constamment, les vents violents et secs ne s'interrompent quasiment jamais et les températures sont insupportables. Certes, l'été est court, mais les journées durent 24 heures et le soleil est toujours idéalement bas. Le contraste entre sa lumière rougeoyante et les glaces bleutées est fantastique, d'autant que l'air sec est parfaitement transparent. Des conditions rêvées pour réaliser des photos de paysages exceptionnelles. Faire du paysage en région polaire impose toutefois de la rigueur dans les cadrages et les compositions. Il est judicieux de compenser la monotonie des hori-

L'été austral en Antarctique. Les glaces se détachent de la banquise et voguent en fondant vers des latitudes plus chaudes. La forte luminosité de la glace provoque une légère sous-exposition propice aux tons saturés de l'arrière-plan.
• Zoom 28-105 mm - 1/200 s à f/13 - MAP AF.

Les régions polaires

Cette perspective rasante s'obtient en posant l'appareil sur le sol. Quand la prise de vues se prolonge, mettez un chiffon sous le boîtier pour l'isoler du froid humide. Manchot royal *(Aptenodytes patagonica)* • Zoom 100-400 mm - 1/350 s à f/5,6 - MAP AF.

zons blancs et plats par des premiers plans bien choisis, si possible colorés par la lumière solaire jaune orangé. Le graphisme des arêtes de glace est très pratique pour donner du dynamisme à un cadrage un peu mou. Sur la glace et la neige, n'oubliez pas d'apporter une attention particulière aux problèmes d'exposition. En mesure multizone, l'appareil expose correctement tant qu'il dispose d'un sujet de référence pour s'ajuster (personnage, animal brun). Sur un paysage uniformément blanc, le posemètre se retrouve dans les mêmes conditions qu'une cellule à mesure centrale pondérée : il cherche à ramener la scène au gris moyen (18 %) pour lequel il est calé. Sous-exposition garantie ! Dans ce cas, réglez le correcteur d'exposition sur + 1 à + 1,5 IL, afin de rendre à la glace son aspect blanc. Si l'état de la lumière vous laisse un doute, doublez la vue avec l'exposition donnée par la mesure multizone : il est plus simple de perdre une diapositive que de revenir faire la photo plus tard.

Près des côtes, le tapis végétal, un peu terne, est rehaussé par des petites fleurs colorées. Elles font de jolis premiers plans, avec des vues en profondeur sur les côtes et les fjords de certaines régions. Les amateurs de macrophotographie peuvent s'en donner à cœur joie avec la délicatesse de ces structures végétales taillées pour le froid. Pour photographier les animaux, l'installation d'un affût ne pose pas de problème particulier, hormis l'humidité du sol détrempé et l'obligation de surveiller de près les allées et venues des ours polaires et autres carnassiers pouvant être attirés par votre casse-croûte…

Dans le nord du Canada, des safaris-photos spécialisés dans les ours polaires permettent de faire des images intéressantes en toute sécurité : vous circulez dans de grands buggys spécialement conçus pour cet usage, avec chauffage, coin repas et même couchettes pour les plus spacieux. Pour un non-spécialiste de la survie en milieu extrême, c'est probablement le meilleur moyen de faire de très bonnes images.

Pour éviter la sous-exposition introduite par la forte réflexion de la glace, une correction d'exposition de + 1 IL a été nécessaire. Ce phoque de l'Antarctique se nourrit presque exclusivement de krill.
Phoque crabier
(Lobodon carcinophagus)
• Zoom 28-105 mm - 1/125 s à f/8 - MAP AF.

CI-CONTRE
Portrait serré rendu possible par la mise au point rapprochée du zoom 100-400 mm. Shetlands du Sud. Manchot à jugulaire *(Pygoscelis antarctica)*
• Zoom 100-400 mm - 1/250 s à f/5,6 - MAP AF.

PAGE DE GAUCHE
La péninsule antarctique est propice par ses eaux plus chaudes à la prolifération d'espèces. Deux manchots papous sur l'île de Port Circumcision, où Jean Charcot hiverna en 1909. Manchot papou *(Pygoscelis papua)*
• Zoom 100-400 mm - 1/60 s à f/7,1 - MAP AF.

CI-CONTRE
Le manchot de Magellan à la sortie du terrier où il a pondu ses œufs. La vue rasante donne l'impression de partager son habitat dans les îles Falkland. Manchot de Magellan *(Spheniscus magellanicus)*
• Objectif 300 mm - 1/320 s à f/4,5 - MAP AF.

Les régions polaires

La baie d'Hudson (Canada) est le royaume des ours polaires. Ici, l'un d'eux à la recherche de nourriture.
Ours polaire *(Ursus maritimus).*
• Objectif 600 mm - 1/200 à f/7,1 - MAP AF.

Dans les eaux froides du Labrador (Canada), le grand rorqual à bosse saute hors de l'eau dans une gerbe d'écume.
Pour le photographe, il faut agir vite et bien, car la baleine ne signale pas d'où elle va surgir.
Rorqual à bosse
(Magaptera novaeangliae)
• Objectif 135 mm - 1/250 s à f/8 - MAP MF.

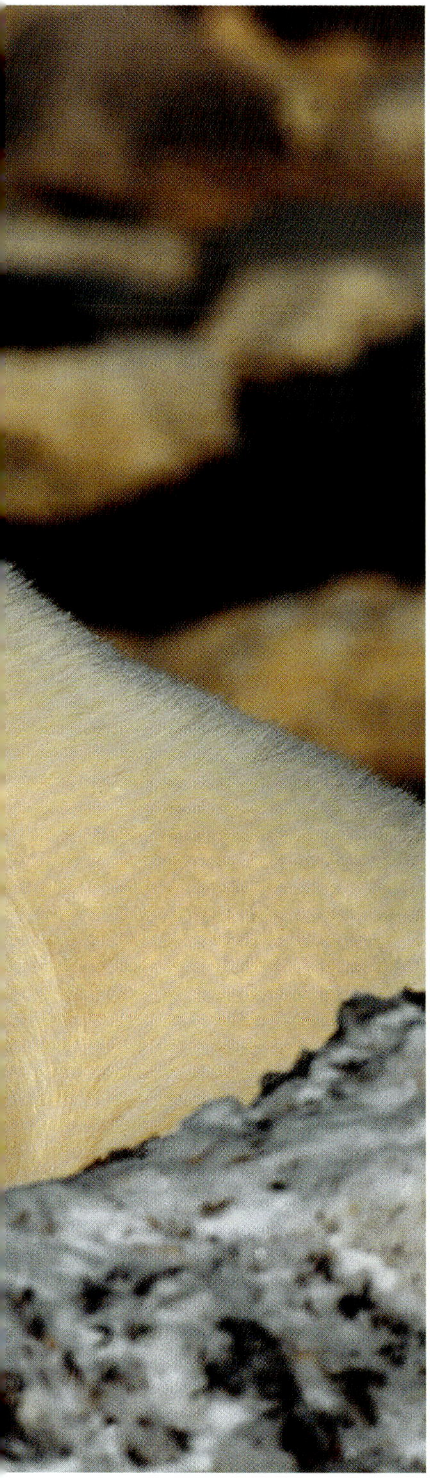

Utiliser au mieux son matériel photo dans les régions polaires

Le froid extrême des régions polaires impose une gestion complexe du matériel photo. Les boîtiers amateurs ne conviennent pas, car leurs matériaux sont trop fragiles pour supporter de forts écarts de température. Il faut s'équiper avec du matériel professionnel, et si possible le faire préparer par le SAV de la marque, notamment au niveau des graisses d'objectifs, qui figent par grand froid et rendent les mises au point hasardeuses. À ce propos, les zooms sont à proscrire au-dessous de – 20°C : le graissage abondant des parties mobiles du zoom fige plus facilement que celui plus modéré des focales fixes. Dommage, car changer souvent d'objectif oblige à retirer… souvent ses gants, ce qui reste très désagréable dans ces conditions.

Les boîtiers électroniques haut de gamme sont utilisables dans le froid extrême (jusqu'à – 25°/– 30°C), à condition de les alimenter avec des piles lithium de type AA (LR06). Ces piles au débit fort et régulier (1,6 V) offrent une résistance au froid beaucoup plus importante que les autres technologies. Quand elles sont provisoirement vaincues par le froid, il suffit de les remettre au chaud sous les vêtements pour leur redonner toute leur puissance : emmenez deux jeux de piles lithium à utiliser alternativement. Autre solution : alimenter l'appareil par câble, avec un boîtier de piles lithium ou d'accus performants maintenus au chaud dans l'anorak. En-dessous de – 30°C, un reflex entièrement mécanique permet de s'affranchir complètement des problèmes d'alimentation, mais il doit être manipulé en douceur : les graisses figent et les pièces fragiles sont plus sensibles par grand froid. Attention aux parties en métal des boîtiers mécaniques, qui collent sur les doigts nus et risquent d'arracher la peau. Protégez votre matériel avec de l'adhésif toilé, sans oublier le dos du boîtier et l'oculaire de visée : la paupière ou le nez collé à l'appareil par le froid offre des sensations très désagréables !

Dans le froid, la buée soufflée accidentellement au dos de l'appareil, sur le viseur – ou volontairement sur la lentille frontale d'un objectif à nettoyer – se transforme instantanément en un voile de glace totalement opaque. Une fois installé, ce voile opaque est impossible à retirer, à moins de pouvoir rester suffisamment longtemps dans une pièce convenablement chauffée. C'est-à-dire plusieurs heures pour que l'appareil soit à la

L'éveil des jeunes mâles passe par le jeu et la mimique des combats qu'ils auront à affronter dans leur vie d'adulte. Des scènes d'autant plus intéressantes à photographier que les jeunes sont tellement concentrés qu'il ignorent le photographe.
Ours polaire *(Ursus maritimus)*
• Objectif 600 mm - 1/350 s à f/5,6 - MAP AF.

Les régions polaires

même température que la pièce. S'il est à la température extérieure, rentré quelques minutes, et ressorti dans la foulée : le voile de givre revient aussitôt. À ce propos, ne sortez jamais votre appareil froid dans l'ambiance humide d'une tente ou d'un igloo : ouvrez toutes les portes de la tente et laissez les températures externe et interne s'équilibrer avant de sortir le matériel... sinon, le voile de givre s'installe à nouveau.

Les films souffrent également beaucoup du grand froid et de la sécheresse qui l'accompagne. Sur les boîtiers pros, sélectionnez la cadence vue par vue et le rembobinage lent. Sinon, le film durci et asséché par le froid casse avec une grande facilité et des décharges d'électricité statique risquent de voiler les photos durant le rembobinage. Méfiez-vous aussi des opérations de chargement de bobines : le film gelé devient coupant comme une lame de rasoir. Et comme il est impensable de charger une bobine avec des gants, la prudence s'impose.

« Ne disposant que de deux heures sur l'île de Gold Harbour (Géorgie du Sud) et par temps couvert, il fallait assurer les prises de vues : toutes ont été réalisées en *bracketing* sur trois images (entre – 0,3 et + 0,3 IL). Durant ces 120 minutes d'effervescence, j'ai réalisé plus de 1 000 photos ».
Manchot royal
(Aptenodytes patagonica)
• Zoom 100-400 mm - 1/60 s à f/5,6 - MAP AF.

LES ZONES HUMIDES

Jeune mouette rieuse perdue dans la colonie proche d'une roselière : « J'ai échoué l'affût flottant dans la roselière et l'ai utilisé comme affût fixe. Je n'en suis parti qu'à la nuit tombée après une après-midi de prises de vues au milieu de la colonie. »
Mouette rieuse *(Larus ridibundus)*
• Objectif 300 mm - 1/500 s à f/4 - MAP AF.

Les zones humides sont de vrais paradis pour les photographes naturalistes. Insectes, batraciens et oiseaux en sont les vedettes principales ; mammifères et poissons restent plus discrets malgré une représentation très importante. Il y a plusieurs sortes de zones humides, chacune avec son lot d'espèces inféodées et d'espèces plus opportunistes, qui passent d'un site à l'autre avec un égal succès. Rivière, fleuve, étang, torrent, lac, delta… des zones où l'on observe une avifaune incroyable : aigrette garzette, martin-pêcheur, canard colvert, héron cendré, grèbe castagneux, cincle plongeur, grèbe huppé, chevalier gambette… et ce ne sont que quelques oiseaux faciles à observer avec une paire de jumelles et un peu de patience. Ajoutez à cela grenouille verte, æschne bleue, éphémère, caloptéryx, triton palmé, dytique, épeire fasciée, salamandre tachetée, crapaud commun, et les milliers d'habitants des zones humides, et vous aurez une idée plus juste de ces écosystèmes étonnamment riches.

• **Les eaux vives.** Ce sont sont celles qui attirent le moins les oiseaux et les insectes. Des espèces très adaptées comme le cincle plongeur, qui nage et marche sur l'eau avec aisance, ou des petites crevettes-puces et des larves d'éphémères et de phryganes, capables de s'accrocher aux pierres et aux mousses pour résister au courant, sont les résidents habituels des torrents.

• **Rivières et fleuves.** On y trouve une faune beaucoup plus étendue, avec les pêcheurs au harpon (hérons, aigrettes), les spécialistes du filtrage (canards de surface, spatules), les plongeurs (grèbes, canards plongeurs, martins-pêcheurs), tous les passereaux insectivores qui viennent des berges et des roselières, les limicoles fouilleurs de vase, les poules d'eau et les foulques macroules. Parmi les insectes de rivière, il y a la libellule caloptéryx, qui apprécie les eaux vives, et puis les éphémères, les sialis, les punaises et les coléoptères. Il y a aussi des mammifères : ragondin, castor, loutre,

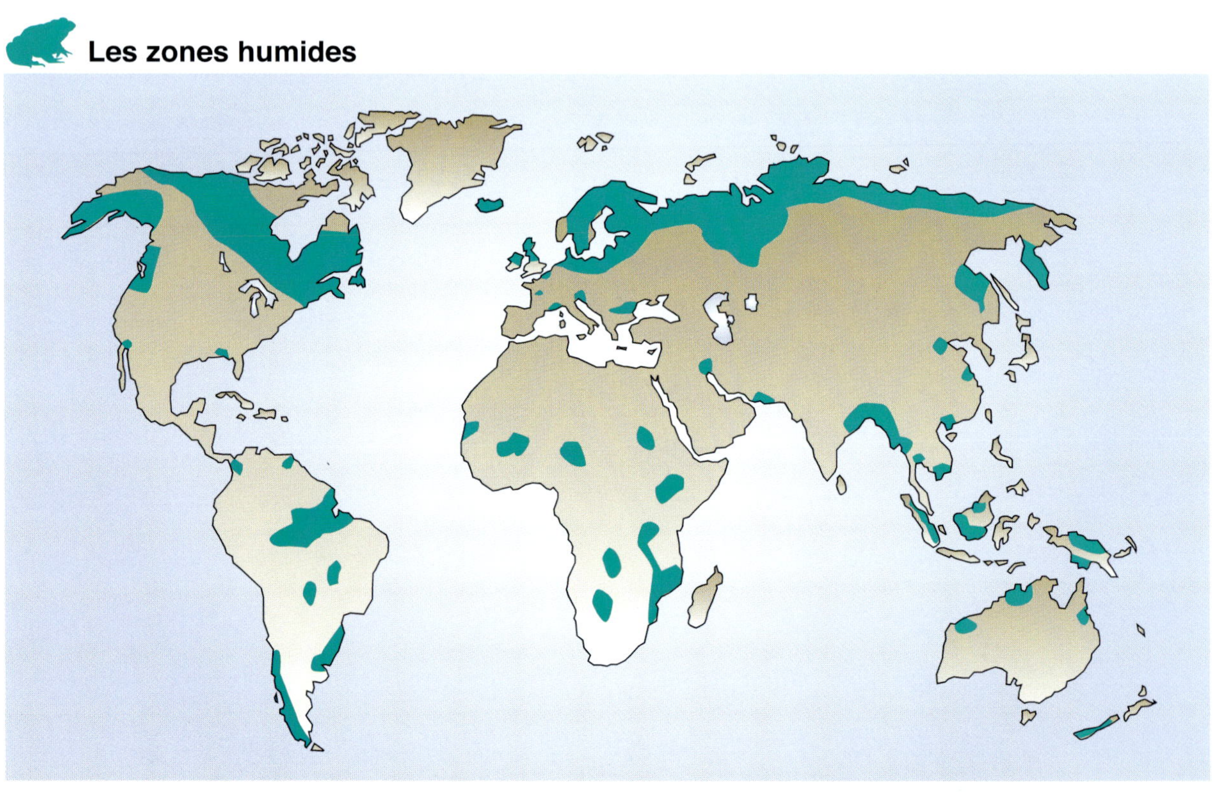

musaraigne aquatique, rat musqué, campagnol terrestre.

• **Lacs et étangs.** On y retrouve beaucoup des animaux de rivière et de fleuve, notamment ceux des estuaires et des deltas, avec une variété importante de canards, de grèbes, de hérons et beaucoup d'espèces typiques des roselières (rousserole effarvatte, phragmite des joncs, bouscarle de Cetti, cisticole des joncs). Les libellules de toutes sortes trouvent ici leur milieu de prédilection en fonction de l'acidité de l'eau. La plupart des insectes et des arachnides sont représentés sur l'eau (hydromètres, araignées d'eau), en dessous (larves, insectes aquatiques) et sur les bords, où la végétation est très riche. Reptiles et amphibiens sont eux aussi très présents (couleuvres à collier, crapauds, tritons, grenouilles, rainettes), avec un nombre incroyable de grenouilles vertes dès qu'il fait assez chaud.

La présence de différentes espèces dans les eaux dormantes varie avec l'acidité de l'eau et la composition des éléments dissous dedans, liés au type de fond et à sa profondeur. L'absence de pollution est bien entendu l'élément clé de la survie des milieux humides, qui stockent les produits toxiques et les concentrent de plus en plus dans les organismes résidants.

Prendre des photos dans les zones humides

Les zones humides européennes sont photogéniques toute l'année, avec des pics d'intérêt liés aux naissances et aux migrations du printemps et de l'automne. L'été est aussi une période favorable aux prises de vues, avec une très forte activité des insectes, chauffés par le soleil, et des oiseaux qui entament une seconde couvée.

Les oiseaux sédentaires et quelques migrateurs ayant interrompu leur voyage offrent au photographe des sujets pour tout l'hiver. C'est le cas des grues cendrées parties de Scandinavie, dont certaines passent la saison froide sur le lac du Der (Marne) au lieu de poursuivre leur migration vers le sud de l'Espagne ou

Juste avant l'accouplement, le mâle de la guifette moustac offre un cadeau à sa femelle : un comportement à saisir absolument dans un reportage sur l'espèce.
Guifettes moustac *(Chlidonias hybridus)*
• Objectif 300 mm - 1/200 s à f/5,6 - MAP AF.

Les zones humides

La cistude d'Europe est une splendide tortue d'eau douce. Elle est, hélas, dans certaines régions en concurrence avec les tortues d'eau domestiques (tortue de Floride), qui sont rejetées par les propriétaires une fois leur taille devenue trop importante.
Cistude d'Europe
(Emys orbicularis)
• Objectif 300 mm - 1/125 s à f/4,5 - MAP AF.

l'Afrique du Nord avec leurs congénères. Depuis les berges, il est facile de photographier les espèces communes avec un téléobjectif. Il suffit de se dissimuler dans la végétation, recouvert par un filet de camouflage, et d'attendre l'arrivée de nouveaux oiseaux qui ne vous ont pas encore repéré.

Une paire de cuissardes en caoutchouc étend les possibilités d'approche, surtout dans les roselières, où nombre de passereaux s'offrent à l'objectif pour des images très dynamiques. Vous pouvez installer un affût sur votre emplacement préféré (vasière, roselière), à condition de ne pas vous trouver dans une zone fréquemment visitée par le public. Cachez-le le mieux possible dans la végétation, en prenant garde de ne pas investir un site de couvaison.

L'utilisation d'une barque camouflée, ou dans un affût flottant, permet d'approcher les oiseaux et les mammifères qui se dissimulent dans les coins retirés des roselières. Les oiseaux sont peu méfiants face à de tels stratagèmes, et retrouvent vite leurs habitudes quand vous êtes en place depuis un moment. Prévoyez un téléobjectif à mise au point minimale très proche ou munissez-vous d'une bague-allonge, car on arrive très près des

oiseaux avec un affût flottant. Les mammifères se laissent moins approcher : ils sont plus sensibles aux odeurs. Tenez compte du sens du vent avant de tenter une approche vers un ragondin ou tout autre mammifère près de l'eau. Pour rendre vos déclenchements plus discrets, faites une housse isolante d'un vêtement hivernal bien rembourré (capuche d'un vieil anorak fixée à l'adhésif). Les « blimps » commercialisés par les fabricants de matériel photo sont spécialement étudiés pour l'isolation thermique et phonique, mais leur prix est assez élevé et ils ne conviennent pas à tous les appareils.

L'affût flottant permet en outre l'approche des batraciens et des insectes. Si ces espèces sont faciles à photographier depuis les berges, l'affût flottant ouvre une perspective beaucoup plus naturelle sur leur environnement. On les photographie au ras de l'eau, dans des forêts d'herbes qui deviennent franchement spectaculaires sous cet angle. Faire des paysages au supergrand-angle, avec une grenouille sur son nénuphar comme premier plan pris à fleur d'eau, change complètement notre vision de la zone humide.
La variété des sujets en milieu humide encourage à faire usage de nombreux objectifs :

Grèbe suivi de son jeune.
La précision de mise au point et la gestion précise de la profondeur de champ permettent de détacher les deux oiseaux sur des plans flous.
Grèbe huppé *(Podiceps cristatus)*
• Objectif 300 mm - 1/400 s à f/4 - MAP AF.

supergrand-angle (paysages avec petit sujet au premier plan), grand-angle (paysages), objectif macro (insectes, arachnides), téléobjectif moyen à mise au point rapprochée (libellules, batraciens), longue focale (oiseaux, mammifères aquatiques). Pour le transport de l'ensemble du matériel, un sac à dos imperméable, spécialement conçu pour la photo, est de loin le plus pratique. Il peut servir d'appui pour les photos au téléobjectif, contenir les casse-croûte et, surtout, l'indispensable baume anti-moustiques. Le sac à dos est utilisable dans une barque camouflée, à condition de le fixer sur l'un des sièges à l'aide d'une sangle ou à l'avant du bateau, qui est légèrement surélevé. Ne le posez surtout pas sur le plancher humide d'une barque.

Ne comptez pas sur le sac à dos dans l'affût flottant : il est trop lourd et risque de prendre l'eau en cas d'incident. Prévoyez des cases étanches (boîtes alimentaires en plastique) rembourrées de mousse pour mettre films, objectifs et accessoires temporairement inutilisés. En cas d'incident, le matériel et les vues déjà faites y sont à l'abri… si les couvercles sont convenablement refermés : pensez à chasser l'air à la fermeture.

L'affût intégré dans les colonies d'oiseaux permet de faire des photos très graphiques au grand-angle. Le passage d'oiseaux au premier plan dope l'impression de relief de l'image. Mouette rieuse *(Larus ridibundus)* • Zoom 28-105 mm - 1/100 s à f/11 - MAP AF.

Les zones humides

La jeune foulque macroule, éloignée du nid qu'elle vient de quitter, piaille pour retrouver sa mère. Isolé, l'oisillon est une proie facile pour le busard des roseaux toujours en quête de nourriture.
Foulque macroule *(Fulica atra)*
• Objectif 300 mm - 1/200 s à f/4 - MAP AF.

Ce busard des roseaux guette en vol stationnaire les jeunes foulques macroules qui viennent de quitter leur nid. Un repas tout trouvé si leur mère s'éloigne.
Busard des roseaux
(Circus aeruginosus)
• Objectif 300 mm - 1/350 s à f/4,5 - MAP AF.

Les zones humides

Zones humides : protégez votre matériel de l'eau

Souvent confrontés à l'eau, boîtiers et objectifs doivent faire l'objet d'une attention particulière en milieu humide : couvrez d'adhésif plastifié les joints sensibles aux infiltrations, nettoyez la moindre trace d'eau à l'aide d'un chiffon sec non pelucheux, montez un filtre neutre sur chaque lentille frontale.
Durant les marches dans une eau peu profonde, enveloppez votre appareil dans un sac en plastique pour le protéger des projections. Quand le risque d'immersion est trop grand, ou pour vos prises de vues dans l'eau jusqu'aux épaules, utilisez une housse étanche de type Ewa Marine : l'appareil y est totalement protégé et elle autorise les prises de vues sous-marines. Un accessoire très pratique pour faire des photos semi-aquatiques avec, sur la même image, le corps immergé d'une grenouille et sa tête hors de l'eau, au beau milieu des nénuphars. Il est possible aussi de réaliser ce type de prise de vues en mettant l'appareil dans un aquarium semi-

L'aeschne mixte encore couverte de rosée, et engourdie par la fraîcheur de la nuit, fait un sujet photographique fantastique. Elle ressemble à un bijou serti de milliers de pierres précieuses naturelles. Aeschne mixte *(Aeshna mixta)* • Objectif 100 mm macro - 1/125 s à f/8 - MAP MF.

Le fuligule s'ébroue après la toilette. Attendez le bref instant où les ailes se figent avant de battre dans l'autre sens pour déclencher, surtout quand la vitesse est un peu juste.
Fuligule milouin *(Aythya ferina)*
• Objectif 300 mm - 1/150 s à f/5,6 - MAP AF.

immergé, mais le cadrage est aléatoire (viseur d'angle indispensable) et l'animal risque de s'enfuir sans vous laisser le temps de stabiliser l'aquarium. La housse étanche a toutefois deux défauts : son prix est assez élevé, et il faut la démonter à chaque changement de film. La conservation des films ne pose pas de problème particulier en milieu humide, tant que les bobines sont au sec dans leur canister. Évitez cependant de stoc-

ker les films en pleine chaleur, notamment dans l'affût flottant quand le soleil est proche du zénith. Privilégiez les diapositives de 50 à 100 ISO, de préférence en version « couleurs saturées », qui met en valeur le plumage des oiseaux et fait ressortir les teintes des roselières. Une émulsion neutre est certes plus proche de la réalité, mais restitue un peu trop sagement les plumages nuptiaux et les végétaux desséchés par le soleil.

Portrait tout simple d'un caneton qui étire l'une de ses pattes. Le nénuphar de l'arrière-plan apporte une touche de lumière et donne du relief à l'image.
Fuligule milouin *(Aythya ferina)*
• Objectif 300 mm + bague-allonge de 25 mm - 1/100 s à f/8 - MAP AF.

Cette magnifique séquence de ponte d'un grèbe à cou noir a été réalisée dans le parc naturel régional de la Brenne : « Placé à 2 m du nid dans mon affût flottant, je cadrais parfaitement le grèbe au 300 mm. La ponte a duré moins de 10 secondes, sans que l'oiseau semble s'inquiéter de ma présence. Un savant cocktail de présence intensive sur le terrain, de connaissance du sujet, de technique d'approche... et de chance a été nécessaire à la réalisation de cette image. »
Grèbe à cou noir
(Podiceps nigricolis)
• Objectif 300 mm - 1/200 s à f/4 - MAP AF.

LES RÉGIONS MONTAGNEUSES

Les massifs érodés de l'Anti-Atlas marocain sont soumis à d'intenses différences de température. Les espèces végétales qui s'y accrochent sont particulièrement résistantes. Région du Siroua dans l'Anti-Atlas (Maroc) • Objectif 20 mm - 1/125 s à f/18 - MAP AF.

La montagne est l'écosystème le plus contrasté qui soit. Sous les tropiques, on passe de la forêt pluviale à une toundra digne de l'hiver arctique en quelques heures d'escalade ! En Europe, la marche commence dans une forêt de feuillus, suivis de conifères, d'arbres nains de la toundra, pour finir avec les dernières herbes rases qui abandonnent petit à petit le terrain au minéral et à la neige. Si la végétation du pied des montagnes varie d'une latitude à l'autre, l'évolution de l'altitude ramène systématiquement au climat quasi polaire sur les plus hautes montagnes. Seuls changent les niveaux auxquels la végétation se modifie : le refroidissement est de 0,6°C par étage de 100 m. Les neiges éternelles commencent par exemple à 2 800 m dans les Alpes, alors qu'elles attendent 5 000 m pour se fixer sous les tropiques. Même les versants opposés d'une simple vallée offrent des caractères très différents, avec une végétation riche sur le côté exposé au soleil (adret), et de petites plantes rabougries à l'opposé (ubac). Pour le photographe, il faut savoir que l'adret est propice aux fleurs et aux colonies de marmottes, alors que les bouquetins et chamois préfèrent se cacher des randonneurs et des fortes chaleurs estivales dans l'ombre de l'ubac.

Les espèces animales changent aussi avec l'altitude, même si certaines d'entre elles montent et descendent au gré des besoins. Dans les forêts au pied des montagnes, les espèces de plaine (cervidés, pics, sangliers) tirent profit de la tranquillité des lieux. Il faut dépasser l'étage des feuillus et arriver au milieu des conifères pour rencontrer des animaux d'origine plus septentrionale, comme la chouette de Tengmalm, la gélinotte des bois ou le coq de bruyère. Une fois les arbres dépassés, les herbes drues et les éboulis accueillent les marmottes, tandis que le long des falaises rocheuses, crave à bec rouge et chocard à bec jaune animent la montagne de leurs cris. À la même altitude, aigle royal, vautour fauve et gypaète barbu occupent les

Les régions montagneuses

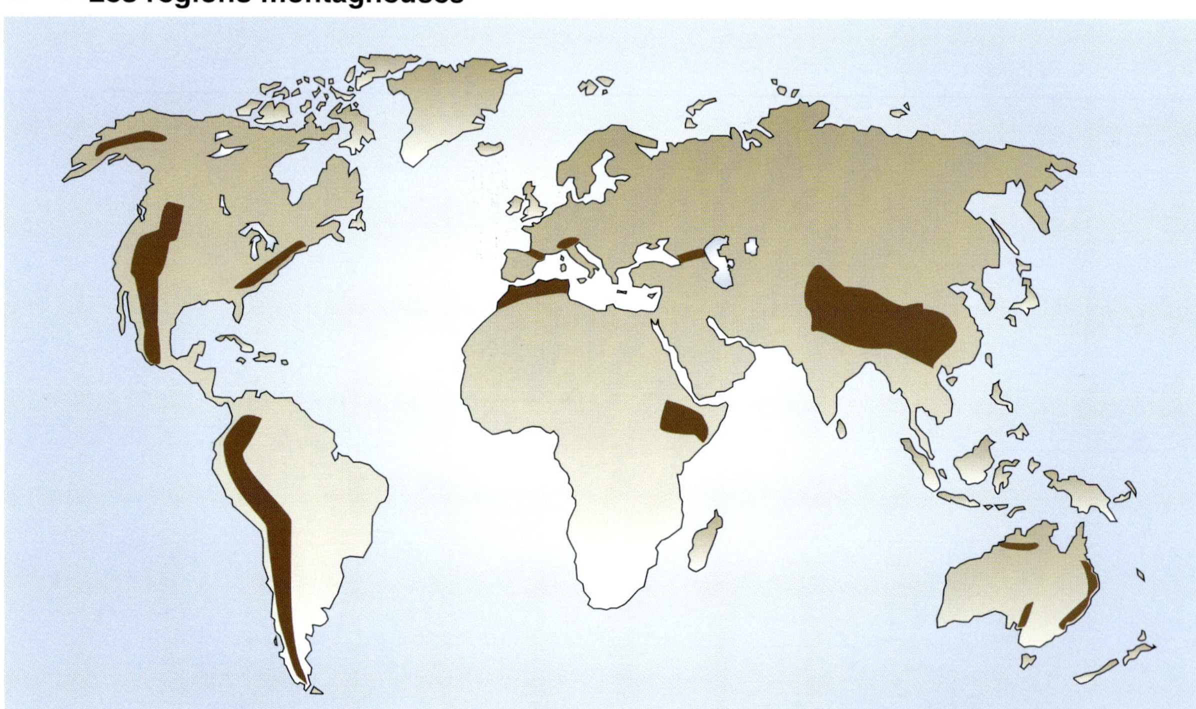

courants ascendants, tout en prenant de la hauteur sans le moindre battement d'ailes. Sur les cols battus par les vents, les niverolles guettent la nourriture oubliée par les randonneurs, tandis que le lagopède alpin reste invisible grâce à son plumage parfaitement confondu avec les roches.
Le chamois circule avec assurance le long d'une faille abrupte. Il est prêt à grimper 500 m de dénivelé en quelques minutes s'il flaire un danger, mais saura bien redescendre avec son voisin le bouquetin de l'étage inférieur, pour trouver leur pitance dans la vallée quand l'hiver sera là.
À la saison froide, beaucoup d'animaux montagnards changent de parure : lièvre variable, hermine, lagopède arborent une tenue d'un blanc presque immaculé, qui empêche les

prédateurs de les repérer. Dame Marmotte préfère sombrer dans un profond sommeil, quitte à laisser chuter sa température corporelle (de 4 à 7 °C !) et à réduire ses battements de cœur au minimum vital. La plupart des animaux descendent plus près des vallées pour chercher de la nourriture. Mais des courageux comme le lagopède alpin bravent les intempéries dans des trous de neige et résistent gaillardement à la limite des arbres.

Photographier la montagne

À la belle saison, le photographe naturaliste n'a que l'embarras du choix en montagne : insectes, oiseaux, mammifères pullulent et sont très actifs, car ils doivent se dépêcher de se reproduire et d'amasser suffisamment de réserves avant l'interminable hiver. L'altitude provoque un décalage des saisons, avec une floraison en juin-juillet dans les estives (prairies hautes où les vaches et les moutons passent l'été). Campanule, gentiane, ancolie, épilobe, centaurée, saxifrage, lis martagon, rhododendron, clématite enjolivent la montagne de leurs couleurs chatoyantes. Les plus résistantes accompagnent le promeneur jusqu'aux limites des glaciers : il leur suffit d'une motte de terre entre deux rochers pour fleurir. Photographiez les fleurs de leur hauteur, un peu à la manière d'un portrait en pied d'un personnage. Elles font aussi de superbes premiers plans de paysages montagnards, à condition de fermer assez le diaphragme (f/16 à f/22) pour maintenir la netteté jusqu'à l'horizon.

Une foule de papillons (apollon, gazé, machaon, morio, isabelle) se partagent les prairies et les bois tandis que les marmottes sifflent les randonneurs depuis leur terrier

Les monts Flinders (Australie méridionale) abritent une plante assez rare : le pois du désert de Sturt.
• Objectif 24 mm - 1/125 s à f/16 - MAP MF.

Pois du désert de Sturt *(Clianthus formosus)*
• Objectif 50 mm - 1/200 s à f/8 - MAP MF.

Les régions montagneuses

dans les éboulis. En cherchant bien aux jumelles, on aperçoit les chamois sur les névés (plaques de neige qui persistent dans les creux) ou à l'ombre d'un rocher. Pour les photographier, grimpez les chemins à la fraîche, vers 7 heures du matin. Les passionnés de macro peuvent faire une pause à la limite haute des arbres, pendant que les fans de marmottes montent un peu plus pour s'installer en affût et surprendre la gourmande occupée à croquer une racine de réglisse. Celui qui veut photographier directement les chamois a plus de dénivelé à gravir d'une traite : ils se cachent sous les barres rocheuses et surveillent tout ce qui vient du dessous. Allez donc passer la nuit dans une cabane de bergers, et passez au-dessus d'eux au petit matin par un petit col accessible : ils ne vous attendent pas là ! Le 300 mm f/4 offre ici le meilleur rapport poids/puissance. Parfois, c'est en redescendant le soir qu'on rencontre la harde à faible altitude : elle aussi est attirée par les pousses tendres des estives. Les chamois les plus intrépides viennent même lécher les pierres à sel des bergers. À cette heure tardive, une grande ouverture est plus essentielle que le grossissement : sortez votre 200 mm f/2,8. Et puis n'oubliez pas qu'il faut avoir l'œil à tout en montagne, sinon, comment repérer le rarissime desman des Pyrénées qui fait des bulles dans le torrent, reconnaître le gypaète barbu avec la queue en losange allongé, ou distinguer la rosalie des Alpes d'un capricorne ordinaire ? La montagne se donne à celui qui prend le temps de la contempler…

Les montagnes de la péninsule antarctique sont parmi les plus froides du monde. Seuls les animaux amenés par la mer occupent leurs pentes à la belle saison.
• Zoom 28-105 mm - 1/60 s à f/8 - MAP AF.

Montagne : attention au poids du matériel

Le principal ennemi du photographe de montagne est le poids. Délaissez votre indestructible boîtier haut de gamme et préférez-lui un reflex amateur plus léger. Faites une sélection serrée dans vos objectifs : 300 mm f/4, 200 mm f/2,8 et 24 mm f/2,8 couvrent la plupart des sujets. Ajoutez un jeu de bagues-allonges pour les fleurs, quelques pellicules, des piles de rechange, le tout dans un sac à dos spécial photo et vous voilà paré pour porter longtemps votre charge.

N'oubliez pas d'y ajouter casse-croûte, gourde d'eau, imperméable, pull en fourrure polaire, lunettes de soleil, chapeau et carte de randonnée de la région. En hiver (ou l'été en haute montagne), le froid impose de prendre la promenade au sérieux. Le sac à dos doit d'abord être équipé du matériel de survie, avant d'y ajouter les appareils photo. Ceux-ci doivent être protégés et utilisés avec les mêmes précautions que dans la toundra (voir page 251 « Les régions polaires ») : faiblesse des piles, fragilité des films, problèmes d'exposition et de buée givrée s'y posent de manière identique. Ne mettez pas l'appareil dans votre anorak, car l'effort de l'ascension va le remplir de buée et le rendre inutilisable dans le froid.

Les crêtes rocheuses de l'Anti-Atlas marocain abritent énormément d'insectes et de reptiles. Cette chaîne montagneuse est très proche du désert par son écosystème.
• Zoom 28-105 mm - 1/60 s à f/14 - MAP AF.

À GAUCHE
Le « Ghost Gum » (eucalyptus fantôme) est l'une des vedettes du parc national de Flinders Range (Australie).
• Objectif 200 mm - 1/60 s à f/8 - MAP MF.

Les régions montagneuses

La marmotte pointe le bout de son museau dès les premiers beaux jours, et s'empresse de manger pour se refaire des réserves de graisse.
Marmotte *(Marmota marmota)*
Parc National de la Vanoise.
• Zoom 100-400 mm - 1/250 s à f/8 - MAP AF.

La plupart des montagnes sont riches en fleurs. Elles forment un fantastique terrain de chasse aux images pour les amoureux de macrophotographie.
Joubarbe de montagne
(sempervivum montanum)
• Objectif 100 mm Macro - 1/100 s à F/8 - MAP MF.

Céraiste isolée au milieu
de lotiers corniculés.
(Lotus corniculatus)
Parc National de la Vanoise
• Objectif 100 mm Macro - 1/160 s
à F/4 - MAP MF.

En France, l'ours brun n'est
quasiment photographiable qu'en
captivité. Les quelques spécimens
des Pyrénées résident dans
des zones inaccessibles et sont
trop peu nombreux pour
être vus, sauf par des
professionnels très assidus.
Ours brun *(Ursus arctos)*
• Zoom 100-400 mm - 1/125 s à
f/5,6 - MAP AF.

TRAITEMENT ET DIFFUSION DES IMAGES

Bien avant d'être une destination, un reportage est un sujet traité sous un certain angle. Un travail intitulé « Le tigre du Bengale » n'a aucune chance de séduire : les magazines naturalistes en refusent vingt chaque année. Traitez votre thème sous l'angle « Découvrez le tigre du Bengale à dos d'éléphant », et vous aurez des chances de séduire non seulement les revues orientées nature, mais aussi des magazines grand public en mal d'exotisme. Trouvez deux ou trois articles complémentaires réalisés simultanément (« Tigre mangeur d'hommes : mythe ou réalité ? », « Le tigre victime de la médecine traditionnelle chinoise » ou « Le tigre : un pilier touristico-économique du Bengale »), et le voyage sera largement rentabilisé.

La genèse d'un reportage commence donc par le choix du thème principal et se poursuit avec la recherche de déclinaisons possibles. Les photographes reconnus vont même jusqu'à adapter les variantes aux périodiques avec lesquels ils travaillent d'habitude. Quand les idées manquent, la lecture de la presse (généraliste et spécialisée) est un champ d'investigation fabuleux. Un simple entrefilet suffit parfois à éveiller l'idée qui donnera la matière première du sujet. Notez précieusement toutes les petites phrases qui vous interpellent : l'idée-force ne s'impose pas toujours instantanément. Le reportage se prépare en solo : à moins d'être un « habitué de la maison », aucune revue ne s'engage sur un simple projet, aussi bien ficelé soit-il. En outre, il est prudent de ne pas révéler une bonne idée avant de l'avoir réalisée, car certains indélicats sont prompts à reprendre celles des autres. Charge à vous de préparer votre reportage, de le financer ou de trouver des aides : beaucoup d'offices de tourisme nationaux et régionaux sont demandeurs de publications d'articles favorables aux entrées de devises. Ils ne financeront pas votre reportage, mais les frais de voyage et de logement (rarement négligeables) sont souvent pris en charge. Sans compter l'avantage fantastique d'être sur place l'« envoyé de l'office national du tourisme » : plus de problème de communication ni de portes fermées !

Maintenant que le projet prend forme, il est temps de rassembler sa documentation : cartes, établissement du circuit, programme des prises de vues, recherche des personnes à contacter, demandes d'accréditations si besoin est. C'est un véritable *road book* (carnet de route) qu'il faut préparer, de façon à n'avoir qu'à le suivre une fois sur place. Bien entendu, des diversions sont envisageables, mais l'axe du reportage est définitivement tracé.

La loutre est presque impossible à photographier dans la nature, et il vaut mieux éviter tout dérangement d'une espèce aussi fragile. Voilà pourquoi il est préférable de la photographier en captivité, surtout s'il s'agit de diffuser l'image pour promouvoir la protection de l'espèce.
Loutre d'Europe *(Lutra lutra)*
• Objectif 300 mm - 1/200 s à f/4 - MAP AF.

Genèse d'un reportage

Vivre de ses images

Accouplement de grèbes à cou noir : « Pour cette prise de vues, l'avant de l'affût flottant était stabilisé sur une grosse motte de terre. L'arrière de l'affût a coulé sous le poids du matériel photo… un boîtier et un zoom noyés ! Depuis ce jour, j'ai fixé une boîte étanche sur la base flottante de l'affût. »
Grèbes à cou noir
(Podiceps nigricollis)
• Objectif 300 mm - 1/60 s à f/4 - MAP AF.

Gagner sa vie grâce à ses photos est le rêve de tout photographe amateur : parcourir le monde, acquérir la notoriété, gagner de l'argent en se faisant plaisir, témoigner pour se rendre utile sont parmi les principales motivations de ceux qui veulent franchir le pas du professionnalisme. Les mythes ayant la vie dure, beaucoup s'imaginent qu'il suffit de revenir de vacances avec 50 pellicules d'animaux prises lors d'un safari-photo pour voir les portes des agences photothèques s'ouvrir toutes grandes…

Le problème, c'est que quatre cents passagers descendent chaque semaine du Boeing en provenance du Kenya, avec chacun 20 ou 30 pellicules des mêmes animaux immortalisés sur les mêmes circuits !

En comptant environ 10 % de bons photographes par vol, on obtient au minimum 115 200 photos fraîches débarquant chaque mois d'Afrique de l'Est. Même si les photographes ne pensent pas tous à les proposer aux agences, il est bien évident que le safari-photo n'est plus le meilleur plan pour débuter dans la profession.

Le grand cormoran est un excellent plongeur et un fin pêcheur, mais on lui prête souvent un appétit d'ogre que son physique ne lui permet pas.
Grand cormoran
(Phalocrocorax carbo)
• Objectif 300 mm - 1/100 s à f/4 - MAP AF.

La priorité est de savoir photographier, et d'avoir assez d'esprit critique pour éliminer d'office toute photo impropre à la publication. Il ne s'agit pas d'être capable de produire des clichés nets et bien exposés, mais de réaliser à coup sûr des images parlantes, originales, prises sous une belle lumière et compréhensibles par tous. Inutile de proposer des photos conceptuelles à une agence ou à un magazine : leur travail est de publier des documents destinés au grand public. Feuilletez des livres et des périodiques pour découvrir « ce qui se publie ». Ensuite, apprenez à connaître les différents intervenants de la photographie professionnelle, pour savoir auprès desquels tenter votre chance. Dans chaque branche, on trouve des spécialistes des différents thèmes photographiques : la photo de nature est plutôt bien représentée parmi les agences, le niveau des photographes très élevé et les magazines exigeants. Le meilleur moyen pour séduire l'un d'entre eux est de produire un travail prêt à l'emploi, complet et de bonne qualité. La réalisation d'un reportage correctement finalisé est la prestation la plus demandée aux photographes professionnels.

Les photographes naturalistes qui vivent uniquement de leur art sont peu nombreux dans l'hexagone, tout au plus une douzaine. Pour entrer dans ce milieu très fermé, il faut faire ce que les pros ne peuvent par faire. C'est la méthode qu'a utilisée Gilles Martin à ses débuts : « Les pros n'ont pas le temps de se consacrer complètement à un seul sujet. C'est pourquoi j'ai profité de mon statut d'amateur pour me consacrer pendant près de dix ans aux libellules. Je me suis ainsi constitué une photothèque extrêmement complète sur ce sujet, que j'ai publiée plus de trois cents fois dans la presse nationale et internationale ! C'est ainsi que ma carrière de pro a débuté. »

Réalisation du reportage

Une bonne préparation du reportage est la garantie de se retrouver immédiatement dans l'action une fois sur place. Le suivi du carnet de route est alors essentiel, car la plupart des sujets naturels donnent envie de s'y attarder plus que de raison ! Géorgie du Sud. Colonie de manchots royaux *(Aptenodytes patagonica)* Photo : Alain Zaidman.

A DROITE
La météo est un élément de réussite très aléatoire dans le cercle polaire antarctique où évoluent les manchots. Manchot royal *(Aptenodytes patagonica)*
• Zoom 100-400 mm - 1/350 s à f/5,6 - MAP AF.

Sur place, tout doit s'enchaîner comme prévu : il faut rencontrer les contacts locaux, récupérer le véhicule, les bagages, commencer à suivre son carnet de route… On perd souvent un temps précieux lorsqu'on est loin de ses repères. Heureusement, les premières prises de vues sur le terrain remettent les idées en place, surtout en matière de photo animalière, où la concentration est essentielle. C'est le moment de se souvenir des impératifs techniques à respecter pour la presse magazine :

- doubler les images importantes à l'horizontale et à la verticale (mise en pages facilitée) ;
- varier les angles et les focales sur les sujets forts ;
- faire plusieurs vues pour la photo d'ouverture (celle qui symbolise et ouvre l'article) ;
- prévoir les illustrations pleine page (paysage avec beaucoup de petits détails), des photos plus petites (gros plans immédiatement identifiables), des clichés complémentaires (vignettes pour encadrés) et – qui ne tente rien n'a rien – quelques diapos composées pour la couverture du magazine (en prévoyant de la place pour le titre).

Savoir comment se découpe un article de presse est fondamental, connaître le fonctionnement d'une rédaction l'est tout autant : un magazine en retard (un état quasi permanent) donne toujours la priorité au reportage qui lui facilite la tâche. D'où l'importance de concevoir systématiquement ses photos comme des images à publier.

Réussir son reportage, c'est aussi apprendre à gérer l'imprévu. Un revirement de météo par exemple : pluie, neige, vent de sable, tempête tropicale peuvent s'installer pour plusieurs jours. À vous de trouver la meilleure solution au problème : traiter un autre sujet en attendant, bouleverser le programme du carnet de route, travailler à l'abri (vues souterraines ou sous-marines), faire des repérages, regrouper vos notes et commencer à faire le synopsis, prendre des contacts complémentaires ou, au pire, abandonner cette partie du reportage.

Sélectionner ses photos

À peine rentrées du bout du monde, les bobines sont données à développer dans un laboratoire professionnel. Quelques heures plus tard, toutes les diapositives sont étalées sur la table lumineuse : c'est le moment d'éveiller son esprit critique ! Les pros appellent ça l'*editing*. Il s'agit du tri des diapos à la loupe x 4, avec, d'un coté, des planches transparentes pour ranger les images correctes et, de l'autre, la corbeille où finissent les photos ratées.
Soyez intransigeant : toutes les vues surexposées, sous-exposées, mal cadrées, inesthétiques vont directement à la poubelle.
Une fois le premier « dégraissage » effectué, passez en revue les diapos mises en planches et marquez d'un point rouge celles que vous pressentez comme éventuellement publiables. Sortez-les de votre présélection puis mettez-les en planches.
Construisez ensuite votre reportage de manière à pouvoir raconter une ou plusieurs histoires.
Si le reportage est scindé en différents sujets, faites varier les approches et les angles : on ne vend pas les mêmes photos à plusieurs magazines en même temps. Respectez l'exclusivité !

Cadrage, composition, netteté et exposition doivent être impeccables pour qu'une photo puisse intéresser une agence ou un magazine.
Bergeronnette grise *(Motacilla alba)* • Objectif 300 mm - 1/250 s à f/4 - MAP AF.

Houria Arhab, la compagne de Gilles Martin, pendant une séance d'*editing*. Table lumineuse et loupe spéciale diapos sont les outils de base de l'*editing*. Les accessoires sont la planche transparente d'archivage, le stylo feutre indélébile… et la corbeille.

La présentation

Le photographe reste toujours propriétaire des photos publiées. Le magazine ou le client lui paie des droits de reproduction, mais n'achète en aucun cas l'œuvre originale. Tortue de terre éléphantine *(Dispochelys elephantina)*. Atoll d'Aldabra (océan Indien) • Objectif 300 mm - 1/125 s à f/5,6 - MAP AF - Monopode - Stabilisateur optique.

Les diapositives triées sont présentées en planches transparentes chimiquement neutres, et soigneusement légendées : votre nom et votre numéro de téléphone en haut du cache en plastique (c'est souvent le labo qui les imprime), et le sujet ou l'espèce photographiée (nom français et latin), le lieu et le pays en bas du cache. Les légendes s'écrivent à même le plastique au stylo-feutre indélébile fin (fournitures d'arts graphiques) : les inévitables manipulations finissent toujours par décoller les étiquettes.
Ne mettez jamais de date sur vos diapos, car elles seraient trop vite démodées aux yeux des rédactions. Tant que l'image est parfaitement conservée et que le sujet réel existe encore en l'état (un paysage par exemple) au moment de la publication, une photo reste commercialisable. Méfiez-vous tout de même des évolutions imprévues, comme l'effondrement d'un pan de montagne (les Drus à Chamonix) ou la destruction d'une forêt par un incendie.
La photothèque d'un professionnel doit rester à jour pour conserver sa crédibilité. Pour un reportage moyen, on fournit entre 60 et 100 diapos à un magazine. Le responsable du service photo signe le bon de dépôt que vous lui remettez, qui comprend : date, nombre d'originaux, titre du magazine auquel les images sont prêtées, date à laquelle les photos doivent être restituées.
Des mentions « légales » accompagnent généralement ces bons, avec le prix demandé en cas de perte ou de détérioration des images. Leur validité reste à démontrer devant un tribunal, mais elles ont le mérite de donner une base de négociation en cas d'incident. Heureusement, ce genre de problème se règle souvent à l'amiable entre professionnels. Cependant, il est prudent de vérifier l'état des diapos qui reviennent de photogravure : coup de cutter involontaire, traces d'huile de montage sur le tambour du scanner, empreintes digitales peuvent rendre définitivement inutilisable un original. Dans ce cas, il est possible de demander un dédommagement financier ou la réalisation d'un duplicata retouché par un laboratoire professionnel. C'est généralement un dupli en 4 x 5 *inches*. Une retouche numérique est également envisageable, avec un shooting (réalisation d'un dupli numérique sur diapositive argentique) au bout du compte.
Élément à connaître impérativement : un photographe reste toujours propriétaire des images qu'il crée. L'utilisateur vous paie des droits de reproduction — ou des droits d'auteur — sur la publication des photos, mais n'achète en aucun cas l'œuvre originale. Les photos vous sont donc toujours restituées après utilisation. Chaque publication ultérieure d'une ou de plusieurs images doit être renégociée avec vous, et rétribuée. Il est cependant d'usage de tolérer les reproductions de couvertures en vignettes dans un sommaire ou dans les pages qui rappellent les anciens numéros du magazine : il faut savoir rester diplomate pour être apprécié dans la profession !

La légende d'une photo n'est pas vraiment standardisée, mais elle doit comporter au minimum :
• nom et prénom de l'auteur ;
• adresse complète ;
• espèce (en français et latin) ;
• lieu de prise de vues.
Caméléon tigre des Seychelles *(Chamaleo tigris).*

La diffusion

Retour à la mer juste après la ponte : « J'étais dans l'eau au ras des vagues pour photographier cette tortue verte. Mon appareil était à l'abri dans un sac étanche Ewa Marine, qui autorise l'immersion sans dégâts. »
Tortue verte *(Chelonia mydas)*
• Objectif 20 mm - 1/80 s à f/18 - MAP AF - sac étanche Ewa Marine.

Les photos peuvent être diffusées en direct dans les magazines (reportages complets) ou par l'intermédiaire d'une photothèque (photos de qualité sur des thèmes variés). Chaque méthode a ses avantages et ses inconvénients, qui sont souvent liés à la disponibilité du photographe.

• **L'agence (ou photothèque).** C'est l'intermédiaire entre les magazines, les éditeurs, les publicitaires, les entreprises et les photographes qui n'ont pas le temps ou la volonté de démarcher les clients. Toujours à la recherche de nouvelles images, la plupart des responsables d'agence acceptent de consulter, sur rendez-vous, la production de jeunes photographes. Mais il faut être crédible, c'est-à-dire proposer au-moins 3 000 bonnes diapositives (le seul support accepté), légendées avec précision et rangées sous planches en plastique souple. Les photographes retenus signent avec l'agence un contrat qui engage les deux parties. La photothèque assure la promotion du travail du photographe en échange d'un pourcentage sur les droits d'auteur (50 % en moyenne). Le photographe, quant a lui, accepte d'immobiliser ses photos assez longtemps (5 ans est un minimum courant) et d'en produire régulièrement de nouvelles. Au risque de briser des vocations, sachez que le dépôt de photos en agence permet certes de gagner quelques sous, mais les photographes qui en vivent sont rares. Il faut un renouvellement très important des diapos pour rester dans le peloton des auteurs les plus proposés aux clients de l'agence.

• **Le magazine.** Dans la presse magazine, la tendance est à la publication de reportages complets, fournis avec images et textes. Inutile de pousser la porte d'une rédaction avec un projet – même extraordinaire – sous le bras : ce qu'ils demandent, c'est du concret ! Un reportage de 60 photos de qualité sur un thème intéressant, traité sous l'angle de prédilection du magazine, accompagné d'un synopsis qui répond aux cinq questions basiques (qui ? où ? quand ? comment ? pourquoi ?) a ses chances. Si vous avez prévu la photo d'ouverture, quelques images à publier en pleine page, des photos d'accompagnement et de quoi monter quelques encadrés, l'affaire est quasiment faite ! Comme tous les médias pressés par leur périodicité, les magazines apprécient le professionnalisme et le travail prêt à l'emploi : le photographe moyen qui propose un reportage bien ficelé a plus de chances d'être publié que le génie trop aérien pour organiser son travail.

Avec le développement du réseau Internet, de jeunes photographes présentent leurs images pour tenter d'en faire la promotion. Tant qu'il s'agit de se faire plaisir et d'avoir des avis variés, l'opération est intéressante. Mais, dans le cadre de la photographie professionnelle, les retours sont proches de zéro : les milliers de sites consacrés à de jeunes talents ont de quoi noyer complètement vos œuvres. Pire : mettre ses photos en ligne est le meilleur moyen de se les faire pirater, et de retrouver son inspiration dans des photos publiées par d'autres. Les seules images utilisables sur le Web à titre promotionnel sont des photos trop souvent publiées pour être copiées, qui animent et justifient votre site Internet, dont vous mentionnerez l'adresse sur votre carte de visite professionnelle.

Le monde de l'édition

Comme dans la presse, aucune maison d'édition ne s'engage sur le projet d'un nouveau photographe sans voir un minimum de matière. Il vous faut des bases solides pour convaincre : thème précis du livre, photos de qualité soigneusement classées, table des matières cohérente. L'idéal est de disposer d'un texte, même incomplet, plus parlant que n'importe quel discours explicatif.

Ciblez l'éditeur en fonction du thème et du style de l'ouvrage. Certains sont plus spécialisés dans les thèmes pratiques, tandis que d'autres font davantage confiance à la beauté intrinsèque des photos. Un livre composé de très belles images intéresse les maisons d'édition qui visent une clientèle exigeante, tant sur la photogravure que pour la qualité des informations. Sauf livres d'exception portés par une médiatisation importante, les ouvrages luxueux coûtent cher à produire et se vendent difficilement : votre projet doit être « béton » pour séduire !

Plutôt que d'envoyer un manuscrit qui sera noyé dans la masse, prenez rendez-vous avec le directeur de collection de l'éditeur pour lui expliquer votre projet. Attention, il s'agit d'un professionnel apte à juger de la validité d'un livre en quelques minutes. Même si le choc est dur, croyez-le sur parole s'il vous dit de revoir votre projet. Faites éventuellement le tour des autres éditeurs, et voyez comment votre travail est perçu chez eux. Dans le cas d'un refus de toutes les sociétés contactées, vous devenez un client tout trouvé pour les spécialistes de la publication « à compte d'auteur ».

La publication à compte d'auteur commence toujours par un joli courrier : « Monsieur, notre comité de lecture a retenu votre ouvrage… » et se termine généralement par « Nous vous proposons de prendre à votre charge la moitié des livres imprimés, soit 500 exemplaires, tandis que nous assurerons la distribution des 500 autres et vous verserons les droits d'auteur correspondant à ces derniers. » Bien entendu, le pseudo-éditeur se contente d'imprimer les 500 exemplaires payés de vos deniers, et n'aura qu'à vous annoncer un fiasco des 500 autres, officiellement détruits passé une certaine date. Quand on sait qu'un véritable éditeur prend en charge tous les frais de fabrication d'un livre, et surtout ceux liés à la distribution – toujours très élevés –, on comprend que la publication à compte d'auteur soit une excellente affaire pour celui qui encaisse votre chèque.

Pour éviter de payer votre livre au prix fort chez des spécialistes de la publication à compte d'auteur, faites plutôt établir un devis chez un imprimeur. Vous verrez que l'addition est beaucoup plus abordable !

Dans une vraie maison d'édition, c'est l'auteur qui est payé pour son travail : la société éditrice fonde son activité commerciale sur la vente d'ouvrages. En revanche, un livre dont des exemplaires restent invendus après une certaine date peut être proposé en rachat à son auteur, pour qu'il en assure la vente s'il le désire. Il s'agit là d'une possibilité non négligeable de poursuivre les ventes à son compte, par exemple *via* un média aussi efficace que l'est le réseau Internet. En cas de refus, la maison éditrice passe les livres au pilon (revente au prix du papier et destruction).

Le principe de l'édition reste le même quand il s'agit de cartes postales. Si l'on vous propose de payer pour éditer vos cartes postales, voyez d'autres éditeurs ou faites réaliser vos photos directement chez un imprimeur.

Accouplement de sternes fuligineuses sur l'Île Aride (océan Indien) : « Je me suis glissé dans un trou avec un filet de camouflage sur la tête pour photographier cette scène ». Sternes fuligineuses *(Sterna fuscata)*
• Objectif 200 mm - 1/1 000 s à f/2,8 - MAP MF.

Stockage et conservation des originaux

La pérennité des originaux photographiques inquiète à juste titre tous les photographes. Il faut reconnaître qu'à l'exception de la Kodachrome, les procédés couleurs sont moins stables que le noir et blanc. On peut compter sur une conservation moyenne de 20 ans en inversibles E6, valable également pour les négatifs couleurs récents.

La durée de vie des diapositives dépend de plusieurs facteurs : qualité du développement, fréquence des projections, nombre de passages en photogravure, temps d'exposition à la lumière, taux d'humidité du local, émanations de solvants à proximité de l'émulsion.

Dans les labos des fabricants de films, les traitements sont optimisés pour une conservation durable des émulsions diapositives et négatifs couleurs. Les labos pros utilisent aussi des chimies performantes, ne serait-ce que pour offrir une qualité et une souplesse de développement dignes des utilisateurs exigeants que sont les photographes de métier. Les laboratoires grand public indépendants – qui traitent une faible quantité d'inversibles face à une masse énorme de négatifs – présentent plus de risques en diapositives : une chaîne E6 doit fonctionner régulièrement pour être efficace.

En revanche, pas de problème pour les négatifs couleurs C-41, qui représentent le gros des traitements en prestations grand public.

La lumière finit par décolorer les diapositives et les négatifs. Ces derniers, généralement exposés une ou deux fois à la lumière d'une tireuse, ne risquent pas grand-chose. Le problème est plus aigu avec les diapositives, régulièrement projetées chez l'amateur, et souvent gravées ou laissées sur table lumineuse par les pros. Pour minimiser ces agressions, doublez vos diapositives à la prise de vues : une à archiver, l'autre à exposer ou à projeter. Les professionnels et les amateurs peu enclins à la projection peuvent aussi scanner les diapos et ne mettre en circulation que des supports numériques.

Le local d'archivage des diapositives doit être obligatoirement sec, et ne pas contenir de meubles en aggloméré – les colles qui entrent dans sa composition laissent filtrer leurs solvants sous forme d'émanations qui agressent l'émulsion. L'idéal est de ranger les diapositives à l'abri d'un meuble métallique à tiroirs, dans des planches transparentes chimiquement neutres (pas d'étiquettes collées sur les caches en plastique), suspendues comme des dossiers dans les bureaux. C'est la méthode de rangement de la plupart des professionnels ainsi que des photothèques.

Même amoureusement conservées, les diapositives peuvent se décolorer au bout de 20 ou 30 ans d'archivage. Jusqu'à présent, le tirage sur papier Ilfochrome (ex-Cibachrome) ou la duplication par contact étaient les seules voies fiables de pérennisation des originaux. L'outil numérique offre aujourd'hui une solution supplémentaire. Ne lésinez par sur la qualité d'acquisition des photos, puisque d'elle dépend la finesse de l'image que vous conserverez. S'il y en a beaucoup, l'achat d'un scanner à diapositives se justifie, d'autant que ces produits sont de plus en plus performants. Ajoutez un graveur de CD-Rom, un logiciel de catalogage d'images, et vous serez totalement autonome dans vos sauvegardes. Votre seule obligation sera de dupliquer vos fichiers numériques sur un nouveau standard lorsque celui de vos supports commencera à se démoder.

Une diapositive rangée sous planche plastifiée chimiquement neutre et archivée dans un meuble métallique à tiroirs se conserve longtemps sans problème particulier.
Macaque de Barbarie ou magot ***(Macana sylvanus)***
• Objectif 300 mm - 1/45 s à f/5,6 - MAP AF - Stabilisateur optique. Photo prise dans la « Vallée des Singes » .

Rôle du photographe animalier

Malgré une production télévisuelle de haut niveau sur le sujet, la photographie naturaliste conserve un considérable pouvoir d'attraction sur le grand public. Le rôle du photographe est donc vital dans la communication du savoir auprès des jeunes et dans la vulgarisation de l'écologie. À l'heure où les négligences humaines récurrentes se matérialisent sous forme de tempêtes, de recul des glaces aux pôles (réchauffement du climat), de disparition d'espèces, d'érosion des terres cultivées, de progression du désert ou de destruction massive des ressources marines (marées noires, trou dans la couche d'ozone), l'image témoigne mieux que n'importe quel slogan.

En un dixième de seconde, la personne qui voit un oiseau mazouté, une main de gorille transformée en cendrier ou un rhinocéros d'une tonne tué pour 3 kg de corne est nécessairement touchée. Même si l'inertie de la course au profit rend vraiment illusoire toute tentative d'inversion du processus, les petits efforts quotidiens de personnes sensibilisées vont dans le bon sens. À notre époque, où le « politiquement correct » a pris le pas sur le militantisme, montrer la nature sous son meilleur jour est aussi une façon d'œuvrer pour sa protection.

Le grand public, largement abreuvé d'images choc, s'est fait une spécialité d'oublier très rapidement celles qui le

Ramassage des œufs de sternes fuligineuses par la population de l'archipel des Farquhars. Il suffit d'une trentaine d'habitants dans l'archipel pour mettre en péril une bonne partie des couvées (2,5 millions de sternes). Il faut la puissance de cette image pour alerter l'opinion publique. Sterne fuligineuse *(Sterna fuscata)* • Objectif 200 mm - 1/60 s à F/8 - MAP MF.

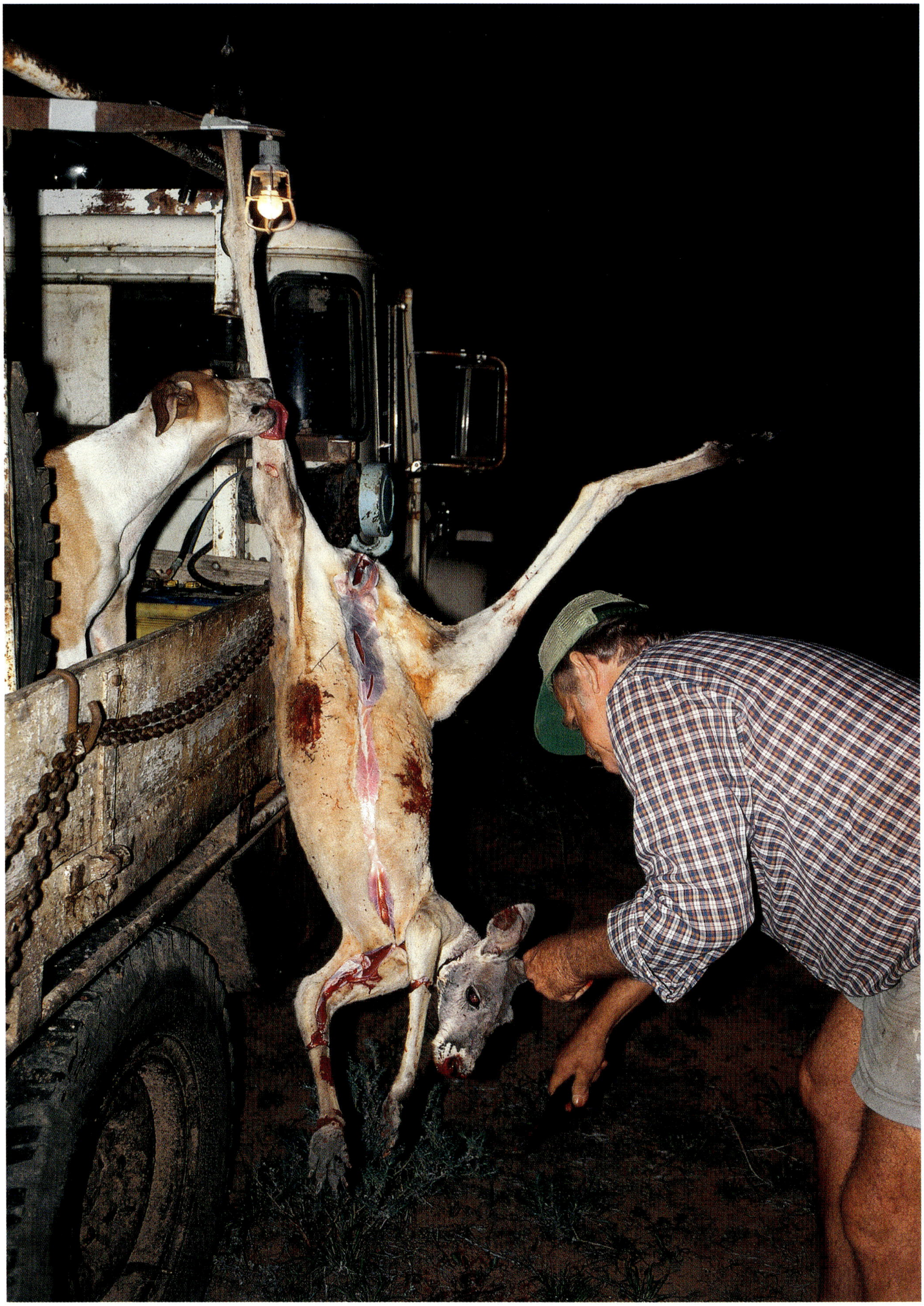

gênent. En revanche, le besoin de défense de la nature se transmute en volonté d'appropriation des beautés de la planète.
Le succès d'émissions télévisées ou de livres qui recensent les plus beaux sites du monde le confirme : « Cette belle terre est à nous, on s'en préoccupe ! » semble être devenu le nouveau credo des néoécologistes. Alimenter en images cet engouement naturaliste est une fantastique motivation pour tous les photographes.

Les braconniers de la mer surpris en pleine violation des conventions de protection des espèces menacées.
• Objectif 35 mm - 1/60 à f/11 - MAP MF.

À GAUCHE
Chasse de « régulation » des populations de kangourous en Australie. Une photographie qui témoigne de l'action de l'homme sur l'environnement.
• Objectif 35 mm - 1/60 à f/8 - MAP MF - Flash cobra.

Photo numérique... oui, mais jusqu'où ?

Aujourd'hui, la plupart des tirages argentiques livrés au grand public ont été tirés... en numérique à partir du négatif scanné. Toutes les photos publiées dans les magazines sont numérisées. L'image dans son ensemble est en passe de se résumer à des alignements binaires de 0 et 1 chargés de redessiner la trame de la photographie. Beaucoup de gens d'image s'inquiètent de ces bouleversements, mais il faut bien reconnaître qu'un pixel ressemble finalement beaucoup à un grain d'argent.

Leur différence essentielle provient de la malléabilité extraordinaire du pixel. Par le passé, retoucher une image demandait une dextérité exceptionnelle. Pour faire disparaître un personnage d'une photo, nos grand-mères découpaient la cartoline avec des ciseaux, et tant pis pour la silhouette en creux dans l'image ! À l'ère de la souris et du logiciel de retouche d'images, il suffit de détourer la partie à enlever, d'y coller un autre personnage ou une matière quelconque et de fignoler les détails. Placer un ours blanc au Sahara ou des dromadaires au Spitzberg est l'affaire de quelques minutes quand on a un peu l'habitude des outils et qu'on dispose de la matière première, c'est-à-dire des photos isolées des différents sujets.

Une telle souplesse a de quoi inquiéter les photographes qui dépensent des fortunes pour faire des images exceptionnelles à l'autre bout du monde. N'importe quel infographiste peut piocher çà et là des morceaux de leurs photos et en créer de nouvelles. Bien sûr, le droit de l'image interdit l'utilisation des pièces du puzzle sans les autorisations des auteurs, mais reconnaître les composants n'est pas toujours évident une fois qu'ils sont modifiés et assemblés.

Il y a aussi les photos fabriquées par ceux qui n'ont pas vraiment de talent. Un ours blanc placé dans son milieu est indétectable : on fabrique ainsi des photos plus commerciales à partir d'images mal cadrées ou prises dans un environnement impropre. Rien n'empêche, par exemple, de faire des photos d'animaux captifs, puis de les replacer dans des régions du monde où ils ont disparus.

A priori sans danger, ce système n'encourage pas la réalisation de nouvelles photos et risque de figer l'image du monde à ces CD-Roms « libres de droits » qui dévalorisent totalement la production professionnelle. Déjà, trop de gens considèrent la photo comme un produit facile à réaliser ; ces supports numériques remplis d'images de seconde zone donnent une piètre idée du talent de nos meilleurs photographes naturalistes. Le numérique, oui, mais comme outil de reproduction, d'archivage ou de prise de vues. Non à la photo « génétiquement modifiée » !

Comme toutes les images de ce livre, cette photo a été réalisée sans aucun trucage informatique : « La richesse incroyable de la nature offre assez de sujets originaux pour que nous puissions nous passer sans problème d'interventions numériques. »
Marais de Bharatpur (Inde)
• Objectif 200 mm - 1/30 s à f/7,1 - MAP AF.